普通高等院校“十二五”规划教材

U0955795

企业战略管理

Qiye Zhanlüe Guanli

主　编　宋宝莉　黄　雷

副主编　牟绍波　余传英　蒋鑫泉　张　俊

主　审　徐武明

西南财经大学出版社

图书在版编目(CIP)数据

企业战略管理/宋宝莉,黄雷主编.—成都:西南财经大学出版社,2016.4

ISBN 978-7-5504-2244-5

Ⅰ.①企… Ⅱ.①宋…②黄… Ⅲ.①企业管理 Ⅳ.①F270

中国版本图书馆 CIP 数据核字(2015)第 291740 号

企业战略管理

主　编:宋宝莉　黄　雷

副主编:牟绍波　余传英　蒋鑫泉　张　俊

责任编辑:李　筱

助理编辑:傅倩宇

封面设计:墨创文化

责任印制:封俊川

出版发行	西南财经大学出版社(四川省成都市光华村街55号)
网　　址	http://www.bookcj.com
电子邮件	bookcj@foxmail.com
邮政编码	610074
电　　话	028-87353785　87352368
照　　排	四川胜翔数码印务设计有限公司
印　　刷	郫县犀浦印刷厂
成品尺寸	185mm×260mm
印　　张	12.5
字　　数	280 千字
版　　次	2016 年 4 月第 1 版
印　　次	2016 年 4 月第 1 次印刷
印　　数	1—2000 册
书　　号	ISBN 978-7-5504-2244-5
定　　价	29.80 元

前 言

企业战略管理理论在企业管理理论领域中出现较晚，但战略思想的历史悠久，中国的《孙子兵法》以及西方的许多经典著作都体现了战略管理思想的精髓，在今天仍然具有重要的学术价值和应用价值。

企业战略管理的必要性源于企业生存、竞争和持续发展的压力以及企业管理的客观需要：企业面临的环境更加复杂多变，竞争更加激烈，多元化经营带来的困惑，国际化经营越来越普遍，企业成功关键因素不断发生变化，企业规模日益壮大，等等。企业管理的很多问题若不能上升到战略的高度去把握，就会失去解决的方向。战略管理理论提供了一整套思考和解决这些基本问题的方法和程序。

企业战略管理的教材不少，但每本教材的侧重对象和着重点不同。本书编写的初衷是向学生传授企业战略管理基本理论知识，为其进一步深入研究打下基础，也为其毕业后深入战略管理实践提供理论基础。因此，本书的内容通俗易懂、深入浅出，适合高等院校工商管理类各专业本科生学习使用，也可作为MBA教材以及企业管理人员培训与自学使用。

本书由西华大学宋宝莉和黄雷担任主编，徐武明担任主审。全书分为12章，第1、第2章由宋宝莉编写，第3章由蒋鑫泉、杨雯睿编写，第4章由蒋鑫泉、许娜、杜静编写，第5章由余传英编写，第6章由黄雷、牟绍波、许娜、杨洋、刘欢编写，第7章由王映玥、杨雯睿、简相伍编写，第8章由张俊、许娜、陈明月编写，第9章由余传英、杨雯睿、范柳编写，第10章由徐武明编写，第11章由黄雷、牟绍波、杨雯睿、干佳颖、王怀玉编写，第12章由黄雷、牟绍波、许娜、郑杲奇、刘欢、王怀玉编写。全书由西华大学宋宝莉统稿。

本书是西华大学“工商管理特色专业”建设、“西华大学—川化集团省级管理学实践教育基地”建设以及省级教改项目“地方院校工商管理专业‘三创’人才协同培养模式研究”（项目编号：05020656）阶段成果。在编写过程中参阅了大量中外文献资料，在此对这些作者、译者表示衷心感谢！由于编者水平有限，不足之处，恳请广大读者批评指正。

编者

2015年11月

目 录

1 战略管理导论

学习目标：

1. 知晓战略的研究历程；
2. 掌握战略及战略管理的含义与特征；
3. 明确战略管理的过程、任务及层次。

案例导读

海底捞的成功

四川海底捞餐饮股份有限公司（以下简称“海底捞”）成立于1994年，是一家以经营川味火锅为主，融汇各地火锅特色于一体的大型跨省直营餐饮民营企业。公司始终秉承“服务至上、顾客至上”的理念，以创新为核心，改变传统的标准化、单一化服务，提倡个性化的特色服务，致力于为顾客提供“贴心、温心、舒心”的服务；在管理上，倡导双手改变命运的价值观，为员工创建公平公正的工作环境，实施人性化和亲情化的管理模式，不断地提升员工价值感。

经过二十多年的发展，公司已在全国16个城市设立了75家直营店，在北京、上海、西安和郑州设立了四个大型物流配送基地，以“采购规模化、生产机械化、仓储标准化、配送现代化”为宗旨，形成了集采购、加工、仓储、配送为一体的大型物流供应体系。位于成都的原料生产基地，其产品已通过HACCP认证、QS认证和ISO国际质量管理体系认证。坚持“绿色，无公害，一次性”的选料和底料熬制原则，严把原料关、配料关。

“海底捞”成功的秘诀在于其出色的战略管理。

一、与众不同的内外部营销

外部营销方面：在海底捞用餐，消费价格算中上；但是走进餐厅，服务员会为坐在等待区，等叫号排队的顾客送上免费水果、饮料、零食，以及扑克牌、跳棋之类的桌面游戏，供大家打发时间；餐厅还主动提供免费上网、美甲、手部护理、擦皮鞋等服务。用餐时，除了给客人眼镜布、手机袋，长发女性送上橡皮筋、孕妇送靠垫，婴儿还提供婴儿座椅、老人有轮椅，加上不停地换毛巾、甚至剥虾壳外，连上厕所都有专人替顾客开水龙头，顾客也许还会意外收到餐厅赠送的鲜花、冰淇淋、果盘等。同时，海底捞还仿效麦当劳、必胜客等西式快餐，推出24小时营业、火锅外送服务、网上订餐及“海底捞”大学培训等噱头十足的服务。

内部营销方面：海底捞将“人情管理”运用到了极致。除了高额奖金利诱，三分之一员工来自老板张勇的老家四川；店长、老板身先士卒，尊重员工，更重要的是，企业为员工提供各类奖励，内部提供晋升制度、设立学校让员工子女免费就学、给员工父母“发工资”、建立爱心基金扶助员工家属就医等激励，这些都大幅提高员工的忠诚度。一线员工也被授予据说两百元人民币以下的权限，可以为顾客免单、送菜、打折及赠送小礼物等，这些都是其他地方大厅经理才有的授权。

海底捞从不考核各分店的营业额、获利率，考核标准只有员工满意度和顾客满意度，以及员工的创意服务点子。海底捞通过这样的策略，在外部吸引了大量顾客，而在内部又激发了员工的积极性，进而通过员工与顾客的互动，满足了消费者没有被满足的“隐性需求”，为顾客提供“贴心、温心、舒心”的服务，使“小火锅做成大市场”，取得了巨大的成功！

二、特殊的的“4S”服务

（1）满意（Satisfaction）。海底捞每150个顾客就有130个回头客，超高的顾客满意度来源于海底捞进乎偏执的为顾客服务的理念，“预先考虑顾客需求”“质量好坏由顾客说了算”“尽可能为顾客提供方便”“满足顾客的尊荣感和自我价值感”，等等。

（2）微笑（Smile）。在海底捞任何一本员工手册中，你都会看到微笑应该是露6颗牙齿还是露8颗牙齿的标准。但是在任何一家海底捞门店，你都无法忘怀每一个员工发自内心的微笑。海底捞为员工构筑的“幸福三角区”——“安全感”“方向感”和“成就感”，铸就了海底捞每一位员工的微笑曲线。

（3）速度（Speed）。海底捞的传菜员又称“飞虎队”，有人不解，为什么要一路小跑？不就是送个菜，晚几分钟有什么了不起？一位在海底捞工作的一位服务员说出了一个再简单不过的道理：“客人在门外等着给海底捞送钱，他们是跑着检钱呢！让上桌的客人快点吃完，外面等坐的人才能吃上呀！”这个“飞虎队”速度，成为海底捞独有一道风景线。

（4）待客贴心（Service）。每一家海底捞专门的泊车服务生，主动代客泊车；每一家海底捞女服务员都会为长头发的顾客扎起头发，夹住刘海，防止头发捶到汤锅里；每一家海底捞都会为戴眼镜的朋友提供擦镜布；每一家海底捞的顾客手机都会被放入小塑料袋以防油腻；每一家海底捞的服务员，在顾客餐后都会奉上口香糖，并微笑道别。凡此种种，海底捞的待客之道可谓“顾客就是上帝”。

加之，海底捞在火锅口味、菜肴新鲜、后台成本、集中配送等方面的努力，使竞争对手难以企及、难以模仿。于是，海底捞特有的竞争优势最终造就了其成功的商业模式。海底捞成功地运用了一条服务利润链，把竞争的优势转化为企业盈利：企业对员工好→员工有干劲→员工对顾客好→客户体验良好→顾客再次消费和口碑推广→企业获利。

企业的利润是由顾客的忠诚度决定的，忠诚的顾客（也是老顾客）可以给企业带来超常的利润空间；顾客忠诚度是靠顾客满意度取得的，企业提供的服务价值决定了顾客满意度；最后，企业内部员工的满意度和忠诚度决定了服务价值。简而言之，顾客的满意度最终是由员工的满意度决定的。这就是海底捞成功的秘诀：

（1）通过较高的人力资源投入，提升员工的满意度。在其他成本与同业公司相当的情况下，海底捞公司的单位成本略高，但员工的满意度更高。

（2）通过较高的员工满意度，提升顾客满意度，带来顾客忠诚度，进而获取大量的回头客。顾客满意度上升使顾客感受的消费者剩余较其他同业为高，使顾客愿意为这种服务支付中高端的价格。

（3）公司通过较高的员工满意度和顾客满意度，使顾客乐意地支付了中高端的价格，尽管人工成本较高，但还是可以获得比同业高的利润。

资料来源：根据百度文库改编。

独到的战略思维、出色的管理使“海底捞”获得了成功，公司、消费者、员工三者都实现了价值增值。现实中，不同的企业会经历不同的兴衰成败。激烈的市场竞争和企业管理实践的发展，使得企业经营者不得不从战略上思考和把握企业的经营活动，确定企业发展的长期目标，进行资源整合形成企业的竞争优势，选择机动灵活的企业竞争策略。企业管理的所有问题，若不首先上升到战略的高度去把握，便会失去解决的方向。

战略管理不同于其他学科，它可以说是企业管理所有学科的综合，涵盖了所有的内容，但又不取代其他学科，而是从战略的高度把握企业的经营理念、业务定位、发展方向和目标、资源配置和经营活动方式等。战略管理决定企业的发展方向，决定企业的生死存亡。

1.1 战略研究历程①

“战略”作为一舶来语，本是军事学中的术语。英语中的“strategy”（战略）来源于希腊语中的“strategia”，意为“将军”，其意思是“对资源的有效使用加以规划以摧毁敌人”。著名的德国军事学家克劳塞维茨在《战争论》中认为“战略就是为了达到战争目的而对战斗的运用”，“战略必须为整个军事行动规定一个适应战争目的的目标，也就是拟订战争计划”。在这里，克劳塞维茨把战略看作是指导战争的规划、指导方针。

战略无处不在、无时不在，大可用于国家，小可用于个人。系统的战略思想可追溯到2500年前的《孙子兵法》，现代企业战略管理思想出现于20世纪60年代的美国。

1.1.1 20世纪60年代，战略规划理论诞生

最初的战略思想是战略规划，在战略规划出现之前，预算是企业最重要的应对长期发展的一种手段，长期预算、趋势分析、差距分析等方法在当时较为流行。

20世纪60年代初期，安东尼、安索夫和安德鲁斯奠定了战略规划的基础，他们重点阐述了如何把商业机会与公司资源有效地结合起来，并论述了战略规划的作用。三

① 周三多，邹统钎. 战略管理思想史［M］. 上海：复旦大学出版社，2003：1-15.

者的研究构成战略思想的“三安范式”（Anthony-Ansoff-Andrews Paradigm）。1978年，在匹兹堡大学战略规划研讨会上，“三安范式”得到了普遍的认同。1979年，申德尔（Dan E. Schendel）和霍弗（C. W. Hofer）出版了《战略管理》一书，将“三安方式”向世界传播开来。1960—1970年，规划思想占据着战略的核心地位，出现了战略管理的三部开创性著作：钱德勒的《战略与结构》于1962年出版，安索夫的《公司战略》和安德鲁斯的《商业政策：原理与案例》于1965年出版。

当时的战略规划包括四步：

第一，研究外部环境条件和趋势及公司内部的独特的能力（Distinctive Competence）；外部环境包括社区、国家与世界政治、经济、社会与技术等对公司经营有影响的相关因素；内部能力包括公司的财务、管理以及组织方面的能力及公司的声誉和历史。

第二步，研究外部机遇与风险及内部公司资源的优势与劣势并且把他们结合起来；

第三步，通过评估决定机遇与资源的最佳匹配；

第四步，做出战略选择。

这一阶段的战略分析工具，最具代表性的有伦德等人的SWOT分析。此外，波士顿管理顾问公司完成了两大发现：经验曲线与成长—份额矩阵。经验曲线发现，随着市场份额扩大、产量增加，由于劳动熟练程度提高会导致生产成本下降。“每当经验翻一番，增值成本就会下降20%~30%”；成长—份额矩阵将企业的产品或市场根据目前的状况与未来的发展潜力进行分类，区分出瘦狗、现金牛、明星与问号业务，为企业决策提供依据。后来通用电器公司在成长—份额矩阵的基础上又提出了以市场吸引力与企业优势为变量的GE矩阵，这两种矩阵目前成为战略的基础分析工具。

但是，传统的战略规划是一个单向过程，没有考虑到环境在不断变化，规划也应该不断调整。因此，安索夫在发现了这个致命弱点之后，提出了战略管理的概念，并建立了自己的战略决策过程，重点研究企业成长的范围与方向。安索夫认为，战略为五种选择提供“共同思路（Common Threads）”：产品与市场范围、成长方向、竞争优势、协同、自产还是购买。他把环境、市场定位与内部资源能力置于战略的核心位置。

1.1.2 20世纪70年代，环境适应理论横行

20世纪60年代后期与20世纪70年代早期，战略规划与长期规划在战略领域扮演着重要角色，这主要是源于把第二次世界大战中战争计划的经验应用到公司中，并取得了很好的效果。似乎一切都在意料之中，一切都在掌控之下。但是，1973年的石油危机开始动摇战略规划的垄断地位，企业发现战略规划无法应对现实中普遍出现的环境巨变与激烈的国际竞争，最根本的一点是未来无法预测，现实的战略往往是不断试错的结果。战略规划开始向战略管理演变。

20世纪70年代是环境适应学派的时代，战略家越来越把环境的不确定性作为战略研究的重要内容，更多地关注企业如何适应环境。激烈的国际竞争和不确定性使战略研究引进了脚本分析，通过假设各种不同的市场环境，从而设计出各种不同的对策来应付这些变化。从而，管理不确定性成为企业的核心能力。

这一阶段，代表性的思想有：林德布罗姆的“摸着石头过河”、奎因（J. B. Quinn）的“逻辑渐进主义”以及明茨伯格（H. Mintzberg）和沃特斯（J. Waters）的“应急战略”。他们均把战略看成是意外的产物，是企业应对环境变化所采取应急对策的总结。吉尔斯（William Giles）研究了壳牌公司的经验，提出战略规划是一个学习的过程，战略规划理论把环境适应思想纳入自身的体系之中。

1.1.3 20世纪80年代，产业组织理论和通用战略研究

20世纪70年代末期及至20世纪80年代初期，世界经济形态发生了大的变化：市场结构越来越集中，产业组织的力量超越政治、经济环境的力量；大企业在行业内形成垄断，自由竞争转向垄断竞争；产业资本密集、技术密集导致行业进入障碍加大；成功的企业大多来自有吸引力的行业。基于以上因素，战略学家纷纷从适应环境的战略分析框架中跳出来，转向寻找有吸引力的产业，从成本和产品差异化上来寻找竞争优势，出现了S（结构）-C（行为）-P（绩效）、PIMS（市场结构—战略+策略—绩效+竞争地位）及波特的竞争战略理论为代表的战略新范式。

这个时期的研究在于三个方面：

第一，战略与绩效的关系。有三股势力：第一股集中在哈佛，秉承钱德勒的传统，致力于检验企业成长与多元化战略的命题；钱德勒学派的学者更深入地研究了企业成长战略、组织形式与经营业绩之间的关系。赖格利对多元化作了分类，鲁梅尔特（R. P. Rumelt）对多元化类型、组织结构对经营业绩的影响做了深入的研究。第二股在普渡大学，重点研究业务战略，始于对酿酒厂的研究。对美国酿酒业的研究是希望发现战略与经营业绩之间的关系，尤其要解释经营业绩与战略及环境的关系，认为业绩是战略与环境的函数。研究由哈滕（K. J. Hatten）、申德尔和库伯（A. C. Cooper）主持。通过研究发现，环境很重要，一个相对于竞争者的好战略必然导致好的经营业绩。研究还发现，同一产业内，企业的战略和业绩存在很大的不同，这导致了后来对战略团体的研究以及用竞争优势来解释经营业绩的差异。第三股也诞生在哈佛，以波特为首从产业组织的角度研究竞争战略和竞争优势。

第二，通用战略与竞争优势。20世纪80年代初，波特通过对美国、欧洲和日本制造业的实践提出了自己的竞争战略理论学说，认为企业要通过产业结构的分析来选择有吸引力的产业，然后通过价值链上的有利环节，利用成本领先或差异化战略来取得竞争优势。在整个20世纪80年代，波特的著作《竞争战略》《竞争优势》，这对战略管理的理论和实践产生了深远的影响。另一部分学者认为，战略的实施能力同样是重要的竞争优势来源，麦肯锡公司首次提出了战略实施与组织发展的构架，即“7S”构架，说明了要成功地实施战略与实现组织变革的必需的要素。其假设是组织的变化需要组织技能与共享价值观的变化。这“7S”是：战略、技能、共享价值观、结构、系统体制、员工、风格。随着研究的不断深入，人们越来越认识到有更多的竞争优势的来源，如质量、速度、快速的周转能力、高度的创新能力等。越来越多的学者认为，维持竞争优势的持续性依赖于组织的学习能力。

第三，战略过程与动态战略。后来的研究发现，没有任何一个战略过程或战略能

力能单独形成永久的竞争优势，企业必须不断地改变其战略资源与能力以便适应环境的千变万化。人们研究的重点由过去的寻找成功的驱动力转向研究如何使企业变化能力的最大化，即明茨伯格认为战略家应该由原来的规划者、战略制定者转变为战略的发现者，知识的创造者及变化的催化剂，战略规划应该用战略思考来替代。环境变化迅速，过多的分析反而会贻误战机，因此，要迅速分析可能的机遇，消除可能的风险，重点研究关键问题，迅速分析并形成行动方案，不要等一切都明确后才行动，但随时准备变更行动方案。成功的企业是擅长创新的企业，是不断学习，不断变化的企业。

1.1.4 20世纪90年代，资源基础论和核心能力学说流行

波特的思想是对美国及日本20世纪70年代制造业的实践的总结，但是随着时间的推移，局限越来越明显，许多产业现象难以解释，如同行业的企业间的经营业绩的差异远远大于行业间的平均利润差异。20世纪90年代初，美国西南航空公司在其他同行大亏损的时候却保持了利润的持续增长，这说明市场结构并不是企业经营业绩的决定因素。西南航空公司赖以竞争的资源是一种看不见的资源，如友善、风趣、实惠，这是一种综合的资源，是其他航空公司所无法模仿的。

20世纪90年代，企业经营环境的最大特点是：第一，竞争的全球化。国家竞争越来越激烈，国家的边界变得越来越模糊，信息网络的发达使行业界限模糊。第二，产品的生命周期大大缩短，产品过时加速，创新成为竞争的主题。第三，顾客需求的个性化和差异化，多品种少批量成为重要的生产战略，即时生产、灵捷制造成为企业新的生产方式，时间和速度成为新的竞争手段。这时人们发现，竞争无常规，没有通用战略，竞争优势是比竞争对手更为成功的因素，而且这些因素无法被竞争者模仿。这些因素包括：组织的资源与能力、战略实施的卓越能力、战略、时间与创新等。一部分学者认为资源与能力是竞争优势的主要来源，公司的战略依赖于公司最优秀的方面而非外部环境，战略家的工作是寻找公司的能有别于其他竞争者的资源与能力。它们包括：

（1）能提高公司竞争力的成本优势，如企业生产能力、加工技术、购买原材料的渠道等；

（2）能用于不同用途的因素，如市场营销经历、销售渠道、品牌等；

（3）能阻止竞争者进入的门槛因素，如专利、市场份额等；

（4）对公司讨价还价能力有影响的因素，如企业规模、财力等。

企业对资源和能力的分析包括以下五个步骤：

（1）对公司的资源分类，评估其优势与缺陷；

（2）分析公司的能力，如何能使公司比竞争者更有效；

（3）评价资源与能力的潜力，尤其是在保持长期竞争优势方面确定其竞争优势；

（4）选择能最好地匹配公司的资源、能力与外部环境的机遇，制定相关战略；

（5）找出资源差距，投资强化提高公司的资源条件，然后回到第一步，进入第二循环。

资源基础论者认为即使一个企业在缺乏吸引力、缺乏好机遇也有较大经营风险的

行业中经营，它也可以依赖它的内部独特资源与能力赢得竞争优势。关键是企业必须拥有对顾客有价值、稀缺的、对手难以模仿的资源与能力。资源基础论的假定是：

（1）每个企业都是一组独特的资源与能力的组合，这些独特的能力与资源是企业战略的基础也是企业回报的基本源泉，资源的差异是竞争优势的基础；

（2）随着时间的推移企业拥有不同的资源，培养独特的能力，从而同一行业的企业不可能拥有相同的战略相关资源与能力；

（3）资源在企业之间缺乏流动性；

（4）资源是企业生产过程的投入，包括：设备、员工的技能、专利、优秀的经理人员等。

资源基础论的进步主要在于企业不只是利用现有的资源与能力而且要有意识地培育独特的能力。

1990年普拉哈拉德（C. K. Prahalad）和哈默尔（G. Hamel）发表《公司核心能力》一文，奠定了核心能力理论基础，也使他们名闻四海。核心能力是组织中的累积性学识，特别是运用企业资源的独特能力，核心能力的重要特点是其他组织难以模仿，因为其具很强的隐匿性，竞争对手感到难以言表，即只可意会不可言传；它是人与物，人与人关联的复合体，它是长期积累的产物，包括许多不可逆转的专用投资。核心能力理论强调，现实中企业的战略应该做到：选择有吸引力的行业，同时培养别人无法模仿的核心能力。

1.1.5 战略创新及学派分野

20世纪末，伴随着经济全球化、技术信息化与知识经济时代的到来，企业界出现了一系列的战略创新。

（1）大规模定制

20世纪初，大规模生产在美国诞生，标准化成为时尚，成本领先成为主要的竞争战略。但是，随着消费者追求个性化时代的到来，“one size fits all”的时代已经过去了，互联网和信息技术的发展，促使大规模定制应运而生。即对定制的产品和服务进行个别的大规模的生产，它以个性化客户为中心，以灵活性和快速反应实现产品和服务的定制化。

大规模定制的特点是：

①以个性化客户为中心。大规模生产中，客户处于价值链的最末端，生产出来什么就卖什么。而在大规模定制中，客户位于价值链的最前端，围绕客户的需求来生产产品，其实质是生产者和客户共同定义和生产产品；

②以灵活性和快速反应实现产品或服务的定制化；

③电脑、网络、电子商务等信息技术是新战略的技术基础，使制造商与客户和供应商形成一种新的关系；

④注重整个过程的效率，而非局限于生产效率。

（2）时机竞争

1988年斯托尔克在《哈佛商业评论》上发表论文《时间——下一个竞争优势的源

泉》，他把时间作为企业竞争优势的源泉，认为过去企业靠降低成本和产品多元化来竞争，而现在，时间与速度成为重要的竞争优势来源。在设计、制造、销售与创新上争时间、抢速度，对顾客的需求迅速反应。缩短产品周期、缩短产品生产时间等时间管理成为重要的竞争手段。

（3）归核化

归核化是指企业通过减少业务活动范围以集中经营核心业务的过程，主要通过剥离的方式实行企业的重组。美国大企业 20 世纪 50 年代起实行的多元化战略在 20 世纪 70 年代达到高峰，20 世纪 80 年代进入战略转换期，由于经济不景气，许多企业实施归核化战略。欧洲大企业的这种战略转换比美国晚 5~8 年，20 世纪 90 年代中期才陆续实施归核化战略。在亚洲，韩国大企业在金融危机中的 1998 年才开始实施归核化战略。归核化战略的要旨是：

①把公司的业务归拢到最具竞争优势的行业上；

②把经营重点放在核心行业价值链上自己优势最大的环节上；

③强调核心能力的培育、维护和发展，重视战略性外包这种新兴的战略手段。最早实施归核化战略的代表者是美国通用电气公司。

（4）虚拟组织

为了提高对市场机遇的反应，越来越多的企业采取非股权安排方式的核心虚拟企业形式。根据核心能力分工原则，企业只经营其核心能力擅长的业务，把边沿业务外包，形成劳动社会大分工。企业快速形成，一旦使命完成立即解体。通过契约的方式形成临时利益共同体。特许经营、委托管理、战略联盟等就是这种虚拟企业的代表组合方式。

（5）竞合

竞合即“竞争”与“合作”，在竞争对手之间构成合作关系。越来越多的战略联盟就体现了这一点。采取双胜共赢的原则，相互合作，而非开展你死我活的竞争。

（6）学习型组织

学习型组织是一种“本地化”（Localness）的扁平组织，决策权往下层移动，尽最大可能让当地决策者面对所有的课题，包括处理企业成长与持续经营之间的两难困境，通过学习来控制。提高企业对顾客需求变化作出反应的灵敏度。学习型组织发展它的员工，使它的员工热衷于并且有能力适应环境与变革自身。学习型组织具有共同的愿景，相互公开沟通，当与企业相冲突时，员工会把个人与部门的利益放在一边。

纵观战略研究的发展历程，20 世纪 70 年代到 20 世纪 80 年代战略研究没有突破性进展，原因在于，20 世纪 70 年代和 20 世纪 80 年代，战略研究过于空泛，缺乏可操作性。它只是给人们一种启发，要规划未来，要适应环境。20 世纪 80 年代日本的崛起也确实把人们的注意力引向操作层面。日本通过 TQM、及时存货、灵捷制造、成本控制等战术性的经营效率改进在市场竞争中节节胜利，使人们对战略迷失了方向。人们认为，战略并非是真正重要的东西——你只是必须以更低的成本生产出比竞争对手更优质的产品，然后不懈地改进那个产品。还有人认为在一个变化的世界里，不该有战略。企业经营围绕着变化、速度、动态反应和重新创造自身等方面转，事物如此快速变动，稍有停顿企业就承受不起。如果有战略，那就是僵化和不善变通，等到战略制定完毕也就过时了。

20世纪90年代战略的复兴是由于人们认识到企业的成功根源于企业独特的资源，而这些资源需要企业在内部长期培养才能形成。选择与培养独特资源与核心能力就是战略过程。尤其是波特一再强调，战略不是经营效率而是从事不同的活动或以不同方式从事相同的活动；哈默尔又强调要打破游戏规则，要开创新行业，人们这才逐步把战略重新放在经营的核心地位。

由于人们对战略的本质没有达成共识，所以存在各种战略管理流派。明茨伯格在《战略历程——纵览战略管理学派》一书中，将战略管理分为十大学派，分别是：

（1）设计学派，认为战略是一个有意识的、深思熟虑的思维过程，是首席执行官有意识的但非正式的构想过程。

（2）计划学派，将战略形成看作是一个正式的过程，是一个受控制的、有意识的、规范化的过程。

（3）定位学派，战略的形成是一个受控的、有意识的过程，组织应该在深思熟虑之后制定出全面的战略并清楚地表达出来。而且，在既定的产业中，只有少数可供选择的战略，即通用战略。

（4）企业家学派，企业战略不是集体智慧的结晶，而是领导者个人思考出来的产物。具有战略洞察力的企业家是企业成功的关键。

（5）认知学派，战略形成过程是一个精神活动过程，是战略决策者认知的基本过程。这不仅是一个理性思维的过程，还包括一定的非理性思维。

（6）学习学派，战略形成是一个应急的过程。组织环境具有复杂性和难以预测的特性，战略的制定首先必须采取不断学习的过程，学习以应急的方式进行。

（7）权力学派，把战略看作是一个协商的过程。战略制定是一个在相互冲突的个人、集团以及联盟之间讨价还价、相互控制和折中妥协的过程。

（8）文化学派，战略形成是社会交互的过程；个人通过文化潜移默化适应过程。文化学派的研究主要集中在文化对决策风格的影响、克服对战略变革的阻碍、建立企业主导价值观和解决文化冲突等方面。

（9）环境学派，该学派将战略管理完全变成了一种被动的过程。

（10）结构学派，融合了其他学派的观点，提供了一种调和不同学派的方式。该学派认为：组织可被描述为某种稳定结构；这种结构可被偶然因素影响向另一结构飞跃；结构转变有某种周期；战略最后采取的模式都是依自己的时间和情形出现。

1.2 战略的含义与特征

1.2.1 战略的含义

彼得·德鲁克在《管理的实践》（1954）一书中对企业管理的战略的定义是：“战

略就是管理者找出企业所拥有的资源并在此基础上决定企业应该做什么。”德鲁克的战略定义强调了企业经营者必须识别和找出自己所拥有的资源是什么，并根据自身的资源特点来确定企业的经营方向。

钱德勒（Aifred Chandier）在《战略与结构》（1962）给企业管理的战略下了一个定义：“确定企业基本长期目标，选择行动途径和为实现这些目标进行资源分配。”钱德勒的企业管理的战略定义包含了几层意思：一是确定企业的长期目标，二是选择实现目标的途径和方法，三是进行资源配置。钱德勒认为战略是组织与环境之间的纽带，战略通过对组织环境的分析来确定组织的发展方向，使组织与环境要求相一致，组织对战略的跟随就保证了组织与环境的匹配。

安德鲁斯在其著作《公司战略概念》中提出企业总体战略是一种决策模式，它决定和揭示了企业的目的和目标，提出实现目的的重大方针和计划，确定企业应该从事的经营业务，明确企业的经济类型与人文组织的类型，以及决定企业应对员工、顾客和社会做出的经济的和非经济的贡献。

加拿大麦吉尔大学的明兹伯格把人们对战略的各种定义概括为五个“P”：

（1）战略是策略（Ploy）。这种对战略的理解，是把战略等同与具体的谋略或计谋。在管理学界，人们通常把战略和策略混为一谈，有时从全局层面上来理解和使用战略这一术语，有时从局部层面上来理解和使用战略这一术语，而且多数人是把战略视为企业进行市场竞争的计谋与谋略。然而，把战略与策略相混，把战略上的策划和成功当成策略上的策划和成功，在管理实践上将造成重大的损失。这一点我们将在后面“战略与策略的关系”中进行具体的说明。

（2）战略是计划（Plan）。明兹伯格指出战略是一种有意识的有预谋的活动，一种处理某种局势的方针。依据这个定义，战略具有两个本质属性：一是前导性，战略是在企业发展经营活动之前制定的，以备使用；二是主观性，战略是有意识、有目的来制定的，更多地反映了人们对未来行动的主观愿望。在战略策划中，包含着计划的内容，但决不等于计划本身。

（3）战略是模式（Pattern）。明兹伯格认为战略是一种模式，它反映企业的一系列行动。这就是说无论企业是否事先对战略有所考虑，只要有具体的经营行为，就是企业的战略。这种对战略的理解，是把战略等同于企业经营活动的模式。在战略策划中，包括了对企业经营模式的策划和设计，一个战略的成功实施必然包含着有效的经营模式的运作。但是，战略包含着更为广阔的内容，不仅仅是经营管理模式的问题。

（4）战略是定位（Position）。战略定位是指选择企业在市场竞争中有利于自身生存和发展的位置，是企业在自身环境和利益之间所确定的位置。战略策划必须找到有利于企业生存和发展的市场定位，但是战略定位问题只是战略策划中的一个问题。

（5）战略是观念（Perspetive）。把战略看成一种观念，它体现组织中人们对客观世界固有的认识方式，它是一种抽象的概念，但可以通过一定的方式被企业成员拥有和共享，从而变成一种集体意识并可能成为组织成员保持一致的思想基础。这种对战略的理解，是把战略等同于理念。战略的策划和制定，必须要有适当的战略理念作为指导，但是，战略决非仅是一种精神现象，它是企业具体行动的方案和规划，具有切实的可操作的物质内容。

综上所述，应把战略理解为上述五个“P”的集合，或比较接近对战略观念的理解，如果仅从其中某一个“P”的角度来理解或界定战略的定义，则是不全面的。

有些学者还将战略定义为决策、计划、指导思想。根据上面的讨论，本书对企业管理的战略概念拟作出以下的界定：战略是指企业制定的对将来一定时期内全局性的经营活动的理念、目标以及资源和力量的总体部署与规划。它包括以下含义：

第一，战略不是临时的权益之计，其在一定历史时期具有稳定性；

第二，战略不是对企业局部活动的反映与策划，而是对企业全局性活动的反映与策划，即使是局部性的问题，也是涉及全局，必须提升到全局的高度来处理的问题；

第三，战略的内容包括战略理念、战略定位、战略使命、战略目标、资源配置和能力整合等；

第四，战略是企业的总部署、总规划。

1.2.2 企业战略的特点

（1）全局性。战略问题统筹全局，总括整体。战略研究，着眼于带有全局规律性的问题。战略规划，是对根本目标的确立，对总体力量的部署，是全局性的指导方案。

（2）长期性。战略计划、战略部署、战略方针都带有长期性，在一定的历史时期起着指导作用，只要没有发生重大的意外事件，战略计划、部署、方案的基本内容是不会修改或终止执行的。

（3）稳定性。战略具有全局性、长期性，在总体战略目标没有完成之前是不会发生变化的。尽管在执行过程中，由于客观形势的变化会对其中的个别内容进行调整，但战略的宗旨、方针和基本内容不会发生重大的变化，除非客观形势发生了巨大变化，或战略的制定者与执行者发生了重大变动，才会对战略进行重大的调整。

（4）指导性。战略的作用在于对企业的经营活动进行指导，提供总体的指导方案，规范企业运行的方向和经营模式。企业任何具体策略的制定、具体计划的执行，都不能脱离总体战略方案的指导，都要为完成总体的战略目标服务。

1.2.3 战略的功能

从上面战略的内容和特点中可以看出，制定出正确科学合理的战略对企业的发展有着重要意义。具体说来，战略具有以下功能：

（1）提高企业和企业经营者参加市场竞争和推进企业发展的自觉性

战略的制定过程是企业决策者对市场变化的形势、企业自身发展状况的研究和把握过程，战略的内容反映了企业决策者对上述情况和发展趋势的认识与把握程度。科学的战略是对企业自身实力和市场竞争情况的正确反映，是对企业经营与运行状态客观规律的科学反映。因此，战略在指导企业运作和发展时，可以提高企业领导者和员工的自觉性，克服盲目性，使企业能够按照事物的发展规律和具体客观情况进行部署、规划，制定适宜的策略去开展各种经营活动。

（2）保证企业和企业决策者始终能够保持明确的前进方向

战略具有很强的指导功能，它可以使企业决策者在复杂多变的市场竞争中始终保持清醒的头脑，按照既定的目标前进，不至于在变幻莫测的市场竞争中和烦琐的日常事务中迷失方向。

（3）对具体策略、计划进行指导、评估和监控

企业任何具体的策略、计划、部署的制定都是在战略总体规划的指导下进行的，只有遵循战略宗旨规定的总方针与总规划，各种具体的策略、计划、部署才能实现结构耦合、功能互补，为完成战略总目标采取步调一致的行动。战略目标和战略规划对具体的策略、计划及其实施结果还可以进行评估，帮助企业决策者对策略、计划进行择优选择。战略规划还可以对策略、计划实施的具体情况进行监控，校正那些偏离战略目标的策略和计划，保证企业按照既定目标运行。

（4）对企业资源进行有效的整合和部署

战略制定的过程，也是对企业资源进行有效整合和部署的过程。企业内外的各种资源原本是离散状态的，经过战略规划的实施，将使其实现有机组合和功能互补，进而提高企业的综合优势和竞争实力。

1.2.4　战略与策略

战略与策略是相对的，只有对策略进行较深入的研究，并将战略与策略加以比较以后，我们才能真正懂得战略的根本属性。

（1）策略的定义

策略与战略相比，是对企业管理实践低一个层面的抽象和概括。具体来说，我们可以这样来界定策略：策略是指企业在战略规划指导下制定的各种具体的、局部的、短期的运作目标、行动方案和操作方法。

上述策略的定义包含了以下几层意思：

第一，策略是对企业管理实践局部性活动的反映和策划。

第二，策略是短期的，带有暂时性和多变性的特色。

第三，策略是企业经营更加微观和具体的目标与操作方案和方法。

（2）策略的特点

策略不同于战略，策略的特点是：

①局部性

策略反映企业经营运作的局部活动情况，着眼于局部的资源和力量部署，具体的工作安排和暂时的或短期的应对措施。策略不能脱离总体战略的指导和部署，它是总体战略的一个具体执行部分。策略的这种局部性与执行性表现为在长时期的战略部署中它只是其中的一个短期时间段，在总体的战略部署范围内它只是其中的一个具体的操作部分。

②暂时性

策略是企业短时期内的行动方案和计划，随着形势的不断变化要及时进行调整，因此，任何策略都具有暂时性的特征。策略的这种暂时性，在信息时代的市场竞争中，

尤其显得突出。企业战略的威力，就是借助策略的这种暂时性和内容不断更新与调整，得到充实与提高。企业如果认识不到策略的这种暂时性特征，企图将其长期化、固定化，那么在变化迅速的市场竞争中就会遭受失败。

③灵活性

策略必须根据现实情况的具体特点来制定，必须根据形势的变化随时进行调整，具有很大的机动性和灵活性，企业必须学会在复杂变化的市场竞争中巧妙地运用各种策略使自己在竞争中处于优势，赢得顾客的信任。当然，策略的灵活性不等于放弃总体的战略目标，动摇自己的总体发展方向，那种不顾战略所确定的总体方向的灵活性是一种投机性的灵活性，是得不到好结果的。

④操作性

策略比战略更加具体，更具可操作性。策略的内容不能只是一些空洞的原则、价值性的论证，它的内容设计应该是十分具体，切实可行。所确定的运作方式必须切合实际，组织形式必须适合企业进行高效的工作，各种政策必须有利于调动广大员工的积极性，经营方法必须使企业实现盈利的目标。

（3）策略的功能

灵活巧妙的运作策略，对于实现战略目标有着重要意义。企业只有正确的战略，而没有灵活巧妙的策略相配合是无法实现自己的战略目标的。具体来说：

①策略使战略总体目标得以实现

战略目标必须靠策略的具体运作来实现，具体的策略目标的完成才能使战略的总体目标得以实现。

②策略使战略规划具体化

策略是对战略总体规划的阶段性计划实施的谋划，是对战略总体方案实现途径的选择，战略的总体规划必须通过具体的策略谋划才能得到落实。

③策略使战略方案获得实现的具体的运行方法和工具

策略是为实现战略总体方案而选择的若干方法和工具的集合，只有选择到适合的方法和工具时，企业战略才会找到具体实现的途径。

④策略使战略能够及时迅速地适应市场的变化

战略是比较稳定的、长期的，策略是灵活的、短暂的，市场的变化是瞬息的、随时的，稳定的战略必须借助灵活的策略来适应随时变化的市场环境，以保证战略的生命力和适应性。

⑤策略是战略实现自身价值的具体手段

战略的制定和实施，都有自己具体的盈利目标。具体利润的获得，必须借助于具体的策略谋划，包括价格策略、品牌策略、销售策略等的谋划。

总之，策略支撑战略、落实战略、实现战略。

（4）战略和策略的相互关系

①战略与策略的区别

A. 从空间属性上来看，战略是全局、整体，策略是局部、部分。战略和策略反映和策划的对象在空间范围上是不同的，比如对企业的整个营销活动的把握和策划是关系企业全局性的战略性策划，而对某一次促销活动的谋划，则是策略性策划。

B. 从发展态势上来看，战略是长期的、稳定的，策略是短期的、灵活的；

C. 从企业经营的作用上来看，战略是指导工作的总目标、总规划、总方针，策略是具体的工作部署、运作方式；

D. 从管理实践的特性来看，战略具有一般性、普遍性、指导性，策略具有具体性、执行性、可操作性。

②战略和策略的联系

战略指导策略，策略为战略服务。战略目标没有具体的策略去实现只能是一种空想，策略离开战略的指导又是盲目的，两者相辅相成，不可分离。

③战略与策略的关系体现在具体的管理实践中，必须注意正确处理好以下几个关系：

A. 在企业发展的目标上，正确处理长远利益与暂时利益之间的关系，整体利益与局部利益之间的关系。战略代表着长远利益、整体利益，策略代表着暂时利益、局部利益，企业在发展上必须着眼于长远利益和整体利益，不能为一时的利益、局部利益而牺牲长远和整体利益，但也不能不考虑眼前利益和局部利益。正确的做法是在坚持长远利益和整体利益前提下，适当地考虑眼前利益和局部利益。坚持长远利益和整体利益，可以使企业在市场竞争中不至于迷失方向，可以保证战略总体目标的实现；照顾眼前利益和局部利益可以为完成战略目标积累条件，满足企业的眼前需要，有利于调动员工的积极性。

B. 在企业的日常经营活动中，恰当处理战略成功与策略成功之间的关系。战略成功是全局的成功，策略成功是局部的成功，在现实的市场竞争中，企业要为取得战略上的成功倾尽全力去奋斗。但是，战略上的成功必须通过策略上的成功来积累，因此，为了战略上的成功就必须脚踏实地地去为取得每个策略上的成功而奋斗，否则，战略上的成功将是一句空话。不过，有时策略上的成功并不一定就会对战略取胜有利，甚至可能有害。这就要求企业在运用策略时必须要服从战略的要求，按照战略总体规划的要求去运用各种策略，决不可因一时的胜利、局部的成功而沾沾自喜，忘记了根本战略目标。

C. 在企业具体的运作方式上，正确处理原则性与灵活性之间的关系，坚持原则性与灵活性的统一。战略总目标、规划体现了企业行为活动的原则性，策略体现了企业行为活动的灵活性。企业在市场竞争中必须坚持原则性，不能背弃战略规定的总体发展方向，轻易动摇实现战略目标的决心。但也不能不注意企业运作的灵活性。坚持原则性使企业不至于迷失方向，有利于坚定员工的斗争意志和必胜信心；注意灵活性有利于原则的实现，有利于战略目标的完成。排斥灵活性的原则性是僵化的教条主义，背弃原则性的灵活性是典型的实用主义的投机行为。

企业能够在现实的市场竞争实践中正确处理战略与策略之间的关系，对于企业的健康发展有着重要意义。现实的市场竞争是非常复杂的，竞争对手的策略运用也是千变万化的，企业只有处理好上述几个关系，才能充分发挥自己的智慧，运用巧妙的策略去取得市场竞争的胜利。

具体策略的内容是非常丰富的，具体策略的运用更是千变万化。比如中国古代的《战国策》就是一本对各种斗争策略进行研究的专著，而“三十六计”则是斗争策略的经验总结。在中国现代史上，毛泽东在领导中国革命斗争中形成的丰富的策略思想更是我们的丰富宝库。上述策略尽管是运用在战争和政治斗争中的，但是，在今天的商战中也多有可借鉴的地方。值得注意的是，策略不等于权术，权术具有欺骗性和投机性，往往会严重损害企业的形象，使企业丧失信誉，把企业推向灾难的深渊。

1.2.5 战略的层次

（1）公司战略

公司战略是企业的战略总纲，是最高管理层指导和控制企业一切行为的最高行动纲领。从企业经营发展的方向到各经营单位之间的协调以及资源的充分利用到整个企业的价值观念、企业文化的建立，都是公司战略的内容。

公司战略主要是回答企业应该在哪些经营领域进行生产经营，因此，经营范围和资源配置是公司战略中主要的构成要素。公司战略主要有发展战略、稳定战略、收缩战略。

企业公司战略与企业的组织形态有着密切的关系。当企业的组织形态简单，经营业务和目标单一时，企业公司战略就是该项经营业务的战略，即经营单位战略。当企业的组织形态为了适应环境的需要而趋向复杂化，经营业务和目标也多元化时，企业的总体战略也相应复杂化。不过，战略是根据企业环境变化的需要提出来的，它对组织形态也有反作用，会要求企业组织形态在一定的时期做出相应的变化。

（2）事业部战略

事业部战略是公司战略之下的子战略，主要涉及如何在特定的细分市场上进行竞争。

公司战略涉及组织的整体决策，而事业部战略则是更关心公司整体内的某个事业部门单位，即它的重点是要提高一个战略经营单位在它所从事的行业中，或某一个特定的细分市场中所提供的产品和服务的可持续竞争优势，以实现事业部单位利润最大化。

事业部战略的目的有两个：一是使企业某一个特定的经营领域取得较好的经营业绩，努力寻找建立可持续的竞争优势。二是对那些影响企业竞争成败的市场因素的变化作出正确的规划。

具体说来，事业部战略主要侧重以下几个方面：怎样贯彻企业使命、事业部单位发展的机会和威胁分析、事业部单位发展的内部微观条件分析、确定事业部单位发展的总体目标和要求、确定事业部单位战略的战略重点、战略阶段和战略实施。

（3）职能层战略

职能层战略是为贯彻、实施和支持公司战略与事业部战略而在企业特定的职能管理部门制定的战略。职能层次战略的重点是提高企业资源的利用效率，使企业资源利用效率最大化和成本最小化。

与上述两种战略相比，职能层战略更详细、具体、更具可操作性，是由一系列详细的方案和计划构成的，涉及企业经营管理的所有领域，包括财务、生产、销售、研究与开发、公共关系、采购、储运、人事等各部门。

从战略管理的角度而言，职能层战略的侧重点在于以下几个方面：第一，怎样贯彻事业部发展的战略目标；第二，职能目标的论证及其细分化，如发展规模、生产能力、主导产品与品种目标、质量目标、技术进步目标、市场占有率与销售增长率、职工素质目标、效益和效率目标等；第三，确定职能战略的战略重点、战略阶段和主要战略措施；第四，战略实施中的风险分析和应变系统设计。

上述三个层次的战略共同构成了企业战略体系。制定公司战略是企业高层管理者的主要职责，制定事业部战略是企业事业部领导层的主要职责，制定职能层战略是企业各职能部门主管们的主要职责。实际工作中，这三个层次的战略制定与实施必须由各级管理者相互协商、紧密配合。在一个企业内部，企业战略的各个层次之间是相互联系、相互配合的关系。任何战略层次的失误，以及战略层次的相互脱节，都会导致延缓企业实现预期战略目标的进程。当企业战略的三个层次相互配合、密切协调，以及每一层次内各部门间相互衔接、有效配合时，就能大大地增强企业凝聚力，也就能最为有效地贯彻与实施企业战略。三个层次战略的比较如表 1-1 所示。

表 1-1　　三个层次战略的比较

	战略层次		
	总体战略	事业部战略	职能部门战略
性质	观念型	中间	执行型
明确程度	抽象	中间	确切
可衡量程度	以判断评价为主	半定量化	通常可定量
频率	定期或不定期	定期或不定期	定期
时期	长期	中期	短期
所起作用	开创性	中等	改善增补性
承担的风险	较大	中等	较小
盈利能力	大	中	小
代价	较大	中等	较小
资源	部分具备	部分具备	基本具备

1.3　企业战略管理

1.3.1　战略管理的含义及特征

（1）战略管理的含义

早期的学者对战略管理的认识是从战略的概念构建开始的。但随着认识的深入，学者们逐渐意识到战略管理与战略是有区别的。安索夫所提出来的战略概念演变过程最能说明这两者的区别。安索夫最初提出了战略的概念，认为战略是贯穿于企业经营与产品及市场之间的一条共同主线，包括产品与市场范围、增长向量、竞争优势和协同作用四个要素。在这个定义中，安索夫把战略视为一个方案。但他随后提出了战略管理的概念，更倾向于把战略管理视为一个过程，而且是一个根据实施的情况不断修正目标与方案的动态过程。

因此从概念上进行区分，可以认为战略是一个静态的概念，是战略管理的对象；而战略管理则是对战略的管理过程，是组织制定、实施和评价使组织达到其目标的、跨功能决策的艺术和方法。具体讲，战略管理是包括战略的制定、战略的实施、战略的评价三个部分构成的企业管理过程以及相应的方法和技术。

（2）战略管理的特征

首先，战略管理不是职能管理，是一种高层次管理。很多学者将战略管理作为一种职能管理，认为战略管理像财务管理一样是由特定部门如战略规划部所负责的一种企业日常管理工作。这是一种不全面的看法，其实质是将战略管理仅仅视为一种规划，这种看法已不能反映战略管理科学发展的现实和企业战略管理实践的实际情况。战略管理并不是由某一固定的部门负责的日常工作，而是由企业高层管理者负责的对企业长期发展或事关全局问题的掌控和运作。

其次，战略管理是一种系统管理，整体性管理。与其他职能管理只负责企业某一方面事务的情况不同，战略管理是对整个企业所有事物的系统管理。当然这并不意味着战略管理就替代了所有的其他管理。但战略管理涵盖了企业管理的所有方面，在服务于企业整体目标的宗旨下进行整体的协调和配置，是对企业整个系统的管理。

再次，战略管理统率其他管理。如果说将战略管理看作是整个企业的“宪法管理”的话，那么其他管理可以视为在“宪法”框架下的各个“法律”。其他管理将服务和战略管理保持一致，任何与企业的战略管理相矛盾的其他管理活动都是不可接受的。

最后，战略管理是动态性管理。企业战略管理的目标就是使企业内部因素与企业的外部环境相适应，而企业的外部环境因素是不断变化的，因此，战略管理活动也要适当进行调整。

1.3.2 战略管理的边界

（1）战略管理与企业战略

企业战略是一种“谋划或方案”，而战略管理则是对企业战略的一种管理，也就是对“谋划或方案”的制定、实施与控制。

（2）战略管理与经营管理

战略管理与经营管理既有区别又有联系。两者的区别是：①战略管理面临的是动荡的环境，而经营管理面临的是相对稳定的而环境；②战略管理重视企业整体性的综合管理，经营管理重视企业职能性业务管理；③战略管理追求企业长期生存、发展以及核心能力的提高，经营管理则常常把着眼点放在短期经营成果和利益上；④战略管理是一种“预应式”管理。高层管理者要具有战略的思想和眼光，要洞察和预测外部环境，提前做出反应。而经营管理是一种“因应式”管理，只是对某种环境事变做出临时的反应，往往不能及时捕捉和利用外部环境变化造成的机会，也难以及时避开危险。两者的联系是：①经营管理是战略管理的基础；②有效的经营管理是实施企业战略管理的重要前提条件；③企业战略管理为经营管理提供了实施框架。

1.3.3 企业战略管理构成要素

一般说来，企业战略由以下四个要素组成，即产品和市场范围、增长向量、竞争优势和协同作用。这些要素也是进行企业战略管理的重要依据。安索夫认为这四个要素可以产生合力，成为企业共同经营的主线。有了这条主线，企业内外的人员都能够充分了解企业经营的方向和产生作用的力量，从而扬长避短、发挥优势。

（1）产品和市场范围

产品和市场范围说明企业属于什么特定行业和领域，企业在所处行业中产品与市场的地位是否占有优势。对于大多数企业来说，应该根据自己所处的行业、自己的产品和市场来确定经营范围。

专栏：

以市场界定经营范围的方式优于以产品界定经营范围的方式。企业要着眼于顾客满意程度，而非产品制造程序。产品的寿命是短暂的，而基本需要与顾客群体则是永恒的。比如，未来石油储量可能会耗尽，像壳牌这样的大公司就把自己定义为“提供能源服务的公司”，而不仅仅是一个石油公司，这样即使未来有一天石油产量枯竭，壳牌能迅速地转向其他能源，如太阳能，风能、核能等的生产经营。

资料来源：方欣. 企业战略管理［M］. 北京：科学出版社，2008.

（2）资源配置

资源配置是指企业过去和目前资源和技能组合的水平和模式。资源配置的优劣状况会极大地影响企业实现自己目标的程度。因此，资源配置又被视为形成企业核心竞争力的基础。

资源配置是企业现实生产经营活动的支撑点。企业只有采用其他企业很难模仿的方法，取得并运用适当的资源，形成独具特色的技能，才能在市场竞争中占据主动。

（3）竞争优势

竞争优势是指企业通过其资源配置的模式与经营范围的正确决策，所形成的与其竞争对手不同的市场竞争地位。竞争优势说明了企业所寻求的，表明企业某一产品与市场组合的特殊属性，凭借这种属性可以给企业带来强有力的竞争地位。

竞争优势既可以来自于企业产品和市场的地位，也可以来自企业对特殊资源的正确运用。具体来说，竞争优势的获得可以通过三种途径：第一，通过兼并方式，谋求并扩张企业的竞争优势；第二，进行新产品开发并抢在对手之前将产品投放市场；第三，保持或提高竞争对手的进入壁垒，如利用专利和技术壁垒等。

（4）协同作用

协同作用是指企业从资源配置和经营范围的决策中所能发现的各类共同努力的效

果，即分力整体大于各分力简单相加之和。在企业管理中，企业总体资源的收益要大于部分资源收益之和，即“1+1>2”的效果。一般来说，企业的协同作用可以分为四类：第一，投资协同。投资协同作用产生于企业内各经营单位联合利用企业的设备。共同的原材料储备、共同研究开发的新产品，以及分享企业专用的工具和专有的技术。第二，生产协同。生产协同作用产生于充分地利用已有的人员和设备，共享由经验曲线形成的优势。第三，销售协同。销售协同作用产生于企业使用共同的销售渠道、销售机构和推销手段来实现产品销售活动。老产品能为新产品引路，新产品又能为老产品开拓市场。第四，管理协同。管理协同的作用不能通过简单的定量公式明确地表示出来，它却是一种相当重要的协同作用。

1.3.4 战略管理的原则

（1）因应环境原则

成功的企业管理重视的是企业与其所处的外部环境的互动关系，其目的是使企业能够适应、利用甚至影响环境的变化。企业的存在和发展在很大程度上受其内外部环境因素的影响。这些因素的影响有些是起间接作用的，如政治、法律、经济、技术和社会文化因素，有些是直接影响企业活动的，如政府、顾客、供应者、借贷人、股东、职工、竞争者以及其他与企业利益相关的团体。

企业战略管理要求企业必须随时监视和扫描内外部环境的振荡变化，分析机会与威胁的存在方式和影响程度。企业战略管理就是要使企业高层管理者在制定和实施企业战略的过程中清楚地了解有哪些内外部因素会影响企业，这些影响发生的方式、性质和程度是什么，以便制定新的战略或及时对企业现行战略进行调整。

（2）全过程管理原则

战略管理是全过程管理，战略的制定、实施、控制和评价是一个完整的过程，忽视其中的任何一个阶段都不能获得良好的战略管理效果。企业战略管理中，切忌以下问题：企业战略制定以后就放在一边；战略实施过程中，一遇到麻烦或问题就搁浅；实施战略的时间过长或超过预算；实施过程中忽视内外部环境的变化。

（3）整体最优原则

战略管理不是强调企业某一个战略经营单位或某一个职能部门的重要性，而是通过制定企业的宗旨、目标、战略和决策来协调各部门、单位的活动，形成合力。

因此，战略管理过程中：整体总是比部分更受重视，如何使各个部门有机结合而产生出整体的优化是战略管理的主要目的；任何部分的调整都必须考虑它可能给整体带来的影响；为了实现整体目标，各个部分都有其独特不可或缺的功能和作用；部分的性质和功能是由其整体中的位置决定的。

（4）全员参与原则

企业战略管理是全员参与的过程，不仅要求高层管理者进行决策，也需要中下层管理者和全体职工的参与和支持。企业战略制定过程的战略分析、战略评价和选择主要是高层管理者的工作和责任，但这些分析决策离不开中下层管理者的信息输入和基层职工的合理建议。而且，企业战略确定以后，是否能够成功实施很大程度上取决于企业中层及全体职工的理解、支持和全心全意的投入。

（5）反馈修正原则

企业战略的时间跨度一般在3~10年，企业战略的实施过程不会一帆风顺，环境的变化往往会打乱企业的战略部署，只有不断地跟踪反馈才能确保企业战略活动的适应性。从某种意义上说，对现行战略管理的评价和控制又是新一轮企业战略管理的开始。

1.3.5 企业战略管理的过程

从动态的、逻辑的、情景依赖的角度看，企业战略管理过程包括：确立企业使命与目标、企业内外部环境分析、企业战略制定、战略评价与战略选择、战略实施、战略控制与变革六个阶段，如图1-1所示。

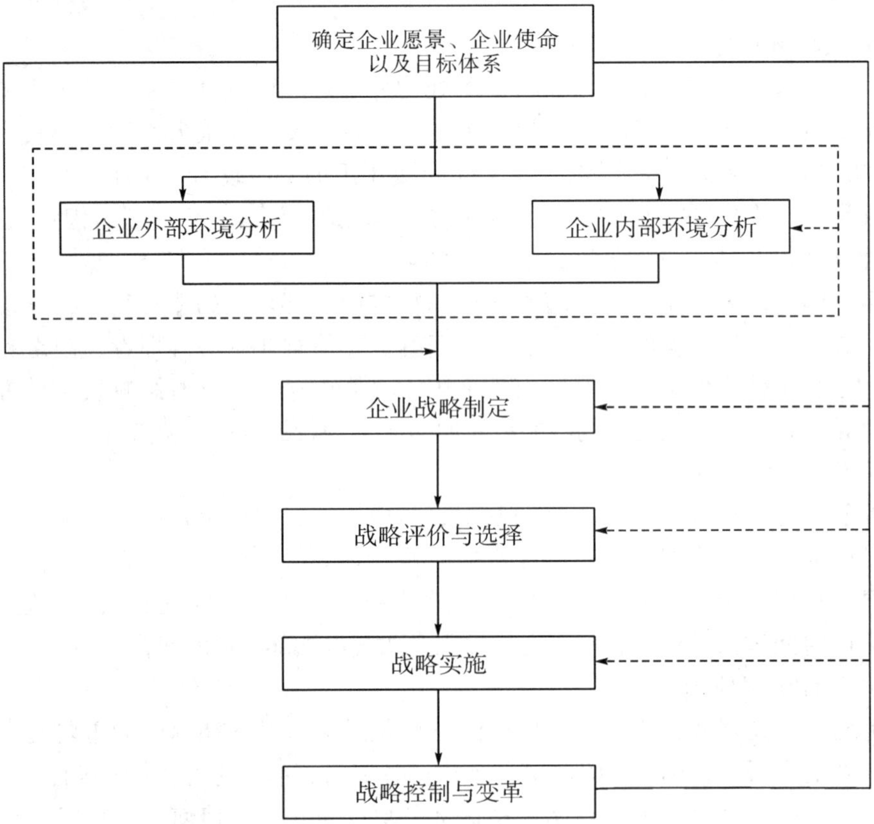

图1-1 战略管理的过程

（1）确定企业使命、愿景与战略目标

确定企业使命、愿景和战略目标是战略管理过程的起点，也是企业战略管理最重要的环节和最困难的工作。需要明确界定企业应该从事什么业务、顾客是谁、要向顾客提供什么样的产品和服务，同时还要制定与之相配套的系列性目标。企业使命的表述必须把企业的性质、特点和目的描述清楚，界定的范围既不能过宽也不能过窄，界定范围过宽的企业使命会包罗万象而使企业发展失去重点和方向，界定范围过窄的企业使命会限制企业的发展。

（2）企业内外部环境分析

企业内外部环境分析又叫做战略态势分析，一是对企业所处的外部环境的准确分析，二是对企业自身内部资源能力的准确分析。通过战略态势分析，有利于企业准确认识环境中的机会和威胁、自身的优势和劣势，为战略制定、战略实施提供依据。

（3）企业战略制定

企业战略制定是在企业内外部环境分析的基础上，制定出可供选择的战略方案。战略制定过程中所要决策的问题包括：企业要进入哪些新的业务领域；企业需要放弃哪些业务；资源需要如何有效配置；是否需要扩大经营规模；是否需要采取多元化经营；是否需要采取并购行动；如何防止潜在的恶意接管；是否需要展开跨国经营在；等等。

（4）战略评价与战略选择

战略评价与战略选择是对若干种类的战略利用战略评价分析工具分别进行评估，而后做出选择的过程。战略评价分析工具有：波士顿矩阵（BCG 矩阵）、通用矩阵（GE 矩阵）、逐步推移法、SWOT 分析法、战略地位与行动评价矩阵（SPACE 矩阵），等等。

（5）战略实施

战略实施是战略管理的行动阶段，已经制定的战略无论多好，若不能实施，也不会有实际意义。战略实施最主要的是要做到将战略目标分解到每个组织单元甚至个人，要使他们真正了解和认同自己在企业战略中的位置，并积极主动地付诸行动。企业中的每个单元都必须回答这样的问题，“在企业战略中我们的责任是什么”“为实施企业战略中属于我们责任的部分，我们必须做什么”以及“我们能将工作做得多好”战略实施是对企业的一种挑战，它要求激励整个企业的管理者和员工以一种追寻事业成功的态度来为实现已明确的目标去奋斗。战略实施是战略管理过程中难度最大的阶段，它的成功与否取决于管理者对员工的激励能力和对资源的配置能力，这最能体现管理者的管理艺术，也是对管理者最大的考验。

战略实施活动包括建立适应战略需要的组织结构、培育支持战略实施的企业文化、配备合适的人力资源、有效调配各种资源、科学制定企业预算、建立有效的信息沟通渠道以保证战略实施等。

（6）战略控制与变革

由于企业内外部环境处在不断的运动变化中，因此要保证战略目标的顺利达成，战略管理者就必须随时掌控战略进程信息，对企业战略进行动态的调整，当环境发生巨大变化时，还要适时地进行战略变革。

战略控制与变革是战略管理周期的结尾，也是战略管理新周期的开始，随着公司内外部环境的变化和出现进一步改善公司的观点和思维，公司管理者必须思考：未来的发展究竟是继续保留从前的企业使命、目标体系、战略以及战略实施方案，还是对它们进行修订呢？因此，战略管理是一个不断循环、没有终点的过程。

本章小结

1. 对战略的研究经历了五个阶段：战略规划理论的诞生、环境适应理论的横行、产业组织与通用战略研究、资源基础论与核心能力学说流行、战略创新与学派分野。

2. 战略是指企业制定的对将来一定时期内全局性的经营活动的理念、目标以及资源和力量的总体部署与规划。战略具有全局性、长期性、稳定性、指导性等特点，战略分为公司战略、事业部战略、职能层战略三个层次。

3. 企业战略管理是企业组织制定、实施和评价使组织达到其目标的、跨功能决策的艺术和方法。企业战略管理的构成要素包括：产品和市场范围、资源配置、竞争优势、协同作用；战略管理的原则是因应环境原则、全过程管理原则、整体最优原则、全员参与原则、反馈修正原则；战略管理的过程包括确立企业使命与目标、企业内外部环境分析、企业战略制定、战略评价与战略选择、战略实施、战略控制与变革六个阶段。

思考题

1. 战略研究各个阶段的思想主旨是什么？
2. 战略的含义、特点是什么？战略分为哪些层次？
3. 什么是战略管理？战略管理的原则是什么？
4. 战略管理的过程包括哪些？

2 企业使命、愿景与战略目标

学习目标：

1. 理解并掌握企业使命的重要性及内涵；
2. 了解企业使命确立的基本要求和使命陈述要素；
3. 领会企业愿景的内涵与构成；
4. 明确企业战略目标体系的类型。

案例导读

愿景及使命——企业经久不衰的真谛

企业愿景（使命）可以唤起人们的一种希望；改变成员和组织间的关系；形成强大的驱动力；有效地协调各经营单位之间的关系，是企业经久不衰的真谛。

福特公司20世纪初的愿景（使命）：工薪阶层都可以买得起车，以便“在上帝赐予的广袤大地上自由徜徉”。

正是依据此愿景（使命），福特发明并大力推广流水线革命，使单车生产周期从1908年的12个小时，降低到1913年的93分钟，1925年更是减少到15秒！同时，福特把T型车的售价由1909年的900美元，降低到1914年的440美元、1924年的290美元！此外，1914年，美国非熟练工人的日工资一般为1美元，熟练工人日工资为2.5美元，而福特却付给工人5美元的日工资。从而奠定了福特公司当时汽车霸主。

在成功地实现了“汽车大众化”之后，老福特开始沾沾自喜、故步自封。当人们对创造奇迹的T型车黑颜色一成不变抱怨不已时，老福特如此让步：“汽车是什么颜色都可以，只要它是黑的。”当自己的儿子带人开发出V6发动机而要取代传统的4缸发动机后，老福特到现场绕了几圈，亲手抡起锤子砸个稀烂。老对手通用汽车公司则借机崛起，在20世纪30年代一跃而成为世界第一汽车制造商，把福特公司甩到了身后。面对落后的企业愿景（使命）对企业发展的阻碍，福特该采取行动了。

跨入了汽车发展的新时期，福特公司适时地把“比利润更加重视人和产品，追求品质改善，员工参与，顾客满足”作为其愿景并开始为愿景建立彻底的实行体制。

（1）在全公司实施统计的质量管理制度，甚至要求负责人关闭生产不合格产品的生产线。

（2）通过“QI”计划，将之扩大到零部件供应商。根据品质等级评价和是否实施统计质量管理来选择供货商。同时，给商品供应商提供品质教学和技术支持，由此持续地提高质量水平。

（3）制订员工参与计划，使现场的员工成为品质改善的核心成员。

（4）要求管理者支持现场员工参与计划，并将之反映到升迁评价之中。

（5）引进卫星电视广播系统，让员工比从电视或新闻报道更早了解公司新闻，从而强化一体感。

（6）为了将员工的成果反映到企业的成果中，在汽车行业最先采用利润分配制度。

（7）了解顾客需求，让最高经营者参加与顾客的直接对话，以提高顾客的满足感。

（8）收集顾客对零售商服务质量的评价，并根据评价结果选出最佳销售商，以会长名义给予表彰。

随着企业的发展，福特汽车公司将自己定位为一个在汽车及汽车相关产品和服务以及其他新兴工业如航天、通信、金融服务等领域中的全球性的领导者。其使命就是“要不断地提高我们的产品和服务以满足客户的需求，同时我们作为一家企业要繁荣发展以及给我们的股东和所有者提供合理的回报”。在此指导下福特提出了如下方针：

（1）质量第一：为使顾客满意，我们的产品和服务的质量是必须优先考虑的问题。

（2）客户是我们工作的核心：我们的工作要时刻把客户牢记心中，要提供比竞争对手更好的产品和服务。

（3）持续的改进是我们成功的关键：我们必须出色地完成我们所做的每一件事——我们的产品、我们产品的安全性和价值、我们的服务；人际关系；我们的竞争力和我们的盈利水平。

（4）职工参与是我们生存的方式：我们是一个团体，必须互相信任和尊敬。

（5）分销商和供应商是我们的伙伴：公司必须与供应商、分销商和其他合作伙伴保持互利关系。

（6）绝不在形象上妥协：在全球的公司的所作所为必须遵循对社会负责、注重优良形象、为社会作贡献的方式。对男女职工一视同仁，反对种族及信仰歧视。

资料来源：网络资料整理。

福特公司的发展告诉我们，企业使命和愿景对企业的具有重要的指向作用。它还能够使企业改进劳资关系，促使企业不断研发新产品，提高企业经营管理的质量和效率。纵览那些基业长青的公司，都保持着稳定不变的核心价值观和核心目的，并以此作为核心不变的动力和法则来不断地适应着变化的外部世界，塑造了令人敬仰的企业文化和伟大的实业。德鲁克指出，建立一个明确的企业使命应成为战略家的首要责任。任何一个企业的使命都是不可度量的，而是对态度、愿景和方向的描述。企业使命为企业发展指明了方向，是企业战略制定的前提和基础。

第1章学习了战略及战略管理的基本内容，从本章开始进入战略管理过程，而战略管理过程的第一个环节是企业使命、愿景与战略目标的陈述。使命在战略管理中具有起点地位，它提供了战略制定的框架和背景。企业采用何种战略，实际上要从根本上体现企业存在的理由，并朝着企业设定的10~30年的愿景目标而努力奋斗。管理大师德鲁克曾经说过：一个企业不是由它的名字、章程和公司条例来定义，而是由它的任务来定义，企业只有具备了明确的任务和目的，才可能制定明确和现实的企业目标。

企业使命的重要性可见一斑。因此，企业在制定战略之前，首先要明确企业从事什么业务；其价值观与行为规范为何；所追求的宗旨是什么；愿景目标如何；规划期战略目标是什么。

2.1 企业使命

2.1.1 企业使命的内涵

使命（Mission），按照《现代汉语词典》的解释，就是责任。这种责任是重大的、历史的、沉淀在血脉之中的。使命是人（不管是自然人还是法人）的存在与否对于其关系人和社会所产生的价值贡献。具体来讲，企业使命是指企业战略管理者确定的企业生产经营的总方向、总目的、总特征和总体指导思想。它反映了企业管理者的价值观和企业力求为自己树立的形象，揭示了本企业与同行的其他企业在目标上的差异，界定了企业的主要产品和服务范围，以及企业试图去满足的顾客需求。

企业使命是企业的一种根本的、崇高的责任和任务，是对企业目标的构想。换言之，企业使命是企业之所以存在的理由与价值追求。一方面，它是企业“存在理由”的宣言；另一方面，它是企业的价值设计，反映和体现企业的宗旨、核心价值观和未来方向，企业使命是企业生存的基石。

专栏：著名公司使命

苹果电脑公司的使命：苹果公司致力于为全球140多个国家的学生、教育工作者、设计人员、科学家、工程师、商务人士和消费者提供最先进的个人计算机产品和支持。

盛道包装集团使命：把一流的产品献给用户，把永不满足留给自己，用信心、高技术和竞争力造福于社会，成为中国杰出、全球知名的包装商。品质至上、奉献美好使我们拥有未来！

松下公司使命：作为工业组织的一个成员，努力改善和提高人们的社会生活水平，要使家用电器像“自来水”那样廉价和充足。

2.1.2 企业使命的特征

（1）导向性

企业使命对企业的生存发展具有导向作用。在确定企业使命时，应确切定义企业，明确说明企业的目标，体现企业的差异化特点，它可以作为评价现实及将来企业各种活动的基准。其重点是树立发展方向，提供激励，树立形象，建立基调和宗旨，指导企业排除某些风险，促进企业成长。

（2）激励性

企业使命既要表达股东的意志和诉求，又要反映员工的长远憧憬。有效的企业使命，能够高屋建瓴，体现企业上下乃至利益相关者的共同利益，能够唤起员工对企业的忠诚和热情，并乐于为之奉献，认为值得为其付出。使命有利于提高企业的声誉，强化企业对客户的吸引力，促进资源所有者的支持，使企业员工产生光荣感、自豪感，从而更加自觉地为实现企业战略目标而努力工作。

（3）稳定性

在确立企业使命之前，要群策群力、集思广益，不可草率行事。但作为企业长远追求的战略使命一经确定，不得轻易改动，要维护它的严肃性和权威性，使之具有相对的稳定性，不能因为企业内外部环境的变化而随时变化。除非企业内外环境发生重大变革，企业使命不得不作相应的调整和修正。

经营实践中正反两方面的实践表明，那些基业长青、持续发展的企业，能够始终坚持其使命，哪怕是在企业最困难的时候，也毫不动摇；反之，那些昙花一现的短寿企业，在使命问题上缺乏定力，漂浮摇摆，他们奉行机会主义哲学，随波逐流，不能坚守使命，甚或背离初衷，其结果是风光一时，却不能持续经营。

2.1.2 企业使命的重要性

（1）为企业的发展指明了方向。企业使命从总体上指引企业的经营方向和发展道路，为企业成员理解企业的各种活动提供依据，确保企业内部对企业目标达成共识；企业使命还能为企业树立良好的企业形象使企业获得外部支持。

（2）企业使命是企业战略制定的前提，是战略方案制订和选择的依据。企业在制定战略过程中要根据其使命来确定自己的基本方针、战略活动的关键领域及行动顺序等。

（3）企业使命是企业战略行动的基础，是有效分配和使用企业资源的基础，为企业战略的实施提供激励。有了明确的使命，企业才能把有限的资源分配在能实现企业使命的经营事业和管理活动中，而且，企业使命能够为企业明确经营方向、树立企业形象、营造企业文化，进而为战略的实施提供激励。企业管理要以企业使命为依据，为实现使命而服务。企业使命还能对全体员工的行为起规范作用，规范员工的职业道德、工作作风和发展轨迹。企业使命为社会各界监督企业的活动也起到作用，企业的利益相关者都会以使命为标准对企业实施有效的监督，同时也会促进企业履行自己的使命。

2.1.3 企业使命的构成

企业的使命总体来说包括企业哲学和企业宗旨。企业哲学是企业的价值观、态度、信念和行为准则，它由企业经营活动中的指导思想、基本观点和行为准则构成。企业宗旨是企业现在和将来应该从事什么样的活动，以及应该成为什么性质的企业或组织类型的陈述。具体来看，企业使命一般包括以下几个方面：

（1）企业经营理念。企业经营理念是指企业的基本哲理、信念、价值观和抱负，是企业的行动准则，对企业的各种行为具有指导和约束作用，企业可以据此对自己的行为进行自我控制。

（2）企业目的。企业所要达到的目标是多元性的，有经济目的、社会目的和其他目的。从时态上讲，企业有当前目的和未来目的。在战略决策中，企业不能只注重短期目标，而忽视其长期为之奋斗的目标。在日益激烈变化的市场环境中，企业只有真正关注其长期增长与发展方向，才能长治久安。

（3）企业经营范围。企业的性质和任务，是由企业的经营范围决定的。企业的经营范围涉及三方面的内容：企业经营业务、市场、采用的技术，也就是回答企业是什么、客户是谁、客户需求的价值是什么等问题。企业经营者应密切关注外界因素的变化，使企业的经营范围适应社会需求的发展变化。

（4）企业的定位。定位决定地位，布局决定结局。企业在竞争中，要根据自己拥有的资源，以及所提供产品和服务的市场，客观地评价自身的优劣条件，进行准确的定位，包括产业定位、市场定位、竞争定位等，这些都是企业确定竞争原则和策略的前提。

（5）公众形象。企业的公众形象和市场对企业的整体印象，是企业的表现与特征在公众心目中的反映和评价，它取决于满足公众对企业期望的程度，以及承担社会责任的程度。因此，企业要在公众中树立起良好的形象，不仅要创造价值、遵纪守法、诚实经营，还应努力满足公众期望，尽到自己的社会责任。

（6）利益群体。与企业相关的利益群体，在企业内部有董事会、股东、管理者与职工；在企业外部有客户、竞争者、供应者、批发商、零售商、银行、行业协会、政府机构和一般公众等。企业在从事生产经营活动时，必须充分关切企业内外这些群体的利益诉求，并尽量满足他们的合理要求。

2.1.4 企业使命陈述

为了使企业的使命能够清楚明确地传达给组织内外的相关人士，要进行企业使命陈述。使命陈述（Mission Statement）是对组织压倒一切的目标的概括性陈述，它可以被理解为对组织存在的理由的表述。如果组织内部或者利益相关者之间对组织的使命上存在重大分歧，那么在确定组织战略方向时将会遇到一些真正棘手的问题。

企业使命陈述的主要目的是表达目前企业做什么，因此，企业使命不一定是越长越好，只要能清楚地表述企业的“有所为，有所不为”便是一个好的使命宣言。不同企业的使命会有一定的差异，有效的使命陈述一般包括以下九个要素：

（1）客户（Customer）：谁是企业的客户、他们在哪里。

（2）产品或服务（Products or Service）：企业的主要产品或服务是什么。

（3）市场（Markets）：企业在哪些地理和市场范围竞争。

（4）生存、增长和盈利（Survival，Growth and Profitability）：企业是否努力实现业务的增长和良好的财务状况。

（5）员工（Employees）：企业是否视员工为宝贵的资产；企业应该如何看待员工。

（6）观念（Philosophy）：企业用来指引成员的基本价值观、信念和道德倾向是什么。

（7）技术（Technology）：企业的生产技术如何，是否是最新的。

（8）公众形象（Public Image）：企业试图塑造的大众形象如何；企业是否对社会、

社区和环境负责。

(9) 自我认知（Self-concept）：什么是企业的独特能力和主要竞争优势。

成功的企业都有自己明确的使命。

2.2 企业愿景

早在20世纪70年代，管理学者就认识到企业使命的确立是企业战略管理过程的一个重要环节。20世纪80年代后期，尤其是进入20世纪90年代以后，企业经营环境的挑战使得战略管理理论研究的重点开始由传统的经营宗旨制定转向愿景驱动式管理。20世纪90年代的战略管理理论更加注重强调核心价值观与宏观愿景目标对企业变革和长期发展的激励作用。更加注重战略的未来导向和长期效果，这被视为20世纪90年代以后战略管理理论发展的一个主流趋势。如今，人们也更加认识到，愿景可以成为企业成功的重要推动力量和持续竞争优势的重要支撑，同时也是企业战略变革的重要内生变量。

2.2.1 企业愿景的内涵

愿景（Vision）是对企业未来乐观而又充满希望的陈述，是企业为之奋斗的意愿，是“愿望”和“远景”的结合体。愿景体现企业的核心价值观和战略使命，并为企业发展提供动力。彼得. 德鲁克认为，企业要思考三个问题：我们的企业是什么；我们的企业将是什么；我们的企业应该是什么；这三个问题集中起来体现了企业的愿景。

企业愿景明确界定企业在未来是什么样子，对其“愿望”的描述主要是从企业对社会的影响力、贡献力，在市场或行业中的排位，以及与企业利益相关群体之间的经济关系来陈述的。

企业发展过程中，尽管经营实践活动总是根据外部市场环境和内部情况的变化而不断地进行调适，但其核心价值观或核心经营理念却应当始终坚守。一个有效的愿景，其逻辑结构应包括两个主要成分：企业的核心经营理念和生动的未来前景。

(1) 企业的核心经营理念

“核心经营理念”界定了我们的主张是什么以及我们为什么存在。在企业成长、分权、实行产品多元化、全球扩展的过程中，核心经营理念是一种自始至终把组织聚合起来的粘合剂。事实上，核心经营理念表达了组织长期保持竞争优势的基本原则，超越了产品或行业的寿命周期、技术突破和管理嬗变，具有经久不衰的特征，是组织得以持续经营的基础，对企业战略具有持久而重大的影响。核心经营理念实际上就是企业的使命。

(2) 生动的未来前景

生动的未来前景是组织渴望创造、渴望实现的东西，是需要经过明显的变革与发展、花大力气才能获得的东西。生动的未来前景包括两个部分：其一是若干年（通常是10~30年）后可实现的终极目标，如在某件事上做得最好，或在某个方面做得最好或者成为最大；其二是对实现目标后生动、形象、独特的描述。因此它是有形的、激动人心的、令人向往的、鼓舞士气的，且又是易于理解、无须解释的。

目标远大的公司经常使用未来展望作为促进进步的一种特别有效的手段。一个有效的发展蓝图具有强大的吸引力，人们会不由自主地被它吸引，并全力以赴地为之奋斗。此外，成功企业的愿景，即超越企业发展的现状却又不过分。因为不切实际的目标并不能说服企业的员工为之奋斗，反而会挫伤大家的积极性。

2.2.2 建立企业愿景的意义

愿景是企业制定战略不可或缺的因素。愿景帮助企业管理者审视企业发展的方向，以解答问题的方式明确企业发展的方针。一个精心构思、恰当表述的企业愿景，将为企业带来如下作用：

（1）团结。企业愿景可以加强员工对企业的归属感和认同感；同时，被企业全体成员接受的愿景，还能起到激励员工工作热情和团队协作的作用，使之能够更好地实现企业的整体目标。

（2）激励。一个美好的愿景不仅能够激发人们强大的凝聚力和向心力，还能产生伟大的感召力，激发员工挖掘内在的潜力。愿景和现实之间的张力，可以为企业提供宝贵的动力和活力，这是每个企业都孜孜以求的。同时，愿景向企业提供新机会的方向，使企业认识到未来机会，根据愿景制定战略，并为企业培养和强化核心能力提供指导。

（3）合作。愿景是企业和合作伙伴建立联系的有力工具，是企业与外部利益集团进行交流的最好形式之一，它使外部利益集团能了解企业发展的设想和努力的方向，因而能更实际的支持企业的活动。

国内外企业愿景和使命介绍如表 2-1 所示。

表 2-1　　国内外企业愿景、使命介绍

	愿景	使命（宗旨）
花旗集团	一家拥有最高道德行为标准、可以信赖、致力于社区服务的公司	致力于为消费者提供各种金融服务
中国移动	成为卓越品质的创造者	创无限通信世界 做信息社会栋梁
华电集团	建设以电为主的国内一流能源集团	创造更大的经济、社会、人文价值
大唐集团	成为国际一流的能源企业	提供清洁电力，点亮美好生活
华为公司	丰富人们的沟通和生活	聚焦客户关注的挑战和压力，提供有竞争力的通信解决方案和服务，持续为客户创造最大价值
中国石化	“建设具有较强国际竞争力的跨国能源化工公司”——我们以建设世界一流企业为目标	“发展企业、贡献国家、回报股东、服务社会、造福员工”——尊重并维护利益相关者的权利

2.2.3 建立企业愿景应该遵循的基本原则

愿景是企业发展的阶段性理想，是企业期望达到的中长期战略目标与发展蓝图。随着时间的推移以及企业内外部环境条件的变化，企业进入新的发展阶段，企业愿景也需要重新设定，以新的目标引导企业走向新的成功。企业愿景的建立要突出“五个超越”：超越现有资源、超越内部优势、超越企业现金财务局限、超越既定关键技能的局限、超越企业内部成功的程序规则。具体来说，企业愿景应遵循以下基本原则：

（1）宏伟

一个愿景要能够激动人心，不能是普通的和平凡的，而必须具有神奇色彩。要能够超越人们所设想的“常态”水准，体现出一定的英雄主义精神。大多数人是为了一种意义而活着，并追求自我实现。远大的组织愿景一旦实现，便意味着组织中个人的一种自我实现。因此，愿景规划的真正意义在于，通过确立一种组织自我实现的愿景，将它转化为组织中每个人自我实现的愿景。而要达到自我实现，愿景必须宏伟。

（2）振奋

表达愿景的语言必须振奋、热烈，能够感染人。人是有感情的动物，只有用热烈的语言才能激发起人们的情感力量，它应当鼓舞人心。共同愿景越令人振奋，就越能激励员工，影响他们的行为。愿景规化给人鼓励，它为人们满足重要需求、实现梦想增添了希望。

（3）清晰

愿景还必须清晰、逼真、生动。愿景是一种生动的景象描述，如果不清晰，人们就无法在心目中建立一种直觉形象，鼓舞和引导的作用也难以发挥。例如，亨利·福特的“使汽车大众化”，就非常形象生动。福特还进一步表达了他的愿景，“我要为大众生产一种汽车，它的价格如此之低，不会有人因为薪水不高而无法拥有它，人们可以和家人一起在上帝赐予的广阔无垠的大自然里陶醉于快乐的时光。”

（4）可实现

愿景“宏伟”的原则并不意味着愿景的规划必须十分夸张。相反，只有可实现的“宏伟”才有意义。因为愿景不是单纯为了激发想象力，而是激发坚定的信念，愿景如果不能被认为是可实现的，就不可能有坚定信念的产生。

2.3 企业战略目标

在确定了使命和愿景之后，企业要着手建立自己的战略目标。战略目标是企业使命的具体化，是企业追求的较大目标。战略目标指明公司的未来业务和公司前进的方向，可为公司提出一个长期的发展方向，使整个组织对一切行动都有一种目标感。企业使命比较抽象，而战略目标比较具体。战略目标是连结战略理念和特定战略的关键纽带。在制定企业战略之前，首先要明确组织的战略目标，在此基础上才能更大程度实现其目标，最终达到实现企业使命和最大程度实现企业愿景。

2.3.1 战略目标的含义

企业的战略目标就是根据企业使命，战略理念和经营方针而规定的在一定期限内应当取得的预期成果。战略目标包括一定期间内必须达到一定水准的经营目标。战略目标突出的是与战略业绩有关的结果领域，它包括：提高公司的市场份额；拥有比竞争者更短的从设计到市场的周期；公司产品的质量比竞争对手更高；和关键的竞争对手相比，公司的总成本更低；产品线比竞争对手更宽或者更有吸引力；在顾客心目中拥有比竞争对手更强大的形象；卓越的顾客服务；地理覆盖面比竞争对手更广；被公众认为是技术和产品创新方面的领导者；顾客满意度水平比竞争对手更高。

正确合理的战略目标，对企业的经营具有重大的引导作用，它是企业制定战略的基本依据和出发点。基于涉及时间的长短，企业的战略目标可以分为中长期和短期目标；基于所涉及的范围，战略目标又可以分为总体战略目标和经营单位战略目标。

企业愿景与战略目标都是对企业未来期望的描述，但两者的差异是明显的，表现为：

（1）目的不同

企业愿景是为了使企业的所有利益相关者都知晓“我们将成为什么”的前景，是对组织成员的一种承诺，使人们向往实现目标后的利益；然而，战略目标更多的时候带有指令性色彩，他明确告诉成员某一项战略决策在什么时间能够达到什么样的结果。

（2）影响度不同

企业愿景根植于企业使命之中，能够唤起企业利益相关群体的期望。愿景让大家明了，他们的所作所为不仅仅是向客户提供产品或服务，追求的也不仅仅是经济目标，而是追求比利润或其他经济指标更高远、更宏大的目标，使大家能够从中体会到工作的意义和价值。

2.3.2 战略目标的特点

企业战略目标需要根据企业愿景选定目标参数，简要说明需要在什么时间、以怎样的代价、有哪些人员完成哪些工作并取得怎样的结果。这样才能为企业的有序经营指明方向，为业绩评估与资源配置提供标准和依据。

战略目标是企业战略意图的具体体现，因而是设定的而不是推算出来的。但是，设定并不意味着随意。为了使战略目标真正发挥应有的作用，它应具备以下特征：

（1）可测量性

战略目标应该是具体的、可度量和可检测的。因此，战略目标应尽量用数据表达，尽量有明确的时限，具体说明将在何时达到何种结果。如三年内占领电脑行业35%的市场份额等。量化的战略目标具有便于分解为目标体系、便于检查评价控制、便于动员激励员工等好处。

当然，也有很多目标难以数量化。一般的，时间跨度越长、战略层次越高的目标，越具有模糊性，也就越难以量化。对于这样的目标，应当尽可能对要达到的程度做准确的界定。一方面，明确实现目标的时间；另一方面，说明工作的特点。只有这样，战略目标才会变得具体而有实际意义。

（2）可操作性

当制定企业战略目标时，必须从实际出发，在全面分析企业内外部环境的基础上，判断企业经过努力所能达到的程度。战略目标必须是引领性和可行性的有机结合，既不能脱离实际将目标定的过高，也不可把目标定的太低，要在可行性和挑战性之间建立平衡。过高的目标让人感到不切实际，难以让员工接受，还会挫伤员工的积极性，使组织成员失去信心，甚至导致企业资源的浪费；反之，过低的目标会使组织滋生惰性，使企业的优势资源失去活性。此外，若目标不具有挑战性，则容易被员工忽视，非但不能起到激励引领的作用，更严重的是可能导致市场机会尤其是重大战略机会的丧失。

（3）系统性

战略目标是企业的整体目标。企业是在开放环境下运行的组织，战略目标的制定必须建立在实事求是地对内外部环境进行分析和预测的基础上，应该根据整体目标的要求，制定出一些列相应的分目标。这些分目标之间，以及分目标和总目标之间，应该具有内在的相关性，并形成一个完整的、相互配套的目标体系。

从时间上看，企业发展的不同阶段都会有不同的战略目标，战略目标起着承上启下的作用。一方面，是对核心价值观、愿景和使命的具体化细化和量化；另一方面又指导经营目标。换言之，经营目标必须服从并体现战略目标。战略目标对企业有很多益处，包括指明方向、促进协同、帮助评价、明确重点、降低不确定性、减少冲突、激励员工，以及有助于资源配置和战略实施中的方案设计等。

2.3.3 战略目标的内容

战略目标是企业使命和愿景的具体体现，其主要内容包括：在行业中的领先地位、企业规模、竞争能力、技术能力、市场份额、销售收入和盈利增长率、投资收益率以及企业形象等。

战略目标是多元的，既包括经济目标，也包括非经济目标。这里，非经济目标主要涉及：商誉、客户满意度、员工忠诚度、企业受尊敬程度，对产业、民族的贡献度，与社区、行业、公众、环境、生态的和谐度，业界影响力，创新能力，核心竞争力，可持续发展能力，机会份额（而不是市场份额），战略柔性，员工生涯规划（学习与成长）等。德鲁克在《管理实践》中提出了八个关键领域的目标：市场方面的目标，技术改进和发展方面的目标，提高生产力方面的目标，物资和金融资源方面的目标，利润方面的目标，人力资源方面的目标，职工积极性发挥方面的目标。

战略目标会因企业使命的不同而不同，决策者应从以下几个方面考虑企业战略目标的内容。

（1）获利能力

任何企业在其长期生产经营中，都追求一种满意的利润水平，企业一般都有自己明确的利润目标。企业战略的成效，首先表现为企业的盈利水平，通常以利润、资产报酬率、所有者权益报酬率、每股平均收益、销售利润率等指标来表示。

（2）市场竞争地位

大多数企业喜欢根据其销售总量或市场占有率来评价自己在增长和获利方面的能力。可以说，市场竞争地位是衡量业绩好坏的一个重要标准。企业在市场竞争中相对地位的提高，是企业战略追求的重要目标。常用的指标有市场占有率、总销售收入、产品质量名次、企业形象地位等。

（3）生产能力

在市场环境相对有利的前提下，企业提高单位产出水平是增强获利能力的一种方法。为此，企业在设定生产能力的目标时，需要改进投入和产出关系，制定出每单位投入所能生产的产品或提供服务的数量；同时，企业还可以根据降低成本的要求，制定生产能力目标。提高生产效率是企业又一个重要的战略指标。常用指标有投入产出比率、年产量、单位产品成本等。

（4）财务状况

财务状况是企业经营实力和运行能力的综合表现，通常以资本总量、资本构成、新增股份、现金流量、流动资本、红利偿付、固定资产、资金周转率等指标来表示。

（5）产品结构

合理的产品结构是企业生存发展的重要基础。常用指标有新产品的销售额占企业总销售收入的比率、新产品开发数、淘汰产品数等。

（6）技术水平

在知识经济时代，技术作为重要的生产力因素，对经济增长的贡献日益突出。企业的技术水平，关系到企业在市场中的竞争地位，进而关系到企业的战略选择。因此，许多企业把技术领先作为自己长期追求的目标。企业在战略目标中，常常规定在战略期内企业技术水平的改善和提高。常用指标有技术创新项目的个数、专利数量、国产化率等。

（7）人力资源发展

企业发展的推动力量来自企业的人力资源，人力资源水平的高低取决于企业职工素质的高低。因此，人力资源开发已成为企业战略必须列入的目标。常用指标有战略期内培训费用的多少、培训人员数量、技术人员比率、高水平技术人员的增加率、职工技术水平的提高率等。

（8）企业发展

企业在战略期内的成长与发展，是企业战略的重要目标。常用指标有生产规模的扩大率、生产能力的增加率、生产自动化水平的提高率、节能减排水平、可持续发展能力、品牌、商誉、影响力等。

（9）职工福利

员工对企业的忠诚度与组织承诺是企业竞争能力的重要因素。在长期计划中，高层管理者应当奉行“以人为本”的核心理念，充分考虑员工的利益诉求和价值体现，将改善员工生活，提高福利待遇作为企业战略目标的重要组成部分。常用指标有员工薪酬在同行业中的竞争力、人均工资水平的提高率、员工健康状况、员工满意度、人员流动比率等。

（10）社会责任

现代意义上的企业，必须认识到自己肩负的社会责任。社会责任要求企业承担有利于社会长远目标的义务，而不仅仅是履行法律和经济意义上的义务。社会责任反映企业对社会的贡献状况，常用指标有环境保护、节约能源措施、对社会和社区各项事业的支持等。

企业并不一定在以上所有领域、所有方面都制定目标，战略目标也并不局限于以上十个方面。企业决策者应找出对本企业发展最关键的指标作为企业的战略目标。

本章小结

1. 企业使命是指企业战略管理者确定的企业生产经营的总方向、总目的、总特征和总体指导思想。企业使命具有导向性、激励性、稳定性的特征；企业使命为企业指明了发展方向、企业使命是企业战略制定的前提、是企业战略行动的基础。企业使命一般包括：企业经营理念、企业目的、企业经营范围、企业定位、公众形象、利益群体等。

2. 企业愿景是对企业未来乐观而又充满希望的陈述，是企业为之奋斗的意愿，是“愿望”和“远景”的结合体。企业愿景包括企业的核心经营理念和生动的未来前景；企业愿景能够为企业带来团结、激励、合作等作用；建立企业愿景应该遵循宏伟、振奋、清晰和可实现的原则。

3. 企业的战略目标就是根据企业使命、战略理念和经营方针而规定的在一定期限内应当取得的预期成果。企业战略目标具有可测量性、可操作性、系统性等特点。战略目标的内容包括：获利能力、市场竞争地位、生产能力、财务状况等方面。

思考题

1. 企业使命的树立有何意义？企业使命陈述一般包括哪些要素？
2. 企业愿景的内涵及意义是什么？建立企业愿景应遵循的原则是什么？
3. 什么是企业的战略目标？企业战略目标有何特点？其内容是什么？

3 企业外部环境分析

学习目标：

1. 掌握 PEST 模型来分析模型，并会用它分析宏观环境中的各种影响因素；
2. 会分析行业生命周期不同阶段的特点；
3. 利用波特的五因素模型识别竞争力量来源；
4. 理解战略集团的概念以及意义。

案例导读

星巴克的宏观环境分析

企业的宏观环境给企业带来了发展机会，同时也带来了挑战，它对于企业的战略决策具有很大影响。一个成功的企业需要不断地调整自己以适应环境，对环境中尚未满足的需要和趋势做出反应并创造出新的盈利模式，因此，对环境进行分析以把握环境中出现的机会对企业的发展至关重要。下面我们将对星巴克所处的宏观环境进行分析。

一、政治环境（Polity）

政治环境包括一个国家的国际关系、社会制度、执政党的性质、政府的方针、政策、法令等几个方面。

第一，作为美国企业的星巴克在中国的经营必然受到中美关系的影响。如果中美的关系长期发展不好，那么星巴克不可能在中国有很好的发展。随着中国经济以及综合国力的上升，美国已逐渐改变了对中国的态度，从长远的发展来看，中美关系将不断改善，合作发展的前景广阔，这为星巴克在中国的扩张奠定了很好的国际关系背景。中国是国际贸易组织的成员国，这为星巴克的经营创造了有利的条件，可以在国际贸易组织的体制下更好地降低经营成本，为其带来更好的利润回报。

第二，中国的法律体系正在走向完善。中国在专利保护、打击不正当竞争以及保护消费者权益等方面的制度正在不断完善。这为星巴克的发展创造了很好的法律保障。

二、经济环境（Economic）

第一，中国还处于发展中国家的起飞阶段，经济发展迅速，国民收入以及居民可支配收入都在提高，居民的消费水平也在提高，这给星巴克创造了一个不断增长的市场。

第二，政府正在启动一系列政策来刺激国内的消费，消费重新成为带动经济发展的重要因素。消费的不断增长以及国家拉动内需政策的实施给给星巴克的发展带来了巨大的潜在目标市场。

三、社会环境（Social）

任何企业都处于一定的社会环境之中，一个企业的经营活动也必然受到社会环境的影响与制约。社会环境是指在一种社会形态下形成的价值观念、道德规范、风俗习惯等的总和。

第一，中国有着悠久的历史文化，深受儒家文化的熏陶，这种文化也深深影响着中国人的为人处事以及道德价值观，强调人与人之间的“和谐”。星巴克的核心价值在于为人们带来人性的善和至交般的相亲相熟，所以它强调环境与咖啡同样重要，这种追求人际关系和谐的价值观，容易被长期受儒家文化影响的中国人接受。

第二，中国从近代以来就开始接受西方文化，形成了强大的文化包容性，特别是中国在改革开放以后，中国和西方的交流就更多，尤其是年轻人追求西方的生活方式，这种文化的开放性以及对西方文化的向往使代表着美国文化的星巴克更易让我们接受。

四、技术环境（Technology）

第一，与咖啡相关的技术在中国还是比较落后的，无论是咖啡豆的烘焙技术还是咖啡成品的过滤技术，这都为掌握先进咖啡技术的星巴克赢得了很好的优势，为其在中国宣传咖啡文化打下了良好的技术基础。

第二，星巴克充分运用了IT技术为顾客提供更好的体验营销。店面里无线数据接口不仅为顾客提供了方便，而且借助网络很好地宣传了自己的咖啡文化。

资料来源：http：//www. chinavalue. net/Wiki/ShowContent. aspx？TitleID＝437214

http：//zhidao. baidu. com/question/304015874. html

外部环境分析对企业的成功至关重要。星巴克正是因为深入透彻地分析了自身所处的环境，并把握住了环境中所出现的发展机会而获得成功的。企业外部环境分析是企业战略管理的基础，只有充分认识影响企业战略的政治、经济、社会、科技等外部环境的基础上，企业才能制订出能有效应对外部环境不确定性的战略方案。企业的外部环境是指存在于企业外部的、影响企业经营活动及其发展的各种客观因素与力量的总和。企业外部环境分析，分为宏观环境分析和产业环境分析。其中，产业环境分析重点包括行业生命周期分析、产业结构分析和战略群组分析。

3.1 宏观环境分析

一般来说，宏观环境因素可以分为四类：政治与法律环境、经济环境、社会文化环境和技术环境，即PEST（Political，Economic，Social，Technology）。这四方面因素与企业的生存发展有着密切的联系，并对企业产生重大影响。对企业宏观环境进行分析，就是要对上述因素进行调查分析，预测其发展趋势，掌握其发展动向。

3.1.1　宏观环境分析的内容

（1）政治与法律环境

政治与法律环境是指一个国家或地区的政治制度、体制、方针政策、法律法规等。这些因素常常制约、影响企业的经营行为，尤其是影响企业较长期的投资行为。它规定了企业可以做什么、不可以做什么，同时也保护企业的合法权益和合理竞争，促进公平交易。

政治环境的主要分析要素包括国内的政治环境和国际的政治环境。国内的政治环境包括政治制度、政党和政党制度、政治性团体、党和国家的方针政策、政治气氛。国际政治环境主要包括国际政治局势、国际关系、目标国的国内政治环境。比如，改革开放的政策对我国经济和企业发展的意义非常明显，加快西部大开发的政策，鼓励了国内企业向西部投资，同时也吸引国外资本前来投资。即使在市场经济较为发达的国家，政府对市场和企业的干预似乎也有增无减，比如在最低工资限制、劳动保护、社会福利等方面的干预。

法律环境的主要分析因素为：①法律规范，特别是和企业经营密切相关的经济法律法规，如《公司法》《中外合资经营企业法》《合同法》《专利法》《商标法》《税法》《企业破产法》等。②国家司法执法机关。在我国主要有法院、检察院、公安机关以及各种行政执法机关。与企业关系较为密切的行政执法机关有工商行政管理机关、税务机关、物价管理机关、计量管理机关、技术质量管理机关、专利机关、环境保护管理机关、政府审计机关。此外，还有一些临时性的行政执法机关，如各级政府的财政、税收、物价检查组织等。③企业的法律意识。企业的法律意识是法律观、法律感和法律思想的总称，是企业对法律制度的认识和评价。企业的法律意识，最终都会物化为一定性质的法律行为，并造成一定的行为后果，从而构成每个企业不得不面对的法律环境。④国际法所规定的国际法律环境和目标国的国内法律环境。法律法规既保护企业的正当权益，同时也监督和制约了企业的行为，比如，美国的反托拉斯法案，我国的《反不正当竞争法》等。

（2）经济环境

所谓经济环境是指构成企业生存和发展的社会经济状况和国家经济政策。社会经济状况包括经济要素的性质、水平、结构、变动趋势等多方面的内容，涉及国家、社会、市场及自然等多个领域。国家经济政策是国家履行经济管理职能，调控国家宏观经济水平和结构，实施国家经济发展战略的指导方针，对企业经济环境有着重要的影响。企业的经济环境主要由社会经济结构、经济发展水平、经济体制和宏观经济政策四个要素构成。

社会经济结构指国民经济中不同的经济成分、不同的产业部门和社会再生产各个方面在组成国民经济整体时相互的适应性、量的比例及排列关联的状况。社会经济结构主要包括五个方面，即产业结构、分配结构、交换结构、消费结构、技术结构，其中最重要的是产业结构。经济发展水平是指一个国家经济发展的规模、速度和所达到的水准。反映一个国家经济发展水平的常用指标有国内生产总值，国民收入、人均国民收入、经济发展速度，经济增长速度等。经济体制是指国家经济组织的形式。经济体制规定了国家与企业、企业与企业、企业与各经济部门的关系，并通过一定的管理手段和方法，调控或影响社会经济流动的范围、内容和方式等。经济政策是指国家、政党制定的一定时期国家经济发展目标实现的战略与策略，它包括综合性的全国经济发展战略和产业政策、国民收入分配政策、价格政策、物资流通政策、金融货币政策、劳动工资政策、对外贸易政策等。

因此，企业的经济环境分析就是要对以上的各个要素进行分析，运用各种指标，准确地分析宏观经济环境对企业的影响，从而制定出正确的企业经营战略。需要强调的是，宏观经济环境往往是通过微观经济环境具体地对企业发生作用。所以，企业对宏观经济环境的感觉和认知在时间和空间上存在一定距离，由此造成的结果是当宏观经济环境条件发生的变化已逐步被企业经营者觉察时，可能早已错过良机，甚至某种不利的经济形势早已“兵临城下”，使企业只能被动应付。比如，我国改革开放初期，有的企业抓住了机遇，而有的企业则在等待政府政策的进一步明晰而丧失了发展的机会。

（3）社会文化环境

社会文化环境包括一个国家或地区的社会性质、人们共享的价值观、人口状况、教育程度、风俗习惯和宗教信仰等各个方面。从影响企业战略制定的角度来看，社会文化环境可分解为文化、人口两个方面。

人口因素对企业战略的制定有重大影响。人口总数直接影响着社会生产总规模；人口的地理分布影响着企业的厂址选择；人口的性别比例和年龄结构在一定程度上决定了社会需求结构，进而影响社会供给结构和企业生产；人口的教育文化水平直接影响着企业的人力资源状况；家庭户数及其结构的变化与耐用消费品的需求和变化趋势密切相关，因而也就影响到耐用消费品的生产规模等。对人口因素的分析可以使用以下一些变量：离婚率、出生和死亡率、人口的平均寿命、人口的年龄和地区分布、人口在民族和性别上的比例变化、人口和地区在教育水平和生活方式上的差异等。比如，目前许多国家人口趋于老龄化，我国的这种趋向也非常明显，老年人市场正在逐步扩大，老年人的消费能力也在逐渐增强，因此，企业应当认真研究老年市场。

文化环境对企业的影响是间接的、潜在的和持久的，文化的基本要素包括哲学、宗教、语言与文字、文学艺术等，它们共同构筑成文化系统，对企业文化有重大的影响。哲学是文化的核心部分，在整个文化中起着主导作用。我国的传统哲学基本上由宇宙论、本体论、知识论、历史哲学及人生论（道德哲学）五个方面构成，它们以各种微妙的方式渗透到文化的各个方面，发挥着强大的作用。宗教作为文化的一个侧面，在长期发展过程中与传统文化有密切的联系，在我国文化中，宗教所占的地位并不像西方那样显著，宗教情绪也不像西方那样强烈，但其作用仍不可忽视。语言文字和文化艺术是文化的具体表现，是社会现实生活的反映，它对企业职工的心理、人生观、价值观、性格、道德及审美观点的影响及导向是不容忽视的。

（4）技术环境

技术环境指企业所在的地区或国家的技术水平、技术政策、新产品开发的能力以及技术发展动向等。一个企业不但要关注那些引起时代革命性变化的发明，而且还要关注与企业生产有关的新技术、新工艺、新材料的出现和发展趋势及应用前景。像经济环境一样，技术环境变化对企业的生产和销售活动有直接而重大的影响，尤其是在面临原料、能源严重短缺的今天，技术往往成为决定人类命运和社会进步的关键所在。同时，技术水平及其产业化程度高低也是衡量一个国家和地区综合力量和发展水平的重要标志，如美国高技术产业在国内生产总值中的比重已经超过60%。与经济因素不同的是，技术是一种创造性破坏因素；或者说，当一种新技术给某一行业或某些企业带来增长机会的同时，可能对另一行业形成巨大的威胁。例如，晶体管的发明和生产严重危害了真空管行业；电视的出现使电影业受到沉重打击；高性能塑料和陶瓷材料的研制与开发严重削弱了钢铁业的获利能力；等等。

技术的发明和进步不仅影响行业的生存和发展，而且也影响多数企业具体的生产和销售活动，因此世界上成功的企业无一不对新技术的采用予以极大的重视。技术的变革在为企业提供机遇的同时，也可能对它形成威胁，因此，技术进步对企业来说是一把双刃剑。一方面，技术进步为企业创造了机遇。表现在：第一，新技术的出现使得企业可以开拓新的市场和新的经营范围；第二，技术进步可能使得企业通过利用新的生产方法、新的生产工艺、新材料等多种途径生产出高质量、高性能的产品，同时也可能使得产品成本大大降低。另一方面，新技术的出现也使企业面临新的挑战。技术进步使社会对企业产品和服务的需求发生重大变化，技术进步对某一个企业形成了机遇，也可能会对另一个企业形成威胁，一项新技术的出现有时会形成一个新工业部门，但同时也会摧毁另一个落后的工业部门。如日本的电子手表工业严重威胁了瑞士手表王国的地位；化工行业提供了新型的化纤织品，夺走了传统棉毛织品行业很大的一块市场；在我国城镇，液化气、管道天然气的日益普及将使家用煤制品行业受到很大的冲击。所以企业在选择战略方向时，必须考虑现有的技术环境及其变化趋势。一个国家经济增长的快慢，受技术创新的数量与程度的影响，一个企业盈利情况也与研究、开发费用密切相关。当今世界跨国公司发展的一个重要特征是增加了研究与开发费用的投入，在世界一些著名企业如通用汽车公司、沃尔玛公司、奔驰公司、西门子公司等，都可以看到这一趋势。

技术环境是企业决定战略方向时需要考虑的问题。技术创新是当代企业最主要的职能战略之一，它在一定程度上决定了企业的战略方向与生存能力，技术进步必将成为未来企业制胜的一大法宝，只有那些形成了以企业为中心的技术创新体系、高度重视技术开发投入的产业，才能积极寻找到新的市场，开拓出新的市场。

3.1.2 企业宏观环境分析方法

一般来说，宏观环境分析可以按照以下步骤展开：

（1）扫描

扫描即确定分析范围。环境分析第一步的任务是对所研究问题的有关领域进行扫描式观察，试图发现可能影响到未来的变化征兆或事件。对一般环境因素的敏感性分析也属于扫描的一部分。从时间的角度看，扫描的范围不仅要包括近年来发生的变化，也应该包括那些很早以前发生的、然而对今后还会发生影响的变化。以技术环境研究为例，如果一项在20年以前取得的技术成果还未过时，这一事件就应该被纳入分析人员的视野。

（2）监测

监测即观察分析过去和现在所发生的变化及其规律与趋势。这一步骤的任务是对扫描分析中发现的变化进行连续监测，从中识别出变化的规律或是持续性的发展趋势。让我们继续前面的技术环境例子。这项20年以前问世的技术成果可能一直被不断改善、在不断发展，并且在改进的过程中又遇到了新问题，那么持续改善的内容有哪些？这些内容之间的相互联系预示着什么？尚未克服的困难又有哪些？这些问题都应该通过监测分析来回答。

（3）预测

预测即对事物在未来可能的变化做出推断。在人们已经准确地认识到事物发展规律的前提下，描述出事物的未来形态不算困难，只可惜这样的情况并不多见。在更多的情况下，为制定战略决策而进行的预测是通过综合各种专家意见得出的，预测的结果也并不唯一，而是要列举出各种可能发生的变化，甚至包括一些没有先例的变化。

（4）评估

在做出预测之后，还要评估事物未来的变化对企业会产生哪些影响。一般说来，任何事物对企业的影响都是双重的，既存在有利的一面，也存在不利的一面。比如顾客需求的变化可能使企业的市场空间迅速扩大，而这又会吸引更多的企业加入竞争者的行列。从某种意义上讲，机遇和威胁只是同一事物的两个方面，当我们认识到事物的全部影响时，威胁也会被转化成为发展的机遇。

如果只是片面地看到事物的变化的有利一面，那么机遇也不过是一个诱人的陷阱而已。外部因素评价矩阵（External Factor Evaluation Matrix，简称EFE矩阵）提供了一种很好的评估方法。外部因素评价矩阵是一种对外部环境进行分析的工具，其做法是从机会和威胁两个方面找出影响企业未来发展的关键因素，根据各个因素影响程度的大小确定加权系数，再按企业对各关键因素的有效反应程度对各关键因素进行评分，最后算出企业的总加权分数。通过EFE矩阵，企业就可以把自己所面临的机会与威胁汇总来描述出企业的全部吸引力。

EFE矩阵建立步骤如下。

（1）列出在外部分析过程中确认的关键因素。因素总数在10~20个之间；因素包括影响企业和所在产业的各种机会与威胁；首先列举机会，然后列举威胁；尽量具体，可能时采用百分比、比率和对比数字。

（2）赋予每个因素以权重。数值由0（不重要）到1（非常重要）；权重反映该因素对于企业在产业中取得成功的影响的相对大小；机会往往比威胁得到更高的权重，但当威胁因素特别严重时也可得到高权重。确定权重的方法：对成功的和不成功的竞争者进行比较，以及通过集体讨论而达成共识；所有因素的权重总和必须等于1。

（3）按照企业现行战略对关键因素的有效反应程度为各关键因素进行评分，分值范围1~4。4代表反应很好，3代表反应超过平均水平，2代表反应为平均水平，1代表反应很差。评分反映了企业现行战略的有效性，因此它是以公司为基准的。步骤 2 的权重是以行业为基准的。

（4）用每个因素的权重乘以它的评分，即得到每个因素的加权分数。

（5）将所有因素的加权分数相加，以得到企业的总加权分数。无论 EFE 矩阵包含多少因素，总加权分数的范围都是从最低的 1.0 到最高的 4.0，平均分为 2.5。高于 2.5 则说明企业对外部影响因素能做出反应。EFE 矩阵应包含 10~20 个关键因素，因素数不影响总加权分数的范围，因为权重总和永远等于 1。EFE 矩阵的应用如表 3-1 所示。

表 3-1　某移动增值服务公司外部因素评价矩阵分析

关键外部因素	权重	评分	加权分数
机会			
1. 移动增值服务市场增长迅速	0.10	3	0.30
2. 年轻人不断增加的消费能力	0.05	4	0.20
3. 人们花在交通、参加会议等上的时间增加	0.10	2	0.20
4. 3G 网络将提供更多市场空间	0.05	1	0.05
5. 内容提供商大量涌入	0.05	2	0.10
6. 纳斯达克上市提供了更多的资金支持	0.10	4	0.40
威胁			
1. 移动运营商的产业链延伸	0.20	2	0.40
2. 内容提供商的产业链延伸	0.05	3	0.15
3. 社会舆论对资费陷阱和不良信息的反感	0.15	2	0.30
4. 技术发展导致的技术门槛降低	0.10	1	0.10
5. 海外上市导致的管理成本上升	0.05	3	0.15
总计	1.00		2.35

从表 3-1 可以看出，该企业的总加权得分为 2.35，低于 2.5 的平均分，这说明，该公司在利用机会，抵消外部威胁不良影响方面，并不是做得最好。

3.2　产业结构状况分析

3.2.1　产业生命周期分析

当企业创造了某种新的产品或服务并能够满足一部分顾客的需要的时候，市场就产生了。在这里，我们将对某种产品或服务有购买欲望的顾客的集合称之为市场。与此同时，为市场提供相同或相似产品或服务的产业也诞生了。因此，与市场相对应，我们将提供某种相同或相似产品或服务的企业的集合称之为产业或行业。

一个企业是否有长期发展的前景，同它所处的产业或行业的性质关系很大。处于快速发展的行业，对任何企业都有吸引力；反之，处于衰退期的行业，企业发展就会举步维艰。如煤炭行业处于生命周期的衰退与调整期，企业选择投资于该行业，如果没有对关键技术、关键流程或是产品进行一定的技术改造与创新，那么企业很可能因为整个行业的不景气而失败。

各产业的发展都有其固有的特点和特别的制约因素，但无论哪个产业都有一些较为明显的约束条件制约并影响着其产业的发展。第一是市场需求，没有顾客，一切都是空谈。市场需求具有多样性、变迁性、层次性等特点。随着经济发展和人民生活水平的提高，需求可能从无到有、从少到多，也可能下降乃至消失，因而对企业产生约束力和推动力。第二是资源状况，一个产业无论其市场需求如何强烈，它的产量总是会依靠和受制于一定的资源供给能力。不同的产业对资源的依赖程度不同，劳动密集型产业会从劳动力缺乏的国家和地区转移出去，资本密集型企业在资金缺乏的国家就很难发展。

对产业性质进行分析的常用方法是产业生命周期分析法，该方法的目的是认识这个产业正处于生命周期的哪个阶段，主要标志是需求情况。同产品生命周期相类似，产业生命周期分为四个阶段，即投入期、成长期、成熟期及衰退期（图 3-1），每个生命周期阶段的特点如表 3-2 所示。

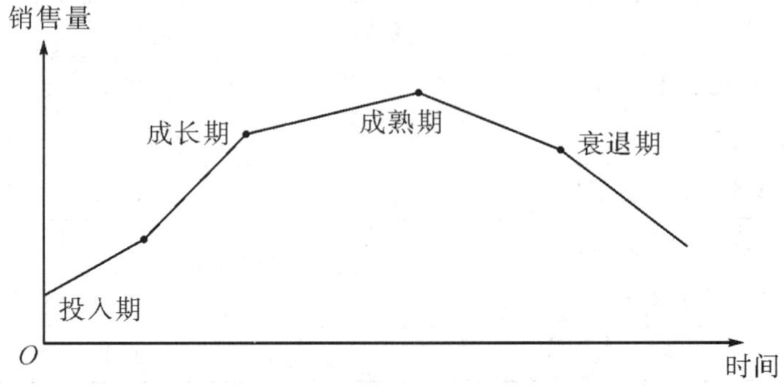

图 3-1　产业生命周期分析

（1）投入期

销售增长缓慢，产品设计尚未定型，生产能力过剩，竞争较少，风险较大，企业利润很低，甚至处于失衡状态。

（2）成长期

顾客认知迅速提高，购买踊跃，销售大增。产品形成差别化趋势，满足顾客的差异性要求，生产能力出现不足，竞争形成，但企业应付风险的能力增强，利润呈加速度增加。

（3）成熟期

重复购买成为重要特征，销售趋向饱和，产品设计缺乏变化，生产能力开始过剩，对于现有的企业风险较小，利润不再增长，甚至开始回落。

（4）衰退期

销售明显下降，生产能力严重过剩，竞争激烈程度由于某些企业的退出而趋缓，企业可能面临一些难以预测的风险，利润大幅度下降。

企业只有了解所处产业的生命周期阶段及其特点，才能做出相应的战略决策，如进入、维持还是从产业中撤退。

表 3-2 **行业生命周期阶段的特点①**

阶段	投入期	成长期	成熟期	衰退期
销量				
市场发展	缓慢	迅速	下降	亏损
市场结构	零乱	竞争对手增多	竞争激烈，对手成为寡头	取决于衰退的性质，或形成寡头或出现垄断
产品系列	种类繁多，无标准化	种类减少，标准化程度增加	产品种类大幅度减少	产品差异度小
财务含义	起动成本高，回本无保障	增长带来利润但大部分利润用于再投资	带来巨额利润，再投资减少，形成现金来源	采取适当的战略保持现金来源
现金使用或来源	大量使用现金	趋于保本	重要的现金来源	现金来源（如果战略不适当可能需要大量现金）
产品含义	一次性或批量生产，未能流水生产大量生产	经验曲线上升成本下降	强调降低成本，高效率	行业生产能力下降
研究和开发	大量用于产品和生产过程	对产品的研究减少，继续生产过程研究	很少，只有必要时进行	除非生产过程或重振产品有此需要，否则无支出

3.3.2 产业竞争结构分析

战略大师迈克·波特特别重视产业结构对企业的重要作用，他认为决定企业盈利能力的首要的和根本的因素是产业吸引力，有五种基本的竞争力量影响着产业结构，并据此提出了分析行业结构的“五因素模型”（图 3-2）。

（1）买方讨价还价能力

买方对行业的影响主要取决于其讨价还价的能力，影响这种能力的因素主要有：

①行业内企业产品的差别化程度。如果行业内企业的产品是差别化的，那么行业内企业在与买方的交易中就占有优势；反之，如果行业产品是标准化或差别很小的，那么买方在交易中就占有优势，而且会使行业产品价格下降。

②买方对价格的敏感程度。如果客户对价格很敏感，那么客户就会对行业形成较大的成本压力。在以下几种情况下，客户可能会对价格很敏感：A. 涉及的原材料对客

① 揭筱纹，张黎明. 战略管理［M］. 北京：清华大学出版社，2006.

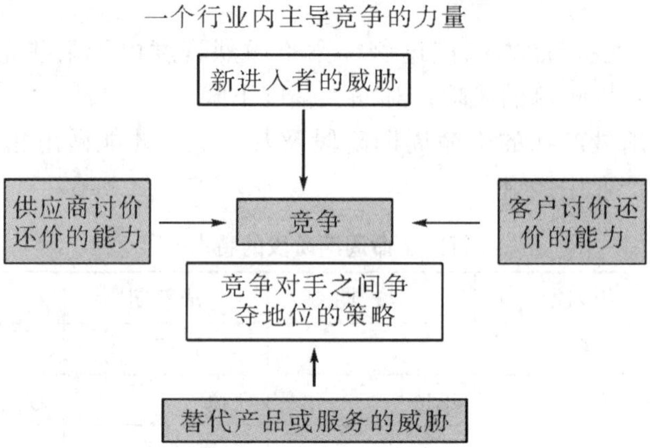

图 3-2　五因素模型

户产品成本的比例很大；B. 涉及的原材料对客户产品的整体质量无关紧要；C. 客户的边际利润已经很低。

③买方拥有行业内企业成本结果信息的程度。客户拥有供应商成本的信息越准确，客户的讨价还价能力越强。一些大的客户强烈要求获得供应商的成本数据。当供应商的生产成本下降后，客户也要求同比例地减价。

④买方行业与供应商行业的集中程度。如果买方行业的集中程度大，供方只能将产品卖给很少几个客户，此外别无市场，那么买方就拥有较大的谈判优势；反之，供方的行业很集中，买方除了可以在少数几家供方企业买到这种产品外，别无选择，那么供方就会比较主动。

⑤买方的采购量的大小。像沃尔玛这样的大型连锁超市具有很强的砍价能力，它们往往可以不按商业惯例行事。例如，生产商愿意为 15 天内付款的超市提供折扣，这是一项商业惯例。然而由于沃尔玛的采购量很大，常常是大多数供应商销售量的一半，使得供应商不得不接受沃尔玛 30 天后付款却仍然享受 2%的折扣的待遇，而且折扣额是以总票额（包括运输费等）为基数，而不是以净票额为基数。也正是由于这种有点霸道的做法，一些生产商会尽量避免与连锁店打交道。

⑥买方的转换成本。如果买方因为转向购买替代品而产生的转换成本很小，买方对行业内企业的压力就比较大，反之，买方就比较容易被行业内企业“套牢”。

⑦购买者后向一体化的可能性。后向一体化即购买者也开始从事原材料的制造和销售，也就是说，进入供应商的经营领域。啤酒和软饮料生产厂商通过威胁要采取后向一体化战略如从事“易拉罐”的生产，这就会从“易拉罐”生产厂商那里取得一系列优惠条件。

（2）供方讨价还价的能力

供应者对本行业的竞争压力表现在要求提高原材料或其他供应品的价格，减少紧缺资源的供应或降低供应品的质量等。总之，供应者希望提高其讨价还价的能力，从行业中牟取更多的利润。供应者对企业的影响主要取决于以下七个因素：

①供应者的集中程度和本行业的集中程度。如果供应者集中程度较高，即本行业

原材料的供应完全由少数几家公司控制，而本行业集中程度却较差，少数几家公司供给行业中众多分散的企业，则供应者通常会在价格、质量和供应条件上对购买者施加较大的压力，如石油输出图组织（Organization of Petroleu Exporting Countris，OPEC）对全世界石油价格及产量的协调与垄断，对各国石油供应的影响极大。

②供应品的可替代程度。若存在着合适的可替代品，即使供应者再强大，它们的竞争能力也会受到牵制。如改革开放初期，我国当时不会生产彩电，当时国外进口彩电价格较高，现在我国制造的彩电质量好，价格便宜，我国彩电企业竞争实力增强，国外彩电企业的竞争能力因而受到牵制。

③本行业对于供应者的重要性。如果本行业是供应者的重要用户，供应者的命运将和本行业息息相关，则来自供应者的压力就会减少；反之，则供应者会对本行业施加较大的压力。例如，长虹集团有一大批家电零配件供应商，由于长虹集团所用零配件批量大，长虹集团是这批家电零配件供应商的重要用户，其供应商的命运与长虹集团的命运息息相关，因而这批供应商对长虹集团的威胁就会减少，甚至长虹集团向这批零配件供应商赊账，这些零配件供应商也不会跑掉。

④供应品对本行业生产的重要性。如果供应品对本行业的生产起关键性作用，则供应者会提高其讨价还价的能力，例如，铝锭是铝型材厂、铝箔厂的重要原材料，铝锭的价格直接影响到铝型材及铝箔的成本。

⑤供应品的特色和转变费用。如果供应品具有特色并且转变费用很大时，则供应者讨价还价能力就会增强，会对本行业施加较大的压力。例如，我国电脑装配生产中使用的芯片是美国英特尔公司的，CPU 也是从美国进口的，因此，我国电脑制造业是处在世界电脑产业末端，当芯片及 CPU 技术换代时会对我国电脑制造业发展产生重大影响。

⑥供应者前向一体化的可能性。如果供应者有可能前向一体化，这样就更增强了它们对本行业的竞争压力。例如，如果炼铝厂不仅生产铝锭，也生产铝型材和铝箔，则铝型材行业及铝箔行业中的企业就会受到更大的竞争压力。

⑦本行业内的企业后向一体化的可能性。如果本行业内的企业有可能后向一体化，这样就降低了他们对供应者的依赖程度，从而减弱了供应者对本行业的竞争压力。例如，如果葡萄酒厂不仅生产葡萄酒而且还要种葡萄，有属于自己的葡萄园；炼钢厂不仅生产钢，而且还有自己的炼铁厂，以供给炼钢所用的铸铁，这样做当然就减弱了供应者对本行业的竞争压力。

（3）替代品威胁

替代品给行业产品的价格定了一个上限。因为当一种产品的相对价格高于替代品的相对价格时，人们就转向购买替代品。例如，零售商店不仅同其他零售商店竞争，而且还同网络商店竞争。因此，管理者必须密切关注那些质量有所改进的或价格有所下降的替代品。放松管制和科技进步为一大批替代品从传统产品那里抢夺市场份额提供了可乘之机。例如，金融业的放松管制使很多原来只能由银行从事的业务变成可以有许多非银行机构来经营。同样，激光照排技术的发展产生了传统铅印版本书籍的替代品，现在图书再也没有铅印版本的了。

（4）潜在进入者的威胁

潜在进入者是来自行业外的第四种影响力量，也是最敏感的影响力量是潜在的入侵者。一般而言，当行业具有较高的投资回报时，就会吸引很多的潜在加入者。新加入者的竞争会导致整个行业内平均利润的下降，除非行业市场正处在迅速扩张的时期。

潜在进入者是否会真的采取行动入侵到行业中来，取决于入侵者对行业障碍的认识，包括进入障碍和退出障碍。进入障碍就是企业为进入某一个新行业所要克服的困难（或风险）；退出障碍就是企业要退出某一个行业所要承担的损失。究竟能否阻止新加入者的入侵，主要取决于进入与退出障碍的高低。进入障碍主要包括：

①行业内企业的规模经济性。规模经济性指的是由于大规模生产经营而形成的成本优势，通常情况下，老企业比新加入企业的规模大，这将给那些产量低、成本高的新加入企业进入该行业造成很大的障碍。例如，一家新公司想加入造纸行业是非常困难的。因为造纸企业要想实现高效生产，必须达到一定的产量要求，对一个刚起步的造纸企业来说，很难达到这个产量，这势必使之处于高成本的劣势中。

②学习或经验效应。学习效应，亦称学习或经验曲线效应，指的是由于重复做某件事（某项活动）次数的增加，人们可以从中找到（学到）更加具有效率的做事方法，从而可以降低成本。这些成本下降主要来自于员工对工作的改进、生产布局的合理化、专门设备和工艺的开发、经营管理的控制等方面。学习效应对以知识为基础的企业更为重要。规模经济与学习效应时常同时发生，但从管理的角度看，两者具有本质的差别，不能混为一谈。规模经济性指的是某一时刻的产量对成本的影响状态，而学习效应指的是产量的积累量对成本的影响状态。

③行业内企业已经建立起一些与规模无关的其他优势。这些优势与企业的规模大小没有关系，包括：行业内企业拥有专有（或专利）技术，已占据最佳的地理位置，已控制了最佳或主要的原材料来源，已形成了较为丰富的学习效应。

④产品差异。如果顾客已经对行业产品形成了独特的认识、信念或偏爱，已成为行业内企业的“忠诚顾客”，那么新加入企业要想占领市场，就必须克服消费者对这种老品牌的忠诚。

⑤资金需求。如果进入一个行业的初始投资额（固定成本，流动资金等）较高，那么能支付这笔投资的新加入者的数量就会很少。例如，对将要进入石油化工行业的新企业而言，筹集投资所需资金是一个很大的进入障碍。

⑥顾客的转换成本。这里的转换成本是指顾客从一个供应商转到另一个供应商时所发生的成本（包括机会成本、会计成本和感情成本）。有些时候，转换成本会给新加入企业吸引顾客造成很大困难。

⑦进入分销渠道的难易程度。好的分销渠道已被行业内企业瓜分完毕。新入侵者将面临挤入已有分销渠道或建立新的分销渠道的压力。

⑧预期的市场增长率。随着增长机会的不断缩减，进入一个新市场的诱惑力也不断减弱。处于快速增长市场中的企业，对新加入企业的抵制不强烈，因为市场提供了足够多的机会。但在一个增长缓慢的市场中，老企业就要拼命抵制新加入企业，因为新加入企业会掠夺老企业的市场份额。

⑨行业内企业已受到政府政策保护。例如，资源开发行业、金融行业、航空业等。

⑩预想的报复。即使新加入企业可以克服上述障碍，也不能做出是否进入行业的决策。他还必须考虑到行业内企业对他人侵入会有怎样的反应。威慑也是一种入侵障碍。

⑪退出障碍。最后，新加入企业还要考虑退出障碍，包括经济上的、战略上的和感情上的退出障碍。

虽然这是一种普遍的分析阻碍新加入企业的因素清单，但在不同的行业，阻碍新加入企业的因素也不同。在啤酒行业，产品差异是最大的进入障碍；在重工业行业，最大的进入障碍是大量的资金需求；由于不能建立广泛的销售渠道，美国的农产品很难在日本及其邻近国家拓展市场。

（5）行业内企业的竞争

行业内的企业并不都是竞争对手，通常的情况是既有竞争又有合作，理解这一点非常重要。广告战、价格战、服务战等竞争方式比比皆是，但技术合作、委托制造、合资联盟，甚至各种暗地里的卡特尔①，也随处可见。行业内企业的竞争程度取决于很多因素，如：

①行业内企业的数量和力量对比。当数量较多而且力量比较均衡的时候，总会有企业自以为是地采取某些竞争手段，引发行业的动荡。而企业数量很多而且力量又不平衡时，中小企业则要以龙头老大的领导者所建立的游戏规则行事，这样的行业比较稳定。而当企业数量很少而规模都很大时，行业表面比较平静，竞争潜流却在深处涌动，直到发生引发行业结构变化的大地震。

②行业市场的增长速度。行业市场增长迅速时期，竞争强度弱一些，各自都在忙着收获。而当行业市场增长放缓或衰退时，市场份额之争就非常激烈。

③行业内企业的差别化与转换成本。当行业内企业营销战略差别化较高时，即每个企业都服务于一个差别化的细分市场时，竞争程度较低。而当差别化程度很低时，竞争就较为激烈。这也是战略管理非常强调定位的主要原因。如果一个企业可以轻易地转换到另一个企业的细分市场上，这时行业竞争就会激烈，会有很多的模仿者。反之，一个企业能够形成别的企业无法模仿的差别化，这时竞争压力就会相对弱些。

④战略赌注。行业内企业对在本行业内发展的战略赌注下得很大，竞争就会很惨烈；反之，则会心平气和一些。

⑤在许多传统行业，由于历史的原因，积淀了各自的行业游戏规则，企业只在游戏规则的范围内竞争，很少越雷池而动。例如，巧克力已成为一个全球性的行业，但在这个行业中大家都遵守一个共同的原则：无论原料价格涨落与否，其最终产品的价格不变；你可以改变包装的大小，但标价不能有大的改变。而在计算机、信息技术等新兴行业，则没有这么多规矩，因此，竞争就更激烈，位次变动也更频繁。

⑥行业的分散与集中程度。分散与集中，指的是行业销售额在行业内企业间的分

① 卡特尔（Cartel），由一系列生产类似产品的独立企业所构成的组织，集体行动的生产者，目的是提高该类产品价格和控制其产量。

配比例。当少数几家企业控制了行业销售额的很大一部分的时候，我们称这个行业具有较高的集中程度，反之则称为分散的。有些行业“天生”就是集中的，如石油化工，因为它要有较大的初始投资；也有的行业恐怕“永远”都是分散的，如修鞋。但绝大部分行业，都有一个由分散到集中的发展过程。分散行业竞争比较弱，而集中的行业则具有较高强度的竞争，尤其是在由分散向集中的过渡时期，国内彩电行业的竞争就是最好的例子。

⑦投入与退出壁垒。退出壁垒既有经济上的、战略上的，也有感情上的。经济上的投入越大，特别是固定的专用资产投入越大，退出就越困难，就容易形成死守阵地的殊死搏斗。员工安置等成本过高，也是影响退出的重要壁垒。退出一个行业常常还会在战略上牵连其他业务，有时其损失是巨大的。感情也是一种退出壁垒，它包括主要领导的感情、员工的感情、顾客的感情、公众的感情和政府的感情。退出壁垒高，竞争就激烈，反之则相对和缓。

广义上，可以把退出壁垒也看作是入侵壁垒的一种。当企业估计到退出壁垒的成本很高时，对进入该行业就要持谨慎的态度。

综上所述，行业中的企业要面对五种力量的影响，它必须识别这五种力量，并选择恰当的行业作为自己的业务领域。总的来说，竞争越激烈，获利性越低。因此，那些低进入屏障、买方与供方处在较强的讨价还价地位、替代品威胁严重、行业内企业竞争激烈的行业是没有吸引力的行业。这样的行业中，企业难以建立战略性竞争优势，更难以获得超额利润，相反，那些进入屏障高、买方与供方只有较低讨价还价力量、替代品威胁较少、行业内企业竞争不甚激烈的行业，才是有吸引力的行业。

3.3.3 战略群组分析

由于产品的战略地位不同，同一产业内的企业往往表现出很大的差异，具体表现在分销渠道、细分市场、产品品质、技术领先、顾客服务、定价策略和促销等方面。由于这些差异性的存在，我们有可能观察到公司群组的现象，在群组内，公司可能采用基本类似的产品定价战略，而这一战略又不同于其他公司群组。

具体地说，一个战略群组是指一个产业内在某个战略方面采用相同或相似战略的各企业所组成的集团。它们具有相似的能力，满足相同细分市场的需求，提供具有同等质量的产品和服务。通过战略群组分析使企业的管理者能够以最接近的竞争对手的绩效为基准，针对价格、产品、服务、品牌、顾客忠诚、盈利水平和市场份额进行分析。

（1）战略分组

①战略分组的概念

战略分组是对一个产业的内部结构进行进一步划分。一个产业内部包含着不同的竞争对手，对这些竞争对手进行适当的分类，有助于企业更好地判明竞争形势。这种分类被称为战略分组，每一组内的企业都具有相似的战略特征。有时一个分组中可能只有一个企业。

②战略分组的方法

战略分组可以采用两种分析方法：A. 聚类（Clustering）分析，可用于大样本的实证研究；B. 分类分析，可用于小样本分析。

③战略分组的步骤

战略分组步骤如下。

A. 选择重要的战略变量

常用的战略变量包括产品的服务质量、产品或服务的差异化及多样化程度、企业规模、各地区交叉的程度、细分市场的数量、所使用的渠道情况、品牌的数量、营销的力度、纵向一体化的程度、技术领先程度、研究开发能力、成本定位、能力的利用率、价格与设施设备水平、所有制结构、与政府和金融界等外部利益相关者的关系，等等。

B. 选择出最有区分能力的、最重要的两个独立变量

在识别战略群组时，首先要从以上变量中找出两到三个变量（为分析方便，通常是两个）。

C. 绘制战略分组图

按上述差别化特征将产业内所有的企业列于一张双因素变量图上，把大致落在相同战略空间的企业归于同一个战略群，然后给每个战略群画一个圆，使其半径与各战略群所占整个行业销售收入的份额成正比。

D. 用所选的战略变量描述每一组的战略特征和收益性。

（2）战略群组竞争分析

①战略群组内的竞争

在战略群组内，由于各个企业的优势不同会形成彼此之间的竞争。一般来说，各企业的经济效益主要取决于经济规模。规模大的企业就处于优势地位。另外，企业的资源与能力不同决定了它们的战略实施能力的差异。能力尤其是创新和学习能力强的企业会占优势，处于较为有利的地位。决定组内竞争的因素与产业内决定竞争强度的因素类似，如市场空间的大小、企业数量等。

②战略群组间的竞争

在战略群组之间会由于市场重叠或竞争条件的相互影响等因素形成群组之间的竞争。市场重叠（即市场范围的重合大小）大、群组的数量多，会加剧组间竞争。在一个产业中，如果存在两个以上的战略群体，它们之间可能就会为对方设置障碍，导致群体间的竞争。比如，在酒店业中，里兹·卡尔顿、喜来登等所在的豪华酒店群体与假日饭店所在的中档酒店群体的竞争。

③竞争对手的确认

在战略群组图上，战略群组之间相距越近，成员之间的竞争越激烈，同一个战略群组内的企业是最直接的竞争对手，其次是相距最近的两个群组中的成员企业。

④转移障碍

企业如果不甘心自己所处的地位，当然会希望向理想的战略群组迈进，但这并不是轻而易举就可以做到的。一方面，在不同的战略群组之间，有时会存在一种被称为

转移障碍的制约力量。转移障碍（Mobility Barriers）即企业从一个群组移向另一个群组所必须克服的障碍。在典型的情况下，它由从原群组的退出障碍加上到新群组的进入障碍构成。另一方面，转移障碍也存在于产业移动之间，典型的产业移动障碍由原产业的退出障碍加上新产业的进入障碍构成。在有些情况下，移动障碍并不是退出和进入两种障碍之和，即原有的资产可以用于新的战略群组或新的产业之中。我国饲料产业，规模中等、只经营饲料业的群组，如果向规模大、同时经营养殖业的群组转移时，原有的饲料经营规模都可以继续使用。此时的移动障碍反而只是新增的规模和新进入的养殖业的进入障碍。

本章小结

1. 企业的宏观环境一般包括政治与法律环境、经济环境、社会文化环境和技术环境。这些环境要素组成了企业宏观环境分析的PEST模型。这些因素的变化对企业的发展以及对企业所处的产业的发展具有战略性的影响。

2. 企业所面临的一个直接的和微观的外部环境是企业所在的产业。一个产业中的竞争远不止在原有竞争对手中进行，而是存在着五种基本的竞争力量，即买方讨价还价能力、供方讨价还价能力、替代品的威胁、潜在进入者的威胁和行业内现有竞争者之间的竞争。上述五种力量决定着产业的竞争激烈程度。

3. 在一个产业或行业内，可以识别出一些具有相似战略特点、采用相似战略或者在相似的基础上进行竞争的企业，它们构成战略集团。因此，产业中企业的竞争不仅体现于企业之间，而且也体现于不同的战略集团之间。

4 企业内部环境分析

学习目标：

1. 掌握企业资源的相关概念；
2. 理解企业的能力的内涵，掌握企业核心能力相关知识；
3. 会运用内部因素评价矩阵评价企业的内部环境；
4. 掌握企业价值链分析方法。

案例导读

海尔的核心能力

海尔作为中国的主要电器制造商之一，主要拥有三大核心能力：

一是服务。服务即企业知道如何建立一个销售渠道，或者了解某一个顾客群，或者熟知某一种市场需求。近年来，许多产品变得十分相似，很难将它们完全区别开来。消费者之所以选择一种产品而不选择另一种，主要原因是前者在某些方面更能满足客户的需要：周到的服务、产品的方便使用、承诺的兑现。如海尔与其他家电企业最主要的差别是它的客户服务，可以说海尔的核心能力来源于其完备的客户关系管理体系支撑的全方位的客户服务。海尔大力推行企业信息化的最终目的，就是为了提高面向客户的服务能力。

二是创新。构成企业竞争力的资源必须具有独特性、不可模仿性、不可交易性。海尔不断推出新产品，不断有新的提法、做法，也不断有人跟随、有人模仿，但是有一条，海尔创新的理念，别人模仿不了。

三是整合力。海尔的一整套被广大消费者认可的家电销售程序化服务模式；全方位、立体化、多层面的国际化高科技开发网络，以及每天1.3个新产品的开发速度；零缺陷质量保证体系；“日清日高”管理法和以订单信息流为中心的流程运营等，都为客户创造了独特的价值。整合实际上是各种优势的叠加，整合能力也是协调各种技术、生产技能、管理和销售的综合性能力。

在上述三种核心能力中，“创新”是海尔最为根本的核心能力。“服务”和“整合力”实质上都是一种“创新”的结果，是海尔在行业中创造出来的不同于其他企业的差异化的竞争能力。因此，海尔的能力就是其令竞争对手难以模仿的创新能力，特别是管理思想上的创新能力。

参考文献：潘云良，苏芳雯．海尔管理教程［M］．北京：中共中央党校出版社，2007.

企业核心能力分析是企业内部环境分析的一个重要组成部分。海尔独到的核心能力使其具有了竞争对手无法赶超的竞争优势。企业内部环境分析，是通过研究影响企业竞争力的一些内部因素，为战略制定指明方向，提出战略要解决的问题，从而为构建竞争优势奠定坚实的基础。企业作为一个动态的复杂系统，其内部环境涉及很多方面，如产品结构、组织结构、技术结构等。本章从便于管理者制定和实施战略的角度出发，把这些结构分成三个主要层面：一是企业的资源与能力结构，包括企业的资源与能力构成和相互转化以及战略资源与核心能力的识别、积蓄和有效运用等，管理者可以利用基于资源和能力的竞争理论来分析企业的资源与能力结构；二是经营结构，包括不同的产品、经营领域以及它们之间存在的相互比例关系，管理者可以利用 IEF 矩阵等方法来把握企业的经营结构；三是业务活动结构，主要包括企业通过哪些活动来创造价值和这些活动之间的相互联系，管理者可以利用波特的价值链分析模型对企业的价值活动进行分析。

4.1 企业资源与能力分析

资源与能力是企业的内部环境因素，它们构成了企业竞争优势的基础。如果说企业影响外部环境的能力较弱的话，那么，改进企业内部的资源与能力就成为企业战略最为重要的可控变量。

4.1.1 资源与资源论的主要观点

每家公司都拥有大量的资源与能力。其中，资源是企业在创造价值过程中的各种投入（Inputs），是可以用来创造价值的资料（Material）；能力（Capability）是运用一组资源完成某一任务或活动的潜力（Capacity）。资源论的前提假设是：每个公司在许多方面都存在着本质差异。由于许多资产和能力并不是瞬间就能积累起来，因而一家公司的战略选择受现有资源存量及其获取或积累新资源的速度所限。如果不存在资源存量的不对称和变化比率的限制，任何公司都可以选择它所热衷的战略。如此一来，成功的战略很快就会被模仿，利润也会很快下降为零。因此，资源是战略的实质，是持久竞争优势之本。

基于资源理论的基本观点主要包括：资源是战略基础和回报的基本来源；企业是一组异质的资源与核心能力，它们能够创造独有的市场地位（竞争优势）；资源和能力不能在企业之间有效地流动，一个企业具有其他企业所没有的一些资源和能力，至少是它们的组合；资源和能力的开发和积蓄有其自身的规律。

4.1.2 资源的主要类型和根本属性

资源的存在形式有多种。相应地，不同资源的独特价值、获取途径和主要特征也千差万别。例如，品牌商标就是经过多年的发展而形成的，要想复制十分困难。不过，资源大体上可以分成三大类，分别是有形资产、无形资产和组织能力。

（1）有形资产

有形资产最易评估，它是可以在公司资产负债表上体现的唯一资源。有形资产包括房地产、生产设施、原材料等。虽然有形资源也是公司战略所必需的，但是它们本身所具有的标准化属性，使其很少成为竞争优势的来源。当然也有例外情况，例如，连接你的房间同外部世界的电话和同轴电缆线，已被认为是通往信息高速公路的直通道，这就是一种竞争优势资源。此外，紧邻旅游热点的地产也是一种能带来超常利润的资源。

（2）无形资产

无形资产主要是知识产权、人力资源或主观的各种资源，具体来说主要包括公司的声望、品牌、文化、网络、技术知识、专利和商标以及日积月累的知识和经验等。这些资产通常具有更难于理解（了解）、购买、模仿或替代等特点，因而在竞争优势（或劣势）和公司价值中发挥着重要作用。例如，当品牌构成竞争优势的重要来源时，许多公司都以各种方法开发其品牌资源（如形象与产品的组合品牌）。广告是目前建立品牌资源的最有效的途径之一。在美国，1995 年 P&G 公司的广告费达 15. 1 亿美元、通用汽车达 15 亿美元、Philip Morris 公司达 14 亿美元。同时，无形资产在使用中不会被消耗。事实上，有些无形资产如能运用得当，在使用中不仅不会萎缩，相反还可以获得增长。基于这一原因，无形资产可以为多角化扩张提供价值基础。

（3）组织能力

组织能力不同于有形资产和无形资产，它们是资产、人员与组织投入产出过程的复杂结合。如果把这些能力运用到公司的物理生产技术上，将决定公司活动的有效性。精心培养的能力可以成为竞争优势的一个来源，它们可以使一个公司在与竞争对手投入要素相同的情况下，以更高的生产效率或更高质量的产出方式来将这些要素转化为产品或服务。组织能力包括一组反映效率和效果的能力，比如更快、更敏捷、质量更高等。这些能力可以体现在公司的任一活动中，从产品开发到营销再到生产，无处不在。例如，在过去的几十年中，一些日本的汽车公司培养了许多卓越的组织能力，如低成本与精益制造、高质量生产和快速的产品开发。针对国外竞争对手而言，组织能力有助于创造突出的效率优势，在公司的竞争力上发挥着重要作用。此外，逊斯等人对静态程序和动态程序做出了重要的区分。静态程序包括“重复先前执行过的某种任务的能力”。在一个稳定的环境里，这些可能是竞争优势的重要来源。相反，动态程序则用于“培养新的能力，”进而使一家公司能够适应不断变化的战略需要。

不过，不同的理论研究者、不同的实践者出于不同的动机，往往对资源进行不同的分类，表 4-1 列出了格兰特对不同资源类型的主要观点。在格兰特等人列出的资源中，除了资金和原材料等属于对所有企业有着同等意义的同质资源外，其他资源包含有活性因素，如知识、经验、技能、判断力、适应力以及企业组织系统内外的各种联系等，使每一种资源都富于变化而呈现出千差万别的形态。也就是说，这些资源基本上属于异质性资源，同一种资源在任何两个企业中都不尽相同，不仅商誉资源和人力资源、组织资源如此，就连设备资源也会表现出一定的异质性。比如，企业根据自己特定的需要自行设计的一条生产线，即使生产线的每台设备都由外部提供，这条生产线还是会具有与众不同的功能。认识到资源的这一根本属性十分重要，它将有助于发现不同企业之间存在的那些细微的，有时却有着决定意义的差别，从而揭示引起企业竞争地位发生变化的内在原因。实际上，资源形态存在差别的根本原因就在于资源的异质性，是这种异质性为企业"独占"某些资源提供了可能，企业的持久竞争优势正是来源于此。

表 4-1　　企业资源的分类和评估

资源	主要特征	关键指标
有形资源		
金融资产	公司的借款能力和内部筹资能力决定了它的投资能力，并使它能够应付需求和利润随时间而发生的波动	权益负债率； 净现金流量与资本支出的比； 贷款利率
物质资产	厂房与设备的大小、位置、技术先进性及灵活性； 土地、建筑物的位置和替代用途； 原材料储备限制公司生产可能性组合的物质资源和决定公司成本位置的重要性	固定资产的变现价值； 资本设备的寿命； 厂房规模； 厂房与设备的灵活性
无形资源		
技术	以专有技术（专利、版权、商业秘密）形式保有的技术储备、技术运用中的专业知识（方法）； 用于创新的资源，如研究设备、科技人员	专利的数量和意义； 来自专利许可的收益； 研发人员占总人员的百分比
商誉	通过商标所有权、与顾客的关系而成立的顾客信誉； 公司因产品服务的质量、可靠性而享有的声誉； 公司在供应商（包括零部件供应商、银行及其他借款人、雇员及潜在雇员）、政府、政府机构，以及所在社区中的信誉	品牌识别； 与竞争品牌的差价； 重复购买率； 公司业绩的水平和持续程度； 对产品性能的目标测量
人力资源	对雇员的培训和雇员所持有的专业知识决定了公司可以利用的技能； 雇员的适应性是决定公司战略灵活与否的关键因素； 雇员的投入和忠诚决定了公司能否实现并保持竞争优势	雇员在教育、技术及职业方面的合格证； 相对于同行业的损失赔偿水平； 关于劳动争端的记录； 雇员换岗率

资料来源：罗伯特·格兰特. 公司战略管理［M］. 北京：光明日报出版社，2004.

4.1.3　资源的价值

虽然"资源支撑持续竞争优势"这一提法很简单，但公司通常需要花费较大的精力去识别和评估自己的资源，评定这些资源是优势还是劣势，弄清楚它们是否可以作为持续竞争优势的源泉。事实上，当公司评估它们所拥有的一系列资源时，它们将发现这是一项极其复杂的工作。一些幸运的公司拥有能作为成功战略之基础的资源；而另一些公司可能会发现自己的资源地位实际上是十分不利的；还有一些公司可能会发现，相对于竞争对手而言，自己拥有的资源优势并不明显，或者并不受顾客欢迎。例如，IBM 公司的“大烙铁”计算机文化为公司服务了近 40 年，但在 20 世纪 80 年代末期已经变成了一种不利的资源。因此，管理者面临的挑战就是，弄清楚划分有价资源和平庸资源的依据，并据此制定一套可以营造持续竞争优势的战略。

事实上，历史上曾有人尝试去评估资源，但这仿佛是缺乏目标的演习，找不到正确的方向。资源论通过重新分析行业的外部环境和竞争走势以及企业的内部环境，在这个主观过程中引入了一些客观原则。公司资源的价值体现在公司与其赖以竞争的环境在需求、稀缺性和可获得性这三个方面交互作用的结果。价值就存在于这三个方面的交叉区域：一项资源为顾客所需，同时不可能为竞争对手复制，其创造的利润能为公司所获。

（1）顾客需求

资源价值的第一个决定因素处于产品市场中。一种有价值的资源必须能够以顾客愿意支付的价格来满足顾客的需求。在任何时候，价格都取决于顾客的偏好、可用替代物（包括替代产品）和相关或互补产品的供应等因素。这样的组合力量随着顾客偏好和竞争对手供应能力的发展而相应地发生改变。因此，公司必须不断地重新评估它们赖以竞争的行业所具有的吸引力以及它们的资源对当前或未来需求的满足程度。例如，菲力浦·莫里斯公司意识到普通香烟引起了顾客对名牌香烟偏好的变化，于是 1993 年 4 月将万宝路香烟的价格削减了近 25%。此举说明，该公司已经意识到消费者对其万宝路品牌这一资源的需求正发生着变化。事实上，存在着许多不利于顾客需求得到满足的资源，如餐厅选址的失误可能损害对客户的吸引力，不稳定的质量或服务势必降低公司产生重复交易的可能性。因此，从顾客需求的角度来讲，只有当公司的资源能够比竞争对手的资源更好地满足客户需求，公司的资源才具有价值。即使一种资源是实施某项战略所必须的条件，但如果该项资源与竞争对手的产品提供方式或商业方法并无差别的话，它也不是竞争优势之源。比如，可可豆是巧克力厂商必备的投入要素，但它并不能引起明显的产品差别化。对公司资源的分析不应仅仅局限在公司活动的内部分析上。只有当某种资源有利于形成产品市场的竞争优势时，这项资源才具有价值。

（2）资源稀缺性

资源价值的第二个决定因素是它是否处于供应短缺状态。如果资源供应充分，任何竞争对手都能够获得，实现竞争优势也就十分简单，但此时的竞争优势也就不称其为竞争优势。从定义上看，能够营造竞争优势的资源必须是不平常的。因而，对公司资源的分析必须包括一项重要的评价指标，即公司的资源与竞争对手的资源相比是否不寻常。从这一角度讲，称其为独特能力（Distinctive Competence）比称其为核心能力更适合。同时，不可模仿性（Inimitability）限制了竞争，因此也是价值创造的核心。如果一项资源可以轻易被竞争对手模仿，则只能带来暂时的价值，而不可能作为长期战略的基础。

一般来说，以下四种特征可以使资源难以模仿。

①物理上的独特资源。这种资源被定义为不可能复制资源。一个极佳的房地产位置、矿物开采权或受法律保护的药品专利权等不可能被模仿。如果进行深入分析，大多数资源都可以归为此类，但事实上很少有资源划为此类。即使一种资源好像是属于此类，但随即被证明是可复制的。施乐（Xerox）公司在20世纪70年代就跌入了这种陷阱，它相信没有人能复制该公司拥有的影像再现（Reprographic）技术，然而佳能（Canon）公司却做到了，并最终造就了施乐公司“失利的年代”（20世纪70年代），其复印机市场的领导地位被佳能夺走。

②路径依赖性（Path Dependency）。有些资源难以复制且不可能立刻获得，必须通过长期的积累，此外别无捷径可寻，如可口可乐的品牌认知不可能靠成千上万的广告就可以建立或复制；相反，它来自于消费者数十年喝可乐的经验。一种新的可乐品牌要想与其抗衡，需要花费大量的时间来逐渐积累饮用经验。因此，要想复制同样的结果必须重复前人走过的路，这样一来，就延迟模仿进程，进而保护了先行者优势。

③因果含糊性（Casual Ambiguity）。其含义就是潜在复制者不可能弄清楚这项有价值资源的价值究竟何在，或者不可能找出准确的复制方法。比如，是什么资源使费德利泰（Fidelity）共同基金走势旺盛？是训练有素的基金管理人员，还是对这些经理的培训？或是经理或股票分析家所采用的方法？或是股票的择选方式？或是该公司使用的激励机制？如果一位高级经理离开费德利泰前往其他公司就职，他或她是否会带走公司的秘密？答案往往似是而非。在企业的经营实践中，具有因果含糊性的资源是组织中最常见的一种能力。它们体现在复杂的社会机构和相互作用上，甚至可能取决于一些特殊人的个性。比如，洲际联合公司（Continental and United）曾试图模仿西南航空公司（Southwest Air）成功的低成本战略，其中最难以复制的不是飞机、航线或快速的周转方式，而是西南航空公司“愉快、家庭式、节俭和投入”的公司文化，没有人能够明确地识别这种文化是怎样的、到底如何产生的。

④经济制约（Economic Deterrence）。有时，市场领导者的竞争对手拥有复制其资源的能力，但由于市场空间有限而只好作罢。在围绕大量的资本投入而制定的战略中，在需要投入复杂的处理机器时，这种情况最有可能发生。大规模的投入通常具有规模敏感性，必须针对专门的市场。如果此类资产不能被重新配置，则明确表明公司将长期占领该市场，并随时准备打击那些企图复制这种投入的竞争对手。面对这种威胁，如果市场太小而不足以支撑两个竞争者的盈利，则潜在的模仿者只好放弃复制这种资源。

在现实竞争中，如果同时存在着多种模仿壁垒，资源的独特性就会越强，资源就会越稀缺，那么其价值也会越大。因此，作为一种可持续竞争优势的源泉，该资源必须长期具有稀缺性。

（3）可获得性

即使一项资源能够满足消费者的需求，同时也的确处于短缺状态，但仍然存在一个利润的分配问题：谁事实上获取该资源创造的利润？一些人误以为利润应该自动流到公司的资本提供者手中。事实并非如此，我们必须考虑究竟是谁拥有关键资源的所有权、是哪种资源在多大程度上创造了利润和其他一些能影响利害相关者争价实力的因素。

4.1.4 战略资源

竞争一旦延伸到资源层面，如何独占某些战略资源或打破竞争对手对战略资源的独占就成为竞争的焦点。这里所说的独占，既包括因排除竞争对手占用同一资源的可能性而形成的狭义上的独占，也包括通过赋予资源以竞争对手难以模仿的特性而形成的广义上的独占。

所谓战略资源就是企业拥有的有独特价值的、不易模仿和替代的、能够产生竞争优势的资源。资源论的先驱者之一巴尔奈列举出战略资源的五个基本特征：

（1）价值，即战略资源在创造价值过程中发挥着重要作用，使企业在所处环境中能更好地把握机遇或减少威胁；

（2）稀缺性，即资源的数量限定了它不能被多家企业共同使用；

（3）不可模仿性，指竞争对手为模仿或复制这类资源需要投入大量的时间、人力和财力；

（4）不可替代性，即竞争对手无法用其他资源取代这类资源的效用；

（5）企业能够以低于竞争对手的成本来获取这类资源。

在这些特征中，除了第一个以外，其他特征事实上保证了企业对一些资源在一定程度上的独占，企业因此将独享这些资源产生的战略性收益，如形成独一无二的经营特色，赢得超额利润，或实现超速成长。格兰特也识别出评价战略资源与能力的四个特性，分别是：①占用性（Appropriability），公司资源和能力中个人的占用性会降低公司保持利润的能力；②耐久性（Durability），增强竞争优势的持久性；③转移性（Transferability），它减弱竞争优势的持久性；④复制性（Replicability），它减弱竞争优势的持久性。值得指出的是，即使一种资源本身不是战略资源，但当对其进行组合与整合之后，其战略价值会增大，并有可能成为一项战略资源。

为了实现对战略资源的独占，对率先拥有某项资源的企业来说，竞争方式之一就是为竞争对手设置一道障碍，使得竞争对手的模仿行为遭遇更多的困难和付出更大的代价。这种障碍，沃纳菲尔特称之为“资源位障碍”（Resource Position Barriers），它维持了率先拥有者与其他企业的差别，延长了资源优势的时效。

（1）使用权的隔离

像先进的制造设备、优越的地理位置、矿产开采权、技术专利与商标等资源，由于它们的使用权与所有权紧密联系在一起，企业只要取得资源的所有权，也就排除了竞争对手使用这些资源的可能性；而像企业的供应商或销售商等客户资源，通过建立互惠互利与长期信任的合作关系，也有可能形成一定程度的使用权的隔离机制，比如取得优惠的、排他性的合作条件，使竞争对手与这些客户合作时处在不利的地位。在房地产经营中，抢先购买地产也属此列。

（2）认识上的隔离

有效模仿的前提条件是准确认识被模仿对象的主要内容，如果竞争对手无法获取必要的信息，那么认识上的局限就会限制它们的模仿行为。建立这种隔离机制的主要方法有：健全内部保密制度，阻断竞争对手获取信息的渠道；将各种资源要素融合为一个有机整体，使得融合后的资源特性更为复杂。

（3）时间上的隔离

如果资源的积累受到企业历史因素的影响，或者积累过程受到学习曲线的强烈支配，模仿行为将会遭遇到时间的障碍。时间上的隔离机制还表现在其他方面，如有些大型成套设备的制造周期较长，货源又十分有限，率先购买设备的企业就可能在设备资源上领先竞争对手一段时期。这种短期的优势尽管不具有持久性，却能为企业的战略调整赢得必要的时间。

（4）收益上的隔离

这种障碍的作用是使模仿行为成为降低收益水平的起因，竞争对手一旦认识到经济上的不利性，就会放弃模仿的企图。

4.2 企业核心能力分析

目前，越来越多的企业把拥有核心能力作为影响企业长期竞争优势的关键因素。并且越来越多的人认为，如果企业有意在未来的市场上获取巨大的利润份额，就必须建立起能对未来顾客所重视的价值起巨大作用的核心能力，然而在某一重要的核心能力方面要建立起世界领先地位，绝不是一朝一夕可以做到的。因此，如果企业想在未来竞争中获得成功，现在就必须着手建立企业的核心能力。

1990 年，美国学者普拉哈拉德和英国学者哈默在《哈佛商业评论》上发表了《公司核心能力》一文后，理论工作者围绕“企业核心能力”掀起了研究的新高潮，发表了一系列具有划时代意义的论文。其中最有代表性的论文有：1992 年兰格路易斯提出的“能力论”，1993 年福斯发表的“核心能力论”以及 1994 年哈默和哈尼发表的《企业能力竞争论》，等等。

在产品和市场战略被看作是企业中相对生命短暂的现象的同时，企业核心能力则被认为是企业竞争优势持久的源泉。

4.2.1 企业能力

（1）企业能力的概念

美国管理史学家小艾尔弗雷德·D·钱德勒（Alfred. D. Chandler. J. R）认为，企业能力是企业在历史的发展过程中，充分利用规模经济和范围经济获得的生产能力、营销能力和管理技能，是企业内部组织起来的物质设施和人的能力的集合。企业的长期投资产生了规模经济和范围经济，同时产生了庞大的组织结构。组织的能力来源于企业对两个方面的投资：一是对企业进行大规模生产设备的投资，以使其能充分利用技术所具有的潜在的规模及范围经济；二是为配合大规模生产，对全国乃至国外的营销、流通网络的投资，这不仅为了增强监督和调节两个基本活动，而且还要为将来日益扩大的生产和流通制订计划、分配资源而培养具有领导作用的管理人才。企业能力是企业长期发展、维持优势的特征，是企业持续发展的动力。

（2）企业能力的分类

①按能力所处的管理层次分类

按照企业能力所处的管理层次不同，可以将企业能力区分为选择性的、组织性的、技术性的和学习性的能力。

A. 选择性能力。选择性能力存在于企业的战略制高点，企业投资和市场决策就在这一层次上作业。如企业的响应能力和企业的战略决策能力。企业的响应能力，是指企业在恰当的时间内对重要事件、机会和外部威胁做出有意识的反应以获得或保持竞争优势的能力；企业的战略决策能力决定了企业核心资源的配置，也决定了企业未来的兴衰。其作用表现在产业发展相对平稳的时期保持企业核心能力发展和积累的一致性；准确预测产业的动态变化，适时进行企业核心能力的跃迁，以适应新的市场竞争环境。

B. 组织性能力。组织性能力主要存在于和高层管理相连接的中层管理技术结构层，是企业持续增长的内在动力，企业竞争优势地位因组织能力而得以不断重新确立和巩固。组织能力是建立在组织素质和组织结构之上。组织素质是一个组织的根本优势之所在，而组织素质的培养和提高则要靠持续的修炼。也就是说，要成为一个学习型组织。组织作为动态系统，随着形势的不断变化，具有进化和应变的特征。组织素质越高，这种特征越明显。

C. 技术性能力。技术性能力主要存在于生产作业层，基层的作业活动都在这一层次完成。它包括以下要素：a. 寻找可靠的可选技术，并决定最合适的引进技术的能力；b. 对引进技术实现从投入到产出的转换能力；c. 改进以适应当地生产条件的能力；d. 实现局部创新的能力；e. 开发适当的 R&D 设备的能力；f. 制订基础研究计划并进一步提高改进技术的能力。

D. 学习性能力。学习性能力和组织的各个层次密切相关，并可以通过某种方式转化为企业的内部规则。按照吸收能力的观点，在已知的环境中，学习是最重要的。

②按能力所处的价值链位置分类

能力按照其在价值链上的不同位置，可分为一般能力和核心能力。一般能力能够通过价格完全体现，涵盖了公司整个价值链。它包括市场界面能力（如销售、广告、客户服务等）、基础设施能力、技术能力等组织内分散的活动、技巧。同时还包括企业的文化与价值观；核心能力强调价值链上特定技术、生产力、营销和企业文化方面的专有知识，能为企业获得超额利润，它是企业一般能力整合的结果，表明企业在某一方面比竞争对手更出色、更为擅长。

4.2.2 企业核心能力

战略资源所创造的竞争优势直接体现于产品市场，或是低成本，或是差异化。但是，战略资源并不能直接转化为竞争优势，而是需要经过一定的中间过程或程序，这个转化过程中的关键环节就是核心能力和核心产品。

第二次世界大战以来，世界经济和科技迅速发展，市场结构发生了根本性的变化：

需求不足，供给过剩，竞争越来越激烈；科技成果的传播和应用速度越来越快，在核心产品的生产上创造成本或差异优势的难度越来越大，营销的附加值增加；在科技进步的作用下，技能和知识正在代替资产成为竞争力的主要来源。可以说现在已经进入了一个高科技、高投入、高变化、高风险的时代。

20 世纪六七十年代的西方企业，尤其是美国企业已经初步认识到了上述变化趋势，它们采用了不相关多样化的战略，希望通过进入许多不同的行业来降低风险，结果最终不得不放弃这种战略而回归主业。与此同时，有些学者发现日本和美国有一类公司的效益长期好于其他公司，这些公司采用的多样化战略是以某种优势为核心进行相关产品或行业的拓展，同时，它们从市场上购买大量的零配件和半成品。美国的管理学者们提出了两种可以同时使用的概念或技术，即建立核心竞争优势和战略性外购。

从 20 世纪 60 年代到 20 世纪 80 年代末，一批与核心能力相互关联的新理论涌现出来。1990 年，美国学者普拉哈拉德和英国学者哈默尔发表了《公司的核心能力》一文。该理论构成了 20 世纪 90 年代西方最热门的企业战略理论，它是对几十年来美国大企业战略理论包括多样化战略的一个更高层次的发展。

20 世纪 90 年代以来，核心能力理论越来越受到学术界和企业界的重视，一些新的成果不断出现在各种杂志和报端上。运用核心能力理论，对近年来企业发展"多元化"战略和"专业化"战略的争论加以研究，可使我们对该问题的认识更深入。其实，"多元化"或"专业化"不过是企业发展战略两种形式，经营战略的实质在于企业的核心能力。

今天，建立和发展自身的核心能力已经成为西方企业普遍追求的战略目标，也是各种企业有效运用发展战略的关键所在，西方企业的成功无不与对核心能力的重视有密切的关系。目前我国很多企业对核心能力的管理并不令人乐观，有的企业不仅没有抓住历史契机迅速发展独特竞争力，甚至还逐步丧失掉过去曾经辛辛苦苦建立的竞争优势。这说明我国企业在核心能力理论的实践上仍然存在一些误区，当务之急是正确地理解、鉴别、培养和保持核心能力。

4.2.2.1 企业核心能力的概念

核心能力，又称核心专长，或核心竞争力。根据普拉哈德和哈默尔的定义，核心能力是"组织中的积累性学识，特别是关于如何协调不同的生产技能和有机结合多种技术流派的学识"。其要点是：①核心能力的载体是企业整体，而不是企业的某个业务部门、某个行业领域；②核心能力是企业在过去成长过程中积累形成的，而不是通过市场交易获得的；③核心能力不是某种可分散的技术和技能，而是企业各种技术、技能的"协调"和"有机结合"；④核心能力存在形态基本上是结构性的、隐性的，而非要素性的、显性的。

综合地说，核心能力是指企业依据自己独特的资源（资本资源、技术资源或其他方面的资源以及各种资源的综合），培育创造本企业不同于其他企业的最关键的竞争能力与优势。这种竞争能力与优势是本企业独创的，也是企业最根本、最关键的经营能力。换言之，也只有在本企业中，这种竞争能力与优势才能得到最充分的发挥。凭借这种最根本、最关键的经营能力，企业才拥有自己的市场和效益。

核心能力是以知识、技术为基础的综合能力，是支持企业赖以生存和稳定发展的根基。如果说企业是一棵树，那么核心能力应该是树根，核心产品是树干，而最终产品是树叶和花，这时即使来一场狂风暴雨般的经济危机将树叶和花打落了，但是有树根在地底下，企业还会慢慢地再发展起来。因此，企业在某一产品或某一方面具有一定的优势，并不代表企业就具有较强的核心能力，只有这种产品和技术使竞争对手在一个较长的时期内难以超越而得以保持时，才是企业真正的核心能力的体现。可以说，企业的实力或竞争优势并不在于产品，而在于支撑其产品的核心能力。企业只有系统地确认、培育和扩展其核心能力，才能在激烈的市场竞争中保持优势。

4.2.2.2 核心能力的构成要素

企业核心能力是一个复杂和多元的系统，主要包括以下几个方面：

（1）研究开发能力

研究与开发是指为增加知识总量，以及用这些知识去创造新的应用而进行的系统性创造活动。它包括基础研究、应用研究和技术开发三项。

基础研究主要是为获得关于现象和可观察事实的基本原理而进行的实验性或理论性工作。其作用是既能扩大人们的科学知识领域，又能为新技术的创造和发明提供理论前提。从长远发展看，基础研究是技术开发的基础工作，同时也是科研实力的重要标志和创新的基础。

应用研究是为获取新知识而进行的创造性研究，较之基础研究有明确的目的性，是连接基础研究和技术开发的桥梁。

技术开发是指利用从研究和实际经验中获得的现有知识，或从外部引进的技术、知识，为生产新的材料、产品、装置，建立新的工艺和系统，以及对已生产和建立的上述工作进行实质性改进而进行的系统性工作。

目前，越来越多的企业重视自身的研发能力，国外一些大公司都有自己专门的研发机构。这是因为：第一，企业所需要的一些关键的、先进的技术很难从市场上买到，特别是在企业竞争异常激烈的今天，具有最先进技术的企业不会在别人具有模仿能力之前轻易放弃丰厚利润的回报。第二，即使一些常用的技术能买到，其交易费用也非常高。尤其是随着科技的发展和企业竞争的需要，企业所需的技术也越来越先进和复杂，其价格也越来越高，企业要获得技术就要付出更大的代价。第三，有的技术引进来也不是马上就能用，需要企业通过内部消化吸收，与本企业生产、管理融合之后，才能取得实效。企业还需要从外部不断获取所需要的信息和知识，在理解和消化的基础上创新。

所以说，技术知识是企业核心能力的重要组成部分，只有通过研究与开发，形成与众不同的技术和知识的积累，特别是形成自己的人才积累，才能使别人难以模仿和超越。

（2）不断创新的能力

发展、竞争和变化是绝对和永恒的，一个企业要保持发展和竞争优势，就必须善于总结和提高，永远地追求卓越，不断超越自我，不断进取和创新。

所谓的创新就是根据市场和社会变化，在原来的基础上，重新整合人才、资本等资源，进行新产品研发和有效组织生产，不断创造和适应市场，实现企业既定目标的过程。它包括技术创新、产品及工艺创新、管理创新。

企业创新的主体是决策层、技术层、中间管理层和生产一线管理层。创新能力表现为创新主体在所从事的领域中善于敏锐地观察原有事物的缺陷，准确地捕捉新事物的萌芽，提出大胆新颖的推测和设想，进行认真周密的论证，拿出切实可行的方案，并付诸实施。

企业要取得核心能力，必须准确地把握世界科技和市场发展动态，制定相应创新战略，使技术创新、管理创新、产品创新等协调展开。在技术发展迅速和产品周期不断缩短的竞争环境中，创新是保持长久竞争优势的动力源泉，创新能力是一个企业核心能力和旺盛生命力的体现。

（3）将科技成果转化为生产力的能力

只有将创新意识或技术成果转化为可行的工作方案或产品，提高效率和效益，创新和研究开发才有价值和意义。

转化能力与企业的技术能力、管理能力有很大关系。转化的过程即创新的过程，不仅需要进一步的创新，还需要切实可行的方法和步骤。创新只有转化为实际效益，才是真正意义上的创新。

转化能力在实际应用中表现为其综合、移植、改造和重组的一些技巧和技能，即把各种技术、方法等综合起来系统化，形成一个可实施的综合方案，将其他领域中的一些可行的方法移植到本企业的管理和技术创新中来，对现有的技术、设备和管理方法等进行改造，并根据企业实际和时代发展进行重新组合，形成新的方法和新的途径，达到更优的效果。

（4）组织协调能力

面对激烈变化的市场，企业要有优势，必须始终保持生产、经营管理各个环节、各个部门协调、统一、高效运转，特别是在改革创新方案、新产品新工艺以及生产目标形成之后，要及时调动、组织企业所有资源，进行有效、有序的运作。

这种组织协调能力涉及企业的组织结构、战略目标、运行机制、企业文化等多方面，突出表现在企业有坚强的团队精神和强大的凝聚力，即个人服从组织，局部服从全局，齐心协力，积极主动，密切配合争取成功的精神；表现在能根据生产中不同阶段的要求，有效组织资源，并使其在各自的位置上正常运转。

（5）应变能力

应变是一种快速反应能力，它包含对客观变化的敏锐感应和对客观变化做出的应付策略。客观环境不断发生变化，企业决策者必须具有对客观环境敏锐的感应能力，保持经营战略随着客观环境的变化而变化。特别是当竞争环境经常出现无法预料的事件时，如某一国家或地区金融危机的发生、某项技术的发明、政府政策的调整等，为把这种条件的变化对企业所产生的影响降低到最低程度，企业就必须迅速、准确地拿出应变的措施和办法。应变能力表现在：能在变化中产生应对的策略；能审时度势，随机应变；能在变化中把握方向和机遇，加快发展自己。

4.2.2.3 核心能力的基本特征

（1）价值优越性

核心能力是企业独特的竞争能力，它有利于企业效率的提高，能够使企业在创造价值和降低成本方面比竞争对手更优秀，它给消费者带来独特的价值和效益。那些能够使企业为用户提供根本性价值的技能，才能称得上是核心能力。区别核心能力与非核心能力的标准之一是它给用户带来的价值是核心的还是非核心的。例如，本田公司在发动机方面的技能称为核心能力，而其处理与经销商关系的能力则不是核心能力。因为本田在生产世界一流的发动机和传动系统方面的能力的确为用户提供了非凡的价值：节省油、易发动、易加速、噪音低以及振动小。但很少有用户是因为本田的经销人员的独特能力，才在众多的品牌中选择了本田汽车。用户是决定何者是、何者不是核心能力的最终裁判。

（2）异质性

一个企业拥有的核心能力应该是独一无二的，是其他企业所不具备的，是企业成功的关键因素，核心能力的异质性决定了企业之间的异质性和效率差异性。

（3）延展性

核心能力应该具备一定的延展性，应该为企业打开多种产品市场提供支持，对企业一系列产品或服务的竞争力都有促进作用。如夏普公司的液晶显示技术，使其在笔记本电脑、袖珍计算器、大屏幕电视显像技术等领域都较易获得一席之地，而非将其优势领域限定在小范围内。但若公司没有取得核心能力方面的领先地位，被拒之门外的就不仅是一种产品市场，而会失去一系列市场和商机。核心能力犹如一个“技能源”，通过其发散作用，将能量不断扩展到最终产品上，从而为消费者源源不断地提供创新产品。如佳能公司利用其在光学镜片、成像技术和微重量控制抹术方面的核心能力，使其成功地进入了复印机、激光打印机、照相机、成像扫描仪、传真机等多个产品市场；夏普公司利用其在平面屏幕相关能力上的领先地位，使其成功地进入了笔记本电脑、便携式电脑、微型电视、液晶投影电视等多个市场领域。可见，随着产业、技术的演化，核心能力可以生长出许多奇妙的最终产品，创造出众多意料不到的新市场，它是企业竞争优势的根源。

（4）难以模仿性

核心能力是企业在长期的生产经营活动过程中积累形成的，深深地印上了企业特殊组成、特殊经历的烙印，其他企业难以模仿。例如：松下公司质量与人格的协调能力；海尔公司广告销售和售后服务的能力；科龙公司无缺陷制造和销售产品的能力。核心能力由于具有与众不同的独到之处，因此不易被人模仿，任何企业都不能靠简单模仿其他企业而建立自己的核心能力，应靠自身不断的学习、创造及在市场竞争中的磨炼，建立和强化独特的核心能力。

（5）不可交易性

核心能力与特定的企业相伴而生，虽然可以为人们感受到，但无法像其他生产要素一样通过市场交易进行买卖。

（6）难以替代性

由于核心能力具有难以模仿的特点，因而依靠这种能力生产出来的产品在市场上也不会轻易为其他产品所替代。

4.2.2.4 企业核心能力的形成

核心能力是企业的内在综合能力，是企业在长期的市场竞争中形成的一种独特的智慧和韬略，其形成过程也是复杂的，既受到企业决策者及员工的知识、能力和素质，企业的经济实力、技术力量、管理机制和企业文化等内部条件的制约，又受到外部市场环境等客观因素的影响。一般来说，企业核心能力的形成要经过三个阶段。

（1）确认阶段

企业应对现有资源和竞争力及其在市场中的价值加以系统考察，进而确认企业的核心能力。确认的标准有三个：

①具备顾客可感知的价值。

②具备专用性。核心能力是企业差异化的有效来源，具有竞争对手难以模仿的独特性。

③具有潜在的扩展性。核心能力应当能够覆盖多个部门或产品，可以提供潜在的进入市场的多种方法。

（2）培养阶段

核心能力一旦得到确认，企业就应该不遗余力地加以培养。培养过程是核心能力的形成过程，也是最复杂、最关键的过程。一般分为以下几个阶段段：

①开发、获取构成核心能力的技巧、技术等各种要素，为核心能力的形成打下物质基础。这一阶段的核心是获取最关键的技术和人才，并争取时间捷足先登。实现这一目标的模式可以是“内部发展型”，即通过企业内部资源的积累逐步实现；也可以是“外部扩张型”，即通过吸收外部资源来实现。

②整合技巧、技术等各种竞争力要素。核心能力是由不同要素有机联系而成的整体的竞争实力，核心能力要素的整合，涉及企业内部管理的各个方面。比如，要使企业在某核心技术方面的专长成为核心能力，其一，需要企业在该技术领域不断进取提高，始终保持领先地位，做到这一点要求企业不仅能给予必要的资金支持，还要建立有效的科研开发激励机制，以保证研发人员的研究热情；其二，需要在产品的试制和试销方面对新产品开发予以支持，并很好地协调科研部门和生产部门的关系；其三，在产品营销阶段，需要建立营销部门和科研部门之间密切的信息联系，以及时将市场信息反馈到研发部门，使研究开发更好地与市场需求相一致；等等。核心能力的形成需要多方面管理工作的整合。

（3）扩展阶段

扩展有三个方面的含义：

①将核心能力应用在最终产品或市场的开发上；

②利用核心能力开发中间产品，这些中间产品往往会被用在多个最终产品领域，

并对最终产品市场产生决定性的影响；

③发展和更新核心能力。因为核心能力并不是一种固化的竞争力，而是一个动态系统，随着科学技术的进步和市场环境的变化，原有的核心能力可能会演化为一般的能力而逐渐丧失竞争优势，因而企业必须时刻关注核心能力的发展演变，并不断推进、丰富，直至更新。

4.2.2.5 企业核心能力的评价指标体系

核心能力体现的是一个企业的综合素质和能力，要准确全面地评价企业的核心能力比较困难。但可从其构成内容上进行适当的定性和定量分析。

（1）企业核心能力分析

①首先要分析企业是否有明确的主营领域，该主营领域是否有稳定的市场前景，以及本企业在该领域中与同行业竞争对手相比的地位如何。如果一个企业没有明确的主营领域，经营内容过于分散，则很难形成核心能力。如果一个企业虽然有明确的主营领域，但在该领域中的竞争地位很弱，也谈不上有核心能力。

②其次要对企业在该领域中的主导产品进行分析，包括产品的前景、市场地位、产品的差异性和延展性等。核心产品可以延伸至多个最终产品领域，最大限度地实现核心能力的范围经济。如果一个企业没有过硬的核心产品，则很难说该企业具有较强的核心能力。

③再次要分析企业的核心技术和专长。分析的内容主要包括：支持企业核心产品和主营业务的优势技术和专长是什么，这种技术和专长的难度、先进性与独特性如何，企业是否能不断吸收新的技术和信息以巩固和发展自己的专长，这些专长是否得到了充分发挥，为企业带来何种竞争优势，强度如何等。企业核心能力的独特性和持久性在很大程度上由它赖以存在的基础所决定。

④最后是成长能力分析。核心能力是动态的，昔日的核心能力，今天可能已成为一般化技术。为了使企业具有持续的竞争优势，必须不断保护和发展自己的核心能力，包括对现有核心能力的关注和对新的核心能力的培育。如果一个企业既缺乏付出艰苦努力培育核心能力的耐心，又缺乏洞察未来商机开创核心能力的远见卓识，那它怎么可能取得持续的竞争优势呢？因此，对企业核心能力的诊断和分析，还应该涉及这一更深层次的内容，即企业发展核心能力的能力分析，主要包括企业对现有优势技术和专长的保护与发展；对新技术信息及市场变化趋势的追踪与分析，高层领导的进取精神与预见能力等。

（2）企业核心能力的评价指标

根据以上的分析可以对核心能力进行指标体系的设计，它主要由三个层面构成：市场层面、技术层面和管理层面。

①市场层面

市场层面分析的内容包括核心业务（主营领域）和核心产品（主要产品）。

说明核心业务的指标有：主营领域的明确程度，主营领域收益占总收入的份额，主营领域的市场前景，企业在主营领域中的市场地位。

核心产品的指标有：核心产品的明确程度，核心产品的市场占有率，核心产品的品牌信誉，销售收入的增长速度；核心产品优势地位的稳固性，核心产品的市场前景。

②技术层面

技术层面包括吸收能力、开发与合成能力、延展能力三个部分。

A. 吸收能力的指标有：信息系统先进有效程度，获取信息渠道的广泛有效性，技术信息动态追踪效果，信息分析与处理效率，新技术的吸收转化率，与科研院所年合作项目数，年参加培训人员占职工的比例。

B. 开发与合成能力的指标有：技术管理人员占职工的比例，年研发费用投入量，高级技术人才占技术人员的比例，年科技立项数；基于核心技术的专利数；核心技术的独特性，核心技术的领先程度，生产工艺技术的先进性，基于核心技术的新产品开发数，产品研发人员占职工的比例。

C. 延展能力的指标有：核心技术发展前景，核心产品的差异性；与目标市场相关的营销资源的积累，核心产品延伸领域的市场增长率，核心能力延伸领域数。

③管理层面

管理层面包括现有核心能力的保护与发展、高层领导的素质与能力、新核心能力的设想与构建。

A. 现有核心能力的保护与发展指标有：围绕核心能力培训体系的有效性，核心技术保密的有效性；企业凝聚力，高层领导关注市场及其变化趋势的程度，核心技术产品开发激励机制的有效性，现有核心能力发展长远规划的有效性，核心能力定期评价与分析体制健全性。

B. 高层领导的素质与能力指标有：主要高层领导的文化程度，高层领导班子结构的合理性，高层领导的学习进取精神，高层领导的决策能力，企业管理和控制系统的有效性。

C. 新核心能力的设想与构建指标有：高层领导战略思维能力，企业对外环境的适应性，技术开发力量的储备水平，新核心能力构建的长远规划有效性，新核心能力构建阶段成果显著性。

4.3 企业战略内部环境分析方法

4.3.1 内部因素评价矩阵（IEF）

对企业内部因素的优势和弱势进行分析评价的结果以矩阵形式表现出来，形成内部因素评价矩阵（Internal Factor Evaluation Matrix，IFE ）。在建立 IEF 矩阵时需要靠直觉性的判断，因此具有科学方法的外表并不意味着就是一种万能的技术。对矩阵中因素的透彻理解比实际数字更为重要。

IEF 矩阵可以按以下五个步骤来建立：

（1）列出在内部分析过程中确定的关键因素。采用 10~20 个内部因素，包括优势和弱点两方面的。首先列出优势，然后列出弱点。要尽可能具体，要采用百分比、比率和比较数字。

(2) 给每个因素以权重，其数值范围由0.0（不重要）到1.0（非常重要）。权重标志着各因素对于企业在产业中成败的影响的相对大小。无论关键因素是内部优势还是弱点，对企业绩效有较大影响的因素就应当得到较高的权重。所有权重之和等于1.0。

(3) 为各因素进行评分。1分代表重要弱点；2分代表次要弱点；3分代表次要优势；4分代表重要优势。值得注意的是，优势的评分必须为4或3，弱点的评分必须为1或2。评分以公司为基准，而权重则以产业为基准。

(4) 用每个因素的权重乘以它的评分，即得到每个因素的加权分数。

(5) 将所有因素的加权分数相加，得到企业的总加权分数。

无论IFE矩阵包含多少因素，总加权分数的范围都是从最低的1.0到最高的4.0，平均分为2.5。总加权分数大大低于2.5的企业的内部状况处于弱势，而分数大大高于2.5的企业的内部状况则处于强势。IFE矩阵应包含10~20个关键因素，因素数不影响总加权分数的范围，因为权重总和永远等于1.0。

表4-2是对瑟克斯.瑟克斯公司（Civcus-civcus Enterprises）进行内部评价的例子。

表4-2　　**瑟克斯.瑟克斯公司IFE矩阵**

内部优势	权数	评分	加权分数
1. 美国最大的赌场公司	0.05	4	0.20
2. 拉斯维加斯的客房入住率达95%以上	0.10	4	0.40
3. 活动现金流增加	0.05	3	0.15
4. 拥有拉斯维加斯狭长地带1.609千米的地产	0.15	4	0.60
5. 强有力的管理队伍	0.05	3	0.15
6. 员工素质较高	0.05	3	0.15
7. 大多数场所都有餐厅	0.05	3	0.15
8. 长期计划	0.05	4	0.20
9. 热情待客的声誉	0.05	3	0.15
10. 财务比率	0.05	3	0.15
内部弱点			
1. 绝大多数房产都位于拉斯维加斯	0.05	1	0.05
2. 缺乏多样性经营	0.05	2	0.10
3. 接待家庭游客，而不是赌客	0.05	2	0.10
4. 位于Lauyhling的房地产	0.10	1	0.10
5. 近期的合资经营亏损	0.10	1	0.10
总计	1.00		2.75

可以看出该公司的主要优势在于其规模、房间入住率、房产以及长期计划，正如它们所得的 4 分所表明的。公司的主要弱点是其位置和近期的合资经营，总加权分数 2.75 表明该公司的总体内部优势高于平均水平。

4.3.2 企业价值链分析

4.3.2.1 概述

迈克尔·波特在 1985 年提出了企业价值链理论。所谓价值链，是企业从事设计、生产、营销、交货以及对产品起辅助作用的各种价值活动的集合。通过分析企业的价值链，可以更好地理解企业的成本变化以及引起变化的原因和方法。价值分析最初是为了在复杂的制造程序中分清各步骤的“利润率”而采用的一种会计分析方法，其目的是为了决定在哪一步可以削减成本或提高价值。企业的经营可以被认为是一个由设计、生产、营销、交货等价值活动所组成的集合。企业的部分优势就是来源于企业能比竞争对手以更低成本、更高效率完成那些具有战略意义的活动。企业的价值活动分为基本活动和辅助活动两大类，如图 4-1 所示。基本活动也称为主体活动，是指以企业购进原材料进行加工生产成为最终产品，将其运出企业，上市销售，直到售后服务的一系列活动。辅助活动始终贯穿在这些活动之中。基本活动分为五类：内部后勤活动、生产活动、外部后勤活动、市场营销活动以及售后服务活动。辅助活动也称为支持活动，包括企业投入的采购管理、技术开发、人力资源管理和企业的基础实施（一般管理）。采购管理、技术开发、人力资源管理三种活动既支持整个价值链的活动，又分别与每项具体的、基本的基础活动有着密切的联系。企业的基础管理活动支持整个价值链的运行，而不分别与每项基本活动发生直接的关系。

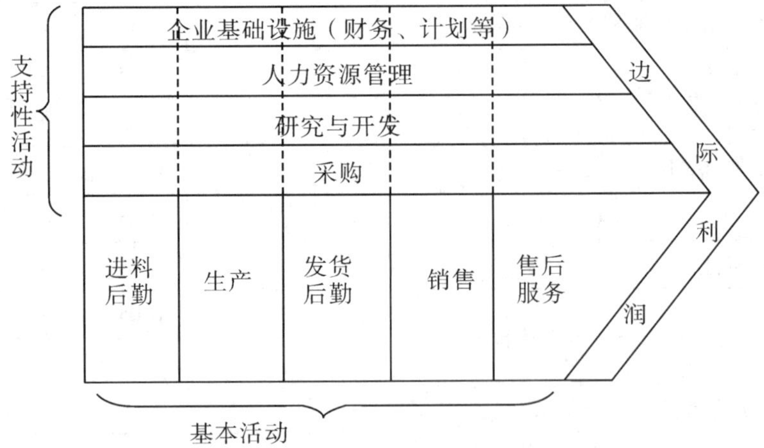

图 4-1 迈克尔·波特提出的价值链

应该说明的是，在大多数行业，很少有哪一个企业能单独完成从产品设计到分销的全部价值活动，总要进行一定程度的专业化分工。即任何一个企业都是创造产品和服务价值系统的一部分，随着世界经济一体化、全球化进程的加快，这一特点将更为突出。因此，在了解价值的产生过程时，不仅要考察组织的每一项内部活动及它们之间的联系，还应对包括采购和销售链在内的整个价值过程进行深入分析和了解。价值链方法为企业对现实的及潜在的优势和劣势进行内部分析提供了有效的指导，在把企业所有活动进行系统分割，区分出几项价值活动后，就可以从中找出关键的要素，并将它们作为企业竞争优势的来源而作进一步分析。

4.3.2.2 构造价值链

企业为了诊断自己的竞争实力，需要根据价值链的一般模型，构造具有企业自身特色的价值链。

企业在构造价值链时，需要根据利用价值链分析的目的以及自己生产经营活动的经济性，将每项活动进一步分解。分解后的每项子活动要有自己的经济内容，即或者具有高度差别化的潜力，或者在成本中有重要的百分比。企业应将可以充分说明企业竞争优势或劣势的子活动单独列出来，以供分析使用。那些不重要的子活动可以归纳在一起分析。活动的顺序应该按照工艺流程进行，但也可以根据需要进行安排。无论怎样的顺序，企业的管理人员都应从价值链的分类中得到直观的判断。

4.3.2.3 价值链的内在联系

价值链不是一些独立活动的集合，而是相互依存的活动构成的一个系统。在这个系统中，各项活动之间存在着一定的联系。例如，加工企业购买高质量的已剪切好的钢板，可以简化生产流程并减少废料。由此可以看出，企业的竞争优势既可以来自单独活动本身，也常来自各活动的联系。

（1）形成价值活动间联系的基本原因

价值活动间的联系很多，最常见的是价值链中主体活动与支持活动之间的各种联系。例如，产品的设计会影响其生产成本。在各项主体活动之间，这种联系的作用更为突出。如企业加强对投入部件的检查会降低生产工艺流程中的质量保证成本。

形成这些联系的基本原因有：

①同一功能可以用不同的方式实现。例如，为了保证产品合格，企业可以采购高质量的原材料或零部件，或者明确规定生产工艺流程中的最小公差，或者对产品进行全面的检验。

②通过间接活动保证直接活动的成本或效益。例如，通过优化时间安排（间接活动），企业可以减少销售人员的出差时间或交货检查，部分或全部替代成品检查。

③以不同的方式实现质量保证功能。例如，企业可以通过进货检查、部分或全部成品检查等方式来实现质量保证功能。

当然，形成价值活动间联系的原因很多，还需要做更进一步的认识。

（2）内在联系形成竞争优势的方式

企业价值活动间的内在联系所形成的竞争优势有两种形式：最优化与协调。企业为了实现其总体且标，往往在各项价值活动间的联系上进行最优化的抉择，以增加竞争优势。例如，企业在考虑产品设计与服务成本时，为了获得差别化优势，可能会选择成本高昂的产品设计、严格的材料规格或严密的工艺检查，以减少服务成本。

在协调方面，企业通过协调各活动间的联系来增加产品的差别化或降低成本。例如，企业要按时发货，则需要协调企业内部的生产加工、成品储运和售后服务等活动之间的联系。在最优化与协调的过程中，企业需要大量的信息去认识形式多样的联系。因而，企业有必要利用信息技术，建立自己的信息系统，创造与发展新的联系，增强原有的联系。

4.3.2.4 价值链间的联系

价值活动的联系不仅存在于企业价值链内部，而且存在于企业与企业的价值链之间。其中，最典型的是纵向联系，即企业价值链与供应商和销售渠道价值链之间的联系。这种联系构成了涉及将产品或劳务提供给消费者活动的所有上下游企业所形成的网络，即供应链。供应链的集成管理将给供应链上的企业带来竞争优势。例如，企业的采购和原料供应活动如果与供应商的定单处理系统相互作用，同时，供应商的应用工程技术人员与企业的技术开发和生产人员也系统工作的话，供应商的产品特点以及其他方面就会明显地影响企业的成本和差异化。

企业价值链与供应商价值链之间的各种联系为企业增强竞争优势提供了机会。通过影响供应商价值链的结构，或者通过改善企业与供应商价值链之间的关系，企业与供应商常会双方受益。在企业和其供应商之间分配由于协调和优化各种联系所带来的收益，取决于供应商的讨价还价能力，并反映为供应商的利润。

销售渠道的各种联系与供应商的联系类似。销售渠道具有企业产品流通的价值链。销售渠道对企业价格的抬价经常在最终销售价格中占很大比重。此外，销售渠道进行的各种促销活动可以替代或补充企业的活动，从而降低企业的成本或提高企业的差别化。销售渠道也存在与企业分配由于协调和优化各种联系所带来的收益的问题。

本章小结

1. 竞争优势是战略管理研究的基本议题。竞争优势的一个明显表现就在于企业能够比竞争者向顾客提供更高的价值。价值的创造主要是由企业通过对自身所拥有的资源和能力进行创新性地组合利用而实现的。

2. 战略的资源基础观认为，每个企业都拥有一些其他企业所不同的资源与能力，资源是能力的基础，而能力又可以使企业从中发展出自己的核心竞争力，并获得竞争优势。

3. 资源是企业拥有的、能够为顾客创造价值的各种投入。企业资源可以分为有形资源和无形资源两类。有形资源是那些可见的、以实物存在的资源，它们通常能够量化。有形资源可以分为财务资源、组织资源、实物资源以及技术资源。无形资源是指那些非实物的资源，这类资源通常与企业的历史有密切关联，是长期积累下来的资产。无形资源可以分为人力资源、创新资源和声誉资源。

4. 能力是指企业对各种资源进行协调，并将这些资源投入生产性用途的技能和知识。企业的组织能力是组织结构、流程和控制系统的产物。组织能力是无形的和难以识别的，通常嵌入在组织过程中。

5. 核心能力是指能为企业带来竞争优势的企业资源与能力，它是在企业长期累积学习如何利用各种不同资源与能力的过程中所形成的

6. 价值链分析能够将企业的内部核心竞争力与所处的外部环境整合起来，从而识别出企业获得竞争优势所需要的资源，并进行资源的优化配置。价值链是指企业将投入转化为顾客所重视的产出的一系列活动链。

5 公司战略

学习目标：

1. 了解公司层战略的基本类型；
2. 识别成长型战略的优缺点及适用性；
3. 识别稳定型战略的优缺点及适用性；
4. 识别紧缩型战略的优缺点及适用性。

案例导读

阿里巴巴发展史

阿里巴巴集团主要业务发展历程（imeigu. com）如图 5-1 所示。

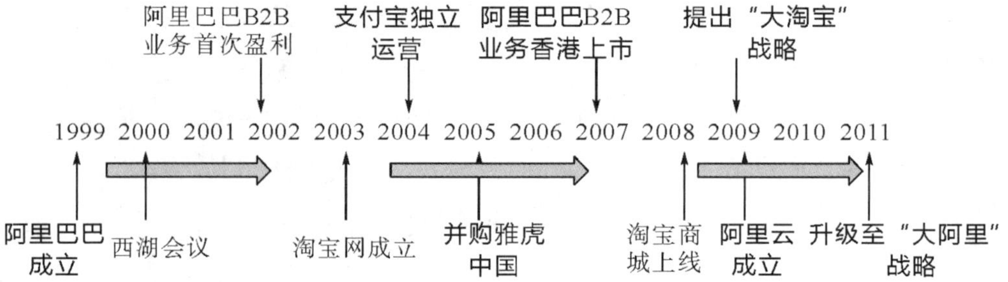

图 5-1 阿里巴巴集团主要业务发展历程（imeigu.com）

1. 阿里巴巴前传

1997 年底马云和他的团队受邀请协助国家外经贸部建立系列网站，其中包括网上广交会、中国商品交易市场等系列网站，网站的主要模式是将企业的信息和商品搬到网上展示，简单讲就是用网络为企业服务，初具 B2B（Business-to-Business）雏形。

网站受到许多企业追捧，并实现当年创建、当年盈利，国家外经贸部的经历让马云团队真正触摸到中小企业信息服务中的巨大商机，再往后面说就是我们熟悉的“十八罗汉”创业，1999 年初阿里巴巴在杭州正式成立。

2. 创业初的摸索期

阿里巴巴成立初期，那些想做外贸的中国中小企业可选择的途径一般只有广交会（中国进出口商品交易会），沿袭中国黄页和外经贸部的经历，阿里巴巴定位为中国广泛的中小企业提供贸易服务（网站设计+推广），即建立一个类似 BBS（Bulletin Board System）的网上论坛，中小企业可以在同一平台发布信息，也就是将中小企业的信息及商品交易市场搬到互联网上寻找交易机会，打造“网络义乌”。

这种商业模式的成功需要建立在足够的信息量基础上，即足够的供应商、买家和交易量，1999 年 2 月阿里巴巴从建立初零会员、零信息开始。1999 年 7 月份会员 3.8 万名，两个月后会员升至 8 万名，库存买卖信息 20 万条，日新增信息 800 条，1999 年底时，阿里巴巴的会员人数已超越 10 万名。

2000 年阿里巴巴开始疯狂的海外市场扩张（此时阿里巴巴经历两轮融资账上资金达 2500 万美元），香港成立公司总部、英国设立办事处、美国硅谷设立研发中心以及分布在韩国、日本、台湾等地的合资公司，接下来就是高薪引进优秀人才，当时硅谷 20 多人的团队比杭州 200 多人的薪水开支还要高几倍。

2000 年阿里巴巴相继推出日语网站、韩文网站和针对台湾用户的中文繁体网站（英文网站在公司成立初就先于中文网站建立），阿里巴巴被形象的比喻成“不打甲 A，直接进世界杯”。并在 2000 年 9 月举办了中国互联网史上著名的“西湖论剑”，马云与新浪王志东、搜狐张朝阳、网易丁磊等齐聚杭州西湖探讨中国互联网的发展，阿里巴巴的知名度一下提高到与三大门户一样的高度（之前阿里巴巴的活动主要在欧洲和美国，国内知名度不高）。

但阿里巴巴高速扩张积累下许多隐患，海外机构高企的成本开支，美国香港欧洲等地的机构不但没有收入，还面临着巨额开销（当时阿里巴巴拥有 13 个国外办事处并在当地进行推广活动），公司的运营成本在疯狂的扩张下骤然抬高（2000 年底剩余资金只够维持半年运营），而就在这时互联网的冬天悄然而至。

阿里巴巴的高层也意识到这种情况，在 2000 年 10 月阿里巴巴内部举行的“西湖会议”中对公司的战略方向进行了重大调整，并提出了 3 个 B2C 的战略转向，即 Back To China（回到中国），Back To Coast（回到沿海），Back To Center（回到中心）。所谓 Back To China（回到中国），就是要全面收缩战线，撤站裁员；所谓 Back To Coast（回到沿海），是指将业务重心放在沿海六省；Back To Center（回到中心），是指回到杭州本部。

除了压缩成本，“西湖会议”后分别推出“中国供应商”和“诚信通”等开流项目，即向供应商提供额外的线上和线下服务，并收取一定的会员费用，开始初步的盈利探索，2002 年又推出“关键词”服务，同年首次实现盈利。自此阿里巴巴的会员费+增值服务模式的 B2B 道路开始清晰。

3. 布局淘宝和支付宝

在创立阿里巴巴前马云其实并不看好 B2C 和 C2C 这两种商业模式，当时的观点是中国的银行和物流体系没有准备好，阿里巴巴也定位成企业对企业（B2B）的商业形式，即企业间信息流的传递，没有涉足资金流和物流。2000 年“西湖论剑”上马云还试图说服 8848 的王峻涛和谭智 B2C 和 C2C 在现阶段中国是行不通的。

直到 2003 年初马云为阿里巴巴寻找新增长点的日本之行（当时 eBay 易趣、卓越、当当高速成长），据《马云十年》中讲到，孙正义在办公室会见马云开场就谈阿里巴巴平台与 eBay 的相似性，接着又谈到雅虎日本的商业模式以及在日本战胜 eBay 的原因，即 eBay 的经营方式与日本当地市场存在不少的差异，并表示既然雅虎日本能够在日本市场的竞争中胜出，阿里巴巴同样能在中国成功。

2003 年 5 月淘宝成功上线，7 月份阿里巴巴宣布 1 亿元人民币投资淘宝，11 月推出网上实时通信软件贸易通（现在的阿里旺旺）。

在淘宝网成立前一年 eBay3000 万美元投资易趣（占股 33%），易趣更名为 eBay 易趣，2003 年 eBay 更是出资 1.5 亿美元实现对易趣的完全控制，2003 年 eBay 易趣的 C2C 市场份额高达 90%左右，并联合主流门户对淘宝网实行广告“封杀”（签订排他性的广告协议）。

eBay 易趣当时实行店铺费、商品登录费和成交费的收费模式，淘宝网在随后的运营中采取免费策略，降低卖家成本，采用更加符合中国本地用户的功能和服务，并通过反向的广告形式实现突围（即放弃主流门户，广告投向小网站和线下）。

淘宝迅速聚集人气，虽然 2004 年和 2005 年 eBay 易趣大幅下调费用，但仍坚持收费模式，2005 年 10 月，阿里巴巴宣布再向淘宝网投资 10 亿人民币，淘宝网继续免费 3 年。eBay 易趣卖家在成本压力驱动下流向淘宝，据易观国际的数据显示，2007 年第二季度按交易金额计，淘宝网市场份额已达 80%左右，而曾经的 C2C 老大 eBay 易趣市场份额仅为 7.2%。

随着淘宝网的迅速成长，网络安全支付问题更加突出，束缚淘宝网的进一步发展，而 Paypal 并不适合中国市场的情况（信用体系不完善），阿里巴巴需要打造自己的支付平台。

2003 年 10 月，支付宝上线，支付宝采用担保交易的模式，即买家先把钱打给支付宝，买家觉得产品满意再通知支付宝付款给卖家。2004 年 12 月支付宝公司成立，支付宝网站上线并独立运行，2005 年，马云在达沃斯经济论坛上表示 2005 年将是中国电子商务的安全支付年，随后推出全额赔付制服并与多家银行达成战略合作协议。据艾瑞数据显示，截至 2010 年 12 月，支付宝注册用户数突破 5.5 亿，日交易笔数达到 850 万笔。

4. 并购雅虎中国

2005 年 8 月，雅虎通过 10 亿美元和雅虎中国全部资产获得阿里巴巴 40%的股权，其中雅虎中国的资产包括雅虎的门户、搜索、IM 产品，3721 以及雅虎在易拍网中的部分资产等。通过此次交易后，阿里巴巴业务涵盖电子商务、搜索、门户和即时通讯。

当时 B2B 的利润不足以支撑淘宝和支付宝迅速发展，回购软银持有的淘宝股份也需要大量资金，再次就是搜索对于电子商务的重要性，马云在新闻发布会上解释并购原因时讲到：“合作的主要目的是为了电子商务和搜索引擎，未来的电子商务离不开搜索引擎，今天获得的整个权利使我们把雅虎作为一个强大的后方研发中心。”并多次强调阿里巴巴过去做的是电子商务，现在做的是电子商务，将来做的还是电子商务。而诚信、市场、支付和搜索是电子商务的四大基础，如今这四大基础阿里巴巴都具备了。

另外从互联网产业链分析，阿里巴巴的主要业务是 B2B 和 C2C 的电子商务，而雅虎中国的主要业务是门户和搜索，搜索和门户能够为阿里巴巴的主业电子商务提供流量，双方存在纵向整合的协同效应。

阿里巴巴接手之后雅虎中国关闭大量业务（无线等），3721 上网助手被改造成新的雅虎助手，雅虎中国专注搜索服务，另外阿里巴巴进行了大规模的广告推广（央视新闻联播5秒钟广告和“雅虎搜星”等），但仍然没有提升雅虎中文搜索市场份额，2006年8月马云首度承认“雅巴联姻”的失败。

2009年1月中国雅虎（2007年雅虎中国更名为中国雅虎）正式放弃发展3721和雅虎助手的业务发展，并表示中国雅虎今后的核心业务将是生活服务的电子商务化，中国雅虎的搜索业务被淡化。

5. 收购口碑网组建阿里软件

2006年10月阿里巴巴宣完成对口碑网的收购，口碑网创立于2004年6月，主要提供生活黄页、分类信息和垂直搜索，覆盖餐饮、房产、交友聚会、同城生活、跳蚤市场等多个垂直搜索领域，是本地化“吃、住、玩”的分类生活社区网站。

2008年6月中国雅虎与口碑网整合成立雅虎口碑公司，阿里巴巴首先希望借助中国雅虎的平台对植根于杭州的口碑网实现全国性的扩张，其次希望将雅虎口碑打造成生活资讯平台。2009年8月阿里巴巴宣布在大淘宝的战略下口碑网注入淘宝网，口碑网的定位从生活资讯转向电子商务的信息服务平台。

马云曾讲到除了诚信、市场、支付和搜索四大电子商务基础，软件也是重要的一环。早在2004年阿里巴巴变投资3亿元成立阿里巴巴（中国）软件研发中心，2007年1月阿里巴巴（中国）软件公司在上海注册成立，进军企业商务软件领域，阿里软件也是继阿里巴巴网络公司、淘宝网、支付宝、中国雅虎之后的阿里巴巴集团成立的第五个子公司。

阿里软件定位成用全新的SaaS（Software as a Service）的模式为广大中小企业提供全生命周期的软件服务，同时满足他们在电子商务和企业管理方面的需求。套用马云的话就是“阿里巴巴的使命是让天下没有难做的生意，而阿里软件的目标是要让天下没有难管的生意”。根据易观国际发布的“2007年第3季度中国SaaS市场数据监测”显示，阿里软件以63.7%的市场份额排名首位。

2009年8月阿里巴巴集团将阿里软件旗下的管理软件业务作价2.08亿元注入阿里巴巴网络有限公司（B2B业务，香港上市），管理软件业务包括为小企业而设的主要应用软件产品线（企业管客、管货和管钱的小企业应用程式）及有关资产，以及所有有关管理软件业务的客户合约和员工。阿里软件余下的资产，包括与管理软件无关的核心技术，继续为阿里巴巴集团所拥有。

6. 阿里妈妈、一淘相继诞生

与阿里软件一样，阿里妈妈也是在2007年诞生，宣告阿里巴巴进军网络广告领域，阿里妈妈商业模式通俗的讲就是网站站长可以将自己的广告位放到阿里妈妈上如同商品一样销售，即广告是商品的概念，阿里妈妈的使命为“让天下没有难做的广告”。

马云曾多次在公开场合表示，创办阿里妈妈的一个初衷是为了回报当初在淘宝突围时，帮助过淘宝的众多中小网站，为感恩当年支持淘宝的中小网站，三年内不考虑盈利问题。

2008年9月淘宝兼并阿里妈妈，阿里巴巴集团希望借阿里妈妈覆盖的流量为淘宝卖家提供网络推广服务；与此同时，淘宝网巨大的成交量也能够为阿里妈妈输送流量价值，建立一个更大电商生态。兼并时阿里妈妈已聚集40万家网站30亿流量，日覆盖人群8000万以上。

一淘网创建于2010年10月份，在“大淘宝”的架构下，一淘网将原来在“小淘宝”中搜索商品的买家分离出来，梳理清“大淘宝”的流量输送链条，一淘网立足于淘宝网的商品基础，面向全网的独立购物搜索引擎。“一淘网搜索平台”商家申请页面在2010年11月上线，向淘宝外的垂直B2C商家测试“开放搜索”功能。

2011年6月“大淘宝”升级“大阿里”战略，一淘网成为独立业务，目前，一淘网收录商品总量6亿以上，B2C商家数量上千家（包括淘宝网、淘宝商城、京东商城、当当网、卓越亚马逊及凡客诚品等），相关购物信息2亿条以上，一淘网的主要功能和服务有商品搜索、团购搜索、电影票搜索等。

7. 阿里云和淘宝SNS

2009年9月，阿里巴巴集团在十周年庆典上宣布成立子公司“阿里云”，阿里云由原阿里软件、阿里巴巴集团研发院以及B2B与淘宝的底层技术团队组成，目标是打造以数据为中心的先进云计算服务平台。

根据阿里巴巴官网资料显示，阿里云将致力于提供完整的互联网计算服务，包括电子商务数据采集、海量电子商务数据快速处理，和定制化的电子商务数据服务，以助阿里巴巴集团及整个电子商务生态链成长，并在近期推出了整合阿里巴巴旗下电子商务服务的阿里云手机。

淘宝的SNS（淘江湖）在2009年4月便已启动，淘江湖是一款建立在淘宝网上面的社交平台，买家可以分享购物心得（日记+微博），获得促销信息，卖家也可以借SNS网络进行推广活动（有奖转发等），淘宝SNS化让网络购物不再是一对一行为，卖家作为信息源，买家的参与转发扩散形成多层次的传播效应。

马云在2011年初的淘宝年会上表示淘宝今年的第一件大事就是必须SNS化，5月淘宝CEO陆兆禧进一步强调淘宝的SNS化是为了更加贴近用户，并为用户搭起一张网，强化用户之间的关系。“比如你买到了好的东西，就以分享给朋友，可以到朋友那里看看，最近买了什么好东西，有什么店铺收藏。”

8. 阿里巴巴金融

早在2007年6月，阿里巴巴便已与中国建设银行、中国工商银行联合推出中小企业贷款（主要面对网商），阿里巴巴和银行共同建立了一整套信用评价体系与信用数据库，一方面减少暴露风险，另一方面帮助企业降低贷款门槛，继续着阿里巴巴做电子商务的基础服务角色。

2010年6月，阿里巴巴集团与复星集团、银泰集团、万向集团等合作伙伴，面向网商成立小额贷款公司（浙江阿里巴巴小额贷款股份有限公司），并获得国内首张电子商务领域的小额贷款公司营业执照。2001年6月重庆市阿里巴巴小额贷款股份有限公司成立，注册资金2亿人民币，阿里巴巴占股70%，这是第二家阿里巴巴合作成立的小额贷款股份有限公司。

阿里巴巴小额贷款公司主要在阿里巴巴B2B业务、淘宝网等平台上运营，贷款金额上限为50万元，面对风险控制问题，阿里巴巴称“阿里内部在客户准入、客户资信调查、风险追踪等方面，采取全程互联网监控，而外部由当地地方政府监管”。

阿里巴巴小额信贷公司截止重庆公司成立共为4万家微小企业发放贷款，金额累计达28亿元，不良贷款率为1.94%（全国金融机构不良贷款率平均为2.61%）。当被问及商业银行计划时，阿里巴巴集团副总裁胡晓名表示：“关于商业银行的计划，起码在目前为止还没听到。”

9.“大淘宝”到“大阿里”

2008年4月，淘宝“品牌商城”上线，宣告淘宝网正式进入B2C领域；同年9月阿里巴巴启动“大淘宝”战略，阿里妈妈并入淘宝网，同时阿里巴巴集团将投入50亿人民币支持“大淘宝”计划。

马云解释时讲到大淘宝就是要做电子商务的基础服务商，让用户在“大淘宝”平台上的支付、营销、物流以及其他技术问题都能够做到顺畅无阻，首先是阿里妈妈并入淘宝，打通阿里巴巴B2B业务与淘宝平台（无名良品），形成一个B2B2C的电子商务生态链条，然后再不断演化，形成全新的电子商务生态体系。

2011年1月阿里巴巴发布千亿物流计划，即阿里巴巴集团将领衔集资千亿人民币投资建设为电子商务配套的现代物流体系，以推动社会化物流平台的建设，解决中国电子商务发展的物流瓶颈。

第一期物流计划阿里巴巴和其合作伙伴将投入200亿~300亿人民币，在全国范围内建设一个立体式的仓储网络体系，阿里巴巴集团希望将此开放给淘宝卖家和第三方物流企业使用，推动物流的发展，另外阿里巴巴集团表示还将推动B2B业务出口物流的发展。而对于仓储外的其他物流，阿里巴巴主要采取投资入股方式。

再往后面就是文章开头讲到的“大淘宝”战略升级至“大阿里”战略，即“大阿里将和所有电子商务的参与者充分分享阿里集团的所有资源——包括我们所服务的消费者群体、商户、制造产业链，整合信息流、物流、支付、无线以及提供数据分享为中心的云计算服务等，为中国电子商务的发展提供更好、更全面的基础服务。”

10. 阿里巴巴体育集团

阿里巴巴集团2015年9月9日宣布成立阿里体育集团，以数字经济思维创新发展体育产业链。新成立的阿里体育集团将由阿里巴巴集团控股，新浪和云锋基金共同出资。原SMG副总裁张大钟出任阿里体育CEO，阿里巴巴集团CEO张勇将担任阿里体育董事长。

健康和快乐是阿里巴巴集团为未来布局的两大战略方向，体育产业是这两大方向的“黄金交叉点”。阿里巴巴集团CEO张勇表示，“体育运动是能够带给全民快乐和健康的事业，阿里体育集团不仅仅是为体育产业提供一个互联网的入口，阿里希望做的，是利用今天互联网变成新经济基础设施的客观现实，以阿里的数字经济生态帮助整个体育产业升级，为这个行业带来新价值，让消费者、运动者、体育迷享受到更好的服务。”

阿里体育集团的成立，标志着互联网新经济巨头开始全面布局体育产业，将为体育产业的跨越式发展注入全新的动力。

资料来源：根据网络资料整理。

公司战略是企业的总体战略，是由组织的最高管理层制定的对企业全局的总体谋划。公司战略主要是解决企业的经营方向、业务范围等大政方针问题，主要回答以下问题，即企业是否应当扩张、收缩或是维持现状？企业应当加强经营现有业务，还是扩大或缩小业务范围？是集中于现有的产业，还是跨入其他产业？公司战略可以分为成长型战略、稳定型战略、紧缩型战略、混合型战略四种类型。每一类型的战略又可进一步细分，如成长型战略又包括密集型发展战略、多元化战略、一体化战略等。成长型战略是企业最为广泛采用的一种战略，涉及的问题也最多，是本章重点介绍的内容。

美国管理学家威廉·格鲁克曾对358位大公司经理的战略选择进行了长达15年的研究，发现四种类型战略的使用频率分别为：成长型战略为54.4%，稳定型战略为9.2%，紧缩型战略为7.5%，混合型战略为27.7%。

5.1 成长型战略

成长型战略又称扩张型战略，是一种使企业在现有的战略基础上向更高一级目标发展的战略，主要是通过企业不断开发新产品新服务、开拓新市场、采用新的生产方式和管理方式，以扩大企业的规模，提高竞争地位，增强企业的竞争实力。根据企业专注于现有的产品还是现有的市场，成长型战略划分为如图5-2所示的类型。

表5-2　　成长型战略的类型

	现有市场	新市场
现有产品	市场渗透	市场开发
新产品	产品开发	多元化、一体化

5.1.1 密集型战略

密集型战略又称加强型战略或集中型战略，是指企业在原有业务范围内，充分利用产品和市场方面的潜力来求得成长的战略。采取密集型战略的企业将全部或绝大部分资源集中使用于最能代表自己优势的某一项业务上，力求取得在该业务上的最优业绩。随着消费需要的多样性，业务种类的增多，没有哪一个企业能成功地解决所有用户的所有问题，只有为某一特定范围的市场提供适用的产品的企业才能成为市场上的领先企业。密集型发展战略包括市场渗透、市场开发和产品开发三种类型。

（1）市场渗透战略

市场渗透就是企业通过更大的市场营销努力，提高现有产品和服务在现有市场上的份额。如何增加市场份额？可以考虑以下几方面：①增加现有用户对企业产品（服务）的使用量。例如，说服现有用户增加购买量、加速产品的更新换代速度、发现现有产品的新用途、采取价格优惠或提高质量等。②吸引竞争对手的用户。可以通过采用绝对不会与竞争对手商标相混淆的产品商标、增加促销工作、削价等方法实现。③吸引新用户。例如，用奉送样品、低试用价等方法引起用户对产品的注意，还可通过提价或降价、增加产品广告等方法吸引新用户。

市场渗透战略主要是通过增加销售人员，增加广告开支，广泛促销，加强公关宣传等手段来实现。

市场渗透战略优点是：简单易行，风险小，有利于提高企业的竞争能力。市场渗透战略的缺点是：增加销售费用；对企业的快速扩张促进作用不大。顾客兴趣改变会导致企业现有市场需求的枯竭；技术革新会使现有产品迅速变成一堆废物；企业过多关注现有业务而失去发展机会；等等。

市场渗透战略的适用条件包括：①企业特定产品与服务在当前市场上还未达到饱和；②现有用户对产品使用率还可显著提高；③当整个产业的销售额增长时主要竞争对手的市场份额在下降；④在历史上销售额与营销费用曾高度相关；⑤规模的提高可带来很大的竞争优势。

（2）市场开发战略

市场开发战略是指企业在市场范围上的扩展，将现有产品和服务打入新的市场。如企业将现有产品进行某些改变（主要是外观上的改变）后，经过其他类型的分销渠道、不同的广告或其他媒介，销售给新的相关市场用户，即在新市场上销售现有产品。

市场开发的成功主要取决于企业分销系统的潜力发挥和企业在资源上对建立和完善分销系统，或是提高分销系统效能的支持能力。

市场开发的主要途径有：①增加不同地区的市场数量。这可以通过在一个地区的不同地点，或在国内不同地区，或在国际市场上的业务扩展来实现。企业在增加不同地区的市场数量时需要同时考虑到对跨地区市场的管理方式，例如，是对全部地区市场进行统一管理，还是对不同地区制定不同的政策。由此可见，地区扩张的同时引出了管理组织变革的要求。②进入其他细分市场。企业可对产品略作调整以适应其他细分市场的需要；也可利用其他分销渠道，采用其他宣传媒介等进入其他细分市场。例如，食品生产厂商对原有产品的生产和包装工艺进行相应调整，在保持原有专业食品店这一分销渠道外，增加了为超市生产业务。又如，摩托车制造商在对产品功能略作改进后，将摩托车出售给牧民作为放牧工具等都是实施市场开发的例子。进入其他细分市场要求企业具备对产品进行适度的技术或功能改变的能力。

市场开发战略主要是通过寻找新的经销商；设置片区经理，特许经营等方式实现的。

市场开发战略的优点是：提高市场份额；扩大企业知名度。市场开发战略的缺点是：增加销售费用；增加了渠道管理的难度；加大了企业的销售风险。

市场开发战略适用的条件包括：①企业在所竞争的领域非常成功；②存在未开发或未饱和的市场；③企业拥有扩大经营所需要的资金和人力资源；④企业存在着过剩的生产能力；⑤企业的主业属于正在迅速全球化的产业。

（3）产品开发战略

产品开发战略指通过改进和改变产品或服务而增加产品的销售，主要是在产品上的扩展。

企业实行产品开发战略，对现有产品进行较大幅度的调整，或生产与现有产品相关的新产品并通过现有渠道推销给现有的用户。进行产品开发的目的是延长现有产品的生命周期，或是充分利用现有产品的声誉及商标，以吸引对现有产品有好感的用户对新产品的关注。总之，是在现有市场上出售新产品。

产品开发实现途径包括：①开发新产品特征。可以通过为现有产品增加新的功能或特性；改变现有产品的物理特征，如色彩、形状、气味、速度；改变产品结构、部件及组合方式等实现。例如，对剃须刀的刀头、剃须刀的功能进行调整，形成安全剃须刀和女式剃须刀等新产品系列，而剃须刀的基本使用和制造原理都没有变化。又如，保健茶减肥茶等都是在茶叶中添加了某些中药后形成的产品特征。②形成产品和服务的质量差别，对同类产品和服务区分质量等级，形成不同的质量—价格组合方式。例如，在原有服务项目之外推出豪华型服务和大众型服务，对产品形成高档产品和中档产品等。③开发新产品。例如，开发新的车型；增加产品功能或是形成产品功能系列，将具有互补功能的产品组合为一个整体产品等。产品开发要求企业具备较强的设计—开发—工艺能力，并具备足够的财务支持能力和风险承受能力。为了使更新的产品及新产品能顺利地商品化，还需要企业现有的分销系统具备足够的扩展能力。

产品开发战略主要是通过自行开发和研究；引进新技术和产品；提高产品的附加值等方式来实现的。

产品开发战略的优点是：有利于提高产品的市场竞争地位；有利于提高企业的核心能力。产品开发战略的缺点是：需要大量的开发研究费用；增加了企业的风险。

产品开发战略的适用条件包括：①企业拥有成功的、处于产品生命周期中成熟阶段的产品。此时可以吸引老用户试用改进了的新产品，因为他们对企业现有产品和服务已具有满意的使用经验；②企业所参与竞争的产业属快速发展着的高科技产业；③与主要竞争对手相比，以可比价格提供更高质量的产品；④企业在高速增长的产业中参与竞争；⑤企业拥有非常强的研究与开发能力。

密集型战略虽然能使企业获得稳定发展，但随着产业生命周期的推移，这一发展总会走到尽头。而且，密集型战略使企业的竞争范围变窄，当产业趋势发生变化时，单纯采用这一战略的企业容易受到较大打击。另外，由于用户、市场、技术的不断变化，经营内容单一化会使企业承受极大的环境压力，这些都是企业在实行加强型战略时必须引起重视的问题。

5.1.2 多元化战略

在企业的发展过程中，总会碰到这样或那样的、看似非常令人激动的发展机会，其中有些机会与企业目前的经营领域相一致或相接近，而另一些机会则与企业目前的业务领域相去甚远，企业是否要抓住这些机会 ，或者企业在发展过程中是否应当积极地寻找这样的机会以求得发展？这些都是多元化战略要考虑的问题。

(1) 多元化战略的概念

多元化战略是指企业的发展扩张是在现有产品和业务的基础上增加新的与原有产

品和业务既非同种也不存在上下游关系的产品和业务。企业往往通过开发新产品或开展新业务来扩大产品品种或服务门类，以增加企业的生产量或销售量，扩张规模，提高盈利。

（2）多元化战略的分类

①相关多元化

相关多元化也称作集中多元化或同心多元化，是一种低度多元化和中度多元化。低度多元化包含“单一业务型企业”和“主导业务型企业”。当企业主导业务的销售额占总销售额的95%以上时，我们就将其称之为“单一业务型企业”。当企业的某一项业务的销售额占总销售额的75%~95%时，我们就将其称之为“主导业务型企业”。

相关多元化战略实现的方式一般是利用企业自身现有的技术、设备、销售渠道、客户资源开发新的产品或服务。

相关多元化战略的优点是：可以分散单一经营的风险；可以发挥企业原有专长，形成协同效应；扩张难度较小。相关多元化战略的缺点是：由于力量的分散，有可能影响主导产品和服务的发展。

相关多元化战略适用的条件包括：A. 企业参与竞争的产业属于零增长或慢增长的产业；B. 增加新的却又相关的产品将会显著地促进现有产品的销售；C. 企业能够以高度竞争的价格提供新的、相关的产品；D. 新的、相关的产品所具有的季节性销售波动正好可以弥补企业现有生产周期的波动；E. 企业现有产品正处于产品生命周期的衰退阶段；F. 企业拥有强有力的管理队伍。企业在实行相关多元化战略时必须认真考虑上述条件，否则，便不适宜采用相关多元化的战略。

在相关多元化战略中，还有一种用户相关、产品和服务不相关的横向多元化战略，即向现有用户提供新的、与原业务不相关的产品或服务的经营战略。横向多元化战略的实现方式是：利用企业自身的能力或通过外部引进开发新的产品或服务。横向多元化战略的优点是：对现有用户比较了解，利用现有销售渠道，风险小，费用低。横向多元化战略的缺点是：进入陌生业务领域，风险大。横向多元化战略的适用条件是：A. 通过增加新的、不相关的产品，企业从现有产品和服务中得到的盈利可显著增加；B. 企业参与竞争的产业属于高度竞争或停滞增长的产业，其标志是低产业盈利和低投资回报；C. 企业可利用现有销售渠道向现有用户营销新产品；D. 新产品的销售波动周期与企业现有产品的波动周期可以互补。

②不相关多元化战略

不相关多元化战略指企业增加新的与原有业务不相关的产品或服务的经营战略，又称混合型多元经营战略或复合多样化、跨产业经营战略等，亦即用户、产品和服务都不相关的经营战略。

实行不相关多元化战略的企业其主导业务的销售额占总销售额的比例低于70%，并且各项业务之间没有关联。例如，一家企业既从事油漆的生产经营，又从事中药的生产经营，还经营房地产业务，它的三项业务之间几乎没有联系，就是不相关多元化经营。

不相关多元化的理论假设是：整体的价值小于各部分价值之和，即通过化整为零使企业增值，这是一种反系统原理假设。采取这种战略的公司有的是为了将收购的公司加以分解或出售，以便盈利。韦斯特认为，“公平市场认为分解后的企业总资产要大于作为一整体的企业资产”，其目的是为了强调盈利。

不相关多元化战略实现的方式包括：将大公司分解，进行跨行业经营；或通过收购、控股、合并进行跨行业经营。

不相关多元化的优点是：通过向不同的市场提供产品或服务来分散企业经营风险；利用协同效应来提高企业的总体盈利能力和灵活性；增加新的投资机会和盈利点；克服主业下滑给企业造成的损失。不相关多元化的缺点是：跨入新行业加大了企业经营风险，增加了管理难度。

不相关多元化战略的适用条件是：A. 企业的主营业务正经历着年销售额和盈利的下降；B. 企业拥有在新产业成功竞争所需要的资金和管理人才；C. 企业有机会收购一个不相关的但却有良好投资机会的企业；D. 收购与被收购企业间目前已经存在着资金的融合；E. 企业现有产品的市场已经饱和；F. 历史上曾集中经营于某单一产业的企业不至于受到垄断指控。

由于实行不相关多元化战略风险比较大，为了规避风险，实行不相关多元化战略的企业特别需要注意：A. 企业要有足够的实力；B. 慎重选择所扩张的业务；C. 在不得以的情况下，尽快抓住一个主业不放。

（3）多元化战略的选择

企业采用多元化战略还是采取密集型战略？在什么环境下适合采取多元化战略？在实际运用中，主要从以下几方面考虑：

①企业拥有剩余资源的状况

拥有剩余资源是企业开展多元化经营的前提条件。究竟需要多少数量的剩余资源，须结合拟进入的产品或服务领域而定，不同的产品或服务领域对资源的要求不同。

②开始多元化经营的规模起点

企业开始多元化经营的规模起点与其所在国的市场经济发达程度基本上正相关，即市场经济发达的国家，企业开始多元化经营的规模起点高；市场经济不发达的国家，企业开始多元化经营的规模起点低。美国通用电器公司是在企业销售额达到1亿美元时才开始多元化经营，我国很多企业在销售额仅有几十万元到100万元时就开始多元化经营了。

③行业的技术特性

一般讲，如果行业的技术结构呈收敛型（即其产品是由众多的、不同种类的技术组成）该行业的企业就不太适合多元化（如汽车、飞机、电脑业等），尤其是当主导技术变化快、产品更新周期短的行业更是如此（如手机）。如果行业的技术结构呈发散型（即产品技术可用于较多领域），该行业的企业就适合多元化经营，如电器、化工等行业。

④行业的生命周期

从行业的生命周期来看，在行业导入期及成长期，企业宜采用专业化战略；在行业的成熟期，企业可采用多元化战略，也可采用专业化战略；在行业的衰退期，企业宜采用多元化战略。

（4）多元化战略的管理关键

究竟是把鸡蛋放在一个篮子里，还是把鸡蛋放在不同的篮子里？这两个选择各有利弊，各有不同的适用条件，企业要根据自身的特点以及自己所处行业的特点决定。企业进行多元化发展时，要把握以下管理关键。

①掌握多元化的时机

企业要观察外部环境是否出现了某种机会或威胁，同时还要衡量自身所具有的实力，只有主客观条件同时具备，企业的多元化才较易成功。切忌过早过快的多元化，往往使企业深陷某一行业不能自拔。

②首先进行相关多元化

进行多元化发展的企业可考虑首先进入相关产业，进行相关多元化，以利用技术协同、销售协同、管理协同等产生协同效应，风险相对较小，多元化较易成功；反之，企业直接进入陌生领域，风险将大大增加，除非具有非凡的实力，否则不相关多元化容易失败。

③处理好主业与辅业的关系

企业若有多种业务，须处理好主业与辅业的关系，用主业支撑企业发展。美国管理大师彼得斯和沃特曼总结的美国最佳管理企业经验之一是"不离本行"。他们指出："凡是向多种领域扩展其业务……但却又紧紧靠它们自己的老本行的企业，表现总比别家好。""最不成功的企业，照例就是那种向各方面都插上一脚，经营五花八门的公司，而其中尤其是通过购买把别家企业兼并过来的公司，总是走向败落的。"

④强化管理

随着多元化战略的实施，企业的规模扩大，管理的难度加大。相比经营单一业务，企业经营者的精力分散，管理效率下降；另由于业务单位的增加，业务单位的业绩评价、业务单位与公司层的集权与分权、业务单位之间的协作等，这些都要求企业强化管理。

5.1.3 一体化战略

（1）一体化战略的概念

一体化战略是指企业利用自己在生产、技术、市场等方面的优势，沿着业务经营链条的纵向或横向水平方向，不断扩张其业务经营的深度和广度来扩大经营规模、提高其收入和利润水平，使自身得到发展壮大。一体化战略分为纵向一体化和横向一体化。

（2）纵向一体化战略

采用纵向一体化战略的企业，其经营范围的扩展是沿着产业链完成的，因此，纵向一体化又分为前向一体化和后向一体化。

①前向一体化战略

以企业初始生产经营的产品（业务）项目为基准，企业生产经营范围的扩展沿着生产经营链条向前延伸，使企业的业务活动更加接近最终用户。例如将自己的产品进行深度加工、提高附加值再出售，或组建自销产品的网店，直接面向消费者等。

前向一体化战略的经济意义是，当企业的客户利用企业的产品或服务获得高额利润时，通过前向一体化来经营客户的业务，企业可以增加自己的利润；当企业有足够的实力对自己的产品进行深加工并在市场竞争中有优势时，则可利用前向一体化来扩大规模，增加盈利；若企业现在可利用的高质量的中间商数量很少，或成本高昂，或不可靠，不能满足企业的销售需要，企业可通过前向一体化自设销售网点，控制销售渠道；此外，前向一体化还可以使企业稳定生产控制销售渠道，节约交易费用，加强市场信息收集，预测市场需求，还有利于企业品牌形象的树立。

②后向一体化战略

以初始生产经营的产品（业务）项目为基准，企业生产经营范围沿其经营链条向后延伸，发展企业现有业务的配套供应业务，即发展企业原有业务生产经营所需的原料、配件、能源及包装服务业务等。例如自行组织生产本企业所需的原材料、能源、包装器材等而不再向外采购；葡萄酒厂自己建立葡萄园；奶制品厂自己建立草场。

后向一体化战略的经济意义是，当企业的供应商因供应本企业产品而获得高额利润时，企业可通过后向一体化经营该供应商的业务，增加自身的盈利；当企业对某种原材料、能源、零部件等需求量大，对企业生产有关键影响，而企业又可能自行组织生产时，则可后向一体化保证供应、质量和成本。

③纵向一体化战略的风险

A. 产业价值链各环节需要不同的技能和业务能力，需要不同的成功因素。纵向一体化提高了公司在行业中的投资，将企业深陷某个产业之中，从而增加了经营风险，有时甚至还会使得公司不可能将资源用到更有价值的地方。

B. 不管是前向一体化还是后向一体化都会迫使公司依赖自己的内部活动而不是外部的供应源（而这样做所付出的代价可能随着时间的推移而变得比外部寻源要高昂），这会降低公司满足顾客产品种类方面需求的灵活性。如果市场变化块，企业的设计生产必须做出相应反应。这时，市场上可能早已出现相同的原材料、零部件、半成品等，但由于内部产品的关联性会阻碍企业向市场上寻求供应源，结果导致企业的产品向市场供应的滞后；另一方面，企业的设计、生产可能形不成规模经济，较之市场上的产品成本还要高，这会增加企业的成本。

C. 纵向一体化就像多元化一样，随着企业规模的扩大，业务单元的增多，管理会愈加复杂化。应当指出，美国的一些产业采用后向一体化战略的企业正在减少。如福特与克莱斯勒汽车公司有半数以上的零部件购自外部供应商。

（3）横向一体化战略

横向一体化战略是相似活动的组合，指企业通过资产纽带或契约方式，与竞争对手的联合，形成一个统一的经济组织，从而达到降低交易费用及其他成本、提高经济效益的目的。

实行纵向一体化战略，企业一般都有跨产业经营，且有三种实现途径：内部扩展、外部并购、合资经营。而实行横向一体化战略，企业不会跨出原产业，且仅限于兼并收购同行业的其他企业一个途径。当今战略管理的一个显著趋势是将横向一体化作为促进企业发展的战略。从20世纪90年代开始的美国第五次并购浪潮，其特点是同行业并购。

实际上，横向一体化战略是并购战略的形式之一，在实行时注意的问题在并购章节中讨论。

5.2 稳定型战略

5.2.1 稳定型战略的概念

稳定型战略是指企业在内外环境约束下，基本保持目前的资源分配和经营业绩水平的战略，即企业目前的经营方向、核心能力、产品及市场领域、企业规模及市场地位等都大致不变或以较小的幅度增长或减少。在这种战略下，企业往往会致力于解决组织内微小的不足，趋向于最优化。

5.2.2 稳定型战略的类型

（1）不变战略

企业采用的战略不变，可能基于以下两个原因：①企业的内外部环境没有发生重大变化，且企业过去的经营成功；②企业并不存在重大的经营问题或隐患，且经营环境较稳定，如果管理者进行战略调整，反而可能给企业带来损失。

（2）暂停或谨慎前进战略

企业采用此战略，主要有下列原因：①企业经过一段时间的快速扩张，或收购了一些企业之后，需要暂停整合资源，调整结构或加强管理；②外部环境的重要因素正在或即将发生重大变化，很难预测变化情况；③产业进入成熟期，销售增长减缓，利润变小。

（3）维持利润战略

维持利润战略指企业暂时维持现状，不再追加投资以求发展，而将企业的利润或现金流储存起来，以等待机会。采用这种战略的原因与暂停战略相似，主要原因是市场前景不明，外部环境变化难以预测，只好静观其变。

5.3 紧缩型战略

5.3.1 紧缩型战略的概念

紧缩型战略是指在外部环境对企业不利、企业面临严重困难时，不得不采用向后退去的战略。企业从目前的经营战略领域和基础水平上收缩和撤退，且偏离较大。例如，企业出售整个企业或企业的一部分，即某个经营单位、子公司、事业部或某个产品系列。企业处于逆境时若能及时退出，则可减少损失，还可等待时机东山再起。

5.3.2 紧缩型战略的类型

（1）转向战略

转向战略是真正意义上的收缩。实行转向战略采取的措施有：①修订现行战略，重新审视企业的内外部环境，做出战略选择。②“开源”：利用企业当前实际情况增加收入，如催收应收账款、处置闲置资产等。③“节流”：想尽办法缩减成本，如减少工作人员、减少广告费用、缩减研发费用等。

（2）放弃战略

放弃战略指将企业的一个或几个主要部门转让、出卖或停止经营。目的是去掉经营累赘、收回资金、集中资源、架起其他部门的经营实力。

（3）清算战略

清算战略是将公司资产全部出售并停止全部经营业务来结束企业的一种战略。清理分自动清理和强制清理，前者一般由股东决定，后者须由法律决定。当企业资产不足以清偿债务时，则只有宣告破产。

本章小结

1. 成长型战略，是一种使企业在现有的战略基础上向更高一级目标发展的战略。成长型战略包括密集型发展战略、多元化战略和一体化战略。其中，密集型战略是指企业在原有业务范围内，充分利用产品和市场方面的潜力来求得成长的战略。密集型战略分为市场渗透战略、市场开发战略和产品开发战略。它们分别具有不同的优缺点和使用条件。多元化战略是指企业的发展扩张是在现有产品和业务的基础上增加新的与原有产品和业务既非同种也不存在上下游关系的产品和业务。企业往往通过开发新产品或开展新业务来扩大产品品种或服务门类，以增加企业的生产量或销售量，扩张规模，提高盈利。多元化战略分为相关多元化和不相关多元化两种类型。一体化战略是企业的生产经营活动在产业链条上加以延伸，从而扩大经营范围和经营规模，在供产销方面实行纵向或横向联合的战略。一体化战略分为纵向一体化和横向一体化两种类型。

2. 稳定型战略是指在企业内外环境约束下，企业基本保持目前的资源分配和经营业绩水平的战略。也就是说，企业目前的经营方向、核心能力、产品及市场领域、企业规模及市场地位等都大致不变或以较小的幅度增长或减少。稳定型战略又分为不变战略、暂停或谨慎前进战略以及维持利润战略三种类型。

3. 紧缩型战略是指在外部环境对企业不利、企业面临严重困难时，所不得不采用的向后退去的战略。以退为进，处于逆境状态的企业如能及时退去，则可减少损失，还可等待时机东山再起。紧缩型战略分为转向战略、放弃战略和清算战略三种类型。

思考题

1. 有人谈到多元化战略时说："成也多元，败也多元。"你是否同意该说法？为什么？

2. 请查阅资料，收集案例，并分析案例中的企业采取的战略类型，分析其采用该种战略类型的理由，及其为企业带来的好处与风险。

3. 某企业作为国内最大的扬声器零配件生产企业和电声配件出口基地，所生产的各种扬声器零配件应有尽有，占了国内市场份额的80%。由于上下游业务供销联系，该企业对电声行业最终产品市场行情十分了解，因此，为推动企业的进一步发展，有人提出"前向整合，直接组装扬声器，参与最终产品市场竞争"的战略建议。你认为该企业是否应采纳该战略建议？为什么？如果该企业采用这一战略建议，你认为在实际运作方面将需克服哪些困难？

6 合作战略

学习目标：

1. 了解竞争到合作战略是必然发展趋势；
2. 掌握并购战略、联盟战略、集群化发展战略、虚拟经营战略有关概念；
3. 掌握选择并购战略、联盟战略、集群化发展战略、虚拟经营战略应注意的问题；
4. 思考合作战略的与传统战略的区别与联系。

案例导读

天猫银泰的O2O战略合作

距离一年一度的“双11”网购大战已不足一个月。京东与天猫两方高管频频隔空喊话，也使得竞争气氛更为紧张。而就在最近一周，天描方面连番与各大品牌商结成战略联盟。

10月17日，本土最大零售企业之一的银泰商业集团（1833. HK）与天猫宣布达成战略合作，初步探索商业零售线上线下（O2O）融合发展。除却升级银泰在天猫平台的网店之外，线下35个银泰实体店的相关资源也将首次用于天猫“双11”的购物活动。

银泰商业集团CEO陈晚东表示，互联网渠道并不只是互联网企业可以做的，而传统零售企业也并不是开设了网店就算是触电电商，真正将商品数字化才是大家所共同追求的。“此番初次合作之后，未来银泰将和天猫在系统层面、库存与支付、会员体系以及服务流程等多方面进行深入合作”。

本身在电子商务领域就屡有尝试的银泰集团，选择与同是知名浙商的天猫进行合作并不令人意外。就在2013年初，阿里巴巴创始人马云牵头搭建“中国智能物流骨干网”，被外界视为阿里巴巴下一个重要战略布局项目。而这一项目中，银泰集团董事长沈国军便是该骨干网的首席执行官人选。

越来越加大线下基础建设的阿里巴巴集团，正以O2O为名迅速搭建自有的战略联盟军。阿里巴巴集团肯席运营官张勇表示，互联网技术发展正对传统商业行业产生颠覆性影响，依托移动互联网的全渠道消费正逐步成型，双方的合作顺应未来趋势。

此前一日，天猫还与知名眼镜厂商宝岛眼镜、药房七乐康达成合作协议，在打通销售渠道的O2O领域进行合作。对此，天猫大客户智囊团负责人李川向记者表示，这次“双11”公司会大举推动O2O项目，天猫只选择各品类的龙头企业，例如在眼镜产业只和宝岛眼镜合作。

天猫此番可谓来势汹汹，据其公布的“双 11”最新执行细节：“公司已整合覆盖全国 1000 多个市县 3 万家线下门店参加，并与新浪微博打通营销，主打全场五折的核心促销策略。”

相较往年的高调应战，京东此次的备战声势有所收敛。“为了‘双 11’，小商家们从每年 6 月后就开始准备货物，通常都要两倍备货。而真正能够卖出去的只有 1~1.2 倍，其余的货物都销不掉，这是一种浪费。”京东集团副总裁、开放平台事业部总经理蒉莺春指出。

相比在百货类全面出击的天猫，京东 O2O 则更多集中在强项的家电领域。近日，京东家电事业部总经理闫小兵就已透露，京东家电将尝试 O2O 模式。目前已具备对盈利的掌控能力，“三到五级市场的大量终端门店和小型城市的连锁都有跟京东合作的可能性”。

资料来源：陈时俊.“双 11”电商决战前夜：天猫银泰达成 O2O 战略合作 [N]. 21 世纪经济报道，2013-10-18.

依托移动互联网的全渠道消费正逐步成型，天猫作为阿里巴巴集团旗下的互联网平台企业。通过与线下传统大型零售企业银泰集团的战略合作，促进集团的商业零售线上线下（O2O）融合发展，顺应了未来的发展趋势，表明企业面向未来激烈竞争时，采取合作战略（尤其是战略联盟）是促进双方共赢的至要途径。本章所讲的合作战略包括并购战略、联盟战略、集群化发展战略和虚拟经营战略。

6.1 并购战略

第一个让全世界认识到并购的价值的，是一位叫摩根的美国人。1901 年 2 月，这位金融大亨以 4 亿美元收购钢铁大王卡耐基的资产，组建了世界上第一家资产超过 10 亿美元的股份公司，一举控制美国钢产量的 65%。美国商界有这样一句俗语：“虽然上帝创造了世界，但在 1901 年又被摩根重组了一回。”摩根的故事告诉人们，除了自建之外，企业成长还有另一条道路：收购兼并。

6.1.1 并购的含义及类别

兼并和收购（Mergers and Acquisitions，M&A）都是企业产权交易，他们的动因极为相似，运作方式有时也很难区分，因此人们常常把它们作为一个固定的词组使用，简称并购。收购是指一家企业购买另一家企业的股权而达到控股程度的一种形式，后者丧失了法人资格；兼并是指一家企业与另一家企业联合，组成一家新的更大的企业。通常，收购发生在规模不等的企业之间，而兼并发生在规模和实力相当的企业之间。

并购战略按照不同的分类方法可以分为不同的类型：

（1）按并购涉及的行业性质划分

按并购涉及的行业性质可以把并购划分为横向并购、纵向并购和混合并购。

①横向并购。它是指处在同一行业，生产同类产品或采用相近生产工艺的企业之间的并购。实质是资本在同一产业和部门内集中，这种并购有利于迅速扩大生产规模，提高市场份额，增强企业的竞争力。

②纵向并购。它是指生产或经营过程中具有前向或后向关联的企业之间的并购。其实质是通过处于同一产品不同阶段的企业之间的并购实现纵向一体化。这种并购除了可以扩大生产规模，节约管理费用外，还能够促进生产过程诸环节的密切配合，优化生产流程。

③混合并购。它是指处于不同产业部门、不同市场，且这些产业部门之间的生产技术没有多大联系的企业之间的并购。它可以降低一个企业长期处于一个行业所带来的风险，并使企业技术、原材料等各种资源得到最大程度的利用。它包括以下三种形态：

A. 产品扩张型并购。它是指生产或销售方面具有联系，但所销售的产品之间又没有直接竞争关系的两个企业之间的并购。

B. 地域市场扩张型并购。它是指一个企业为了扩大竞争的势力范围，而对其他地区生产同类产品的企业实现并购。

C. 纯粹的混合型并购。它是指生产或经营之间都缺乏联系的产品或服务的若干家企业之间的并购。

（2）按是否通过中介机构划分

按并购是否通过中介机构，可以把企业并购分为直接收购和间接收购。

①直接收购。它是指收购企业直接向目标企业提出并购要求，双方经过磋商，达成协议，从而完成收购活动。如果收购企业对目标企业的部分所有权提出要求，目标企业可能会允许收购企业取得目标企业新发行的股票；如果是全部产权要求，双方可以通过协商，确定所有权的转移方式。在直接收购情况下，双方可以密切配合，因此相对成本较低，成功的可能性较大。

②间接收购。它是指收购企业直接在证券市场上收购目标企业的股票，从而控制目标企业。由于间接收购方式很容易引起股价的大幅上涨，还可能引起目标企业的强烈反应，因此这种方式会导致收购成本上升，增加收购的难度。

（3）按并购双方的意愿划分

按企业并购双方的并购意愿，可划分为善意并购和恶意并购。

①善意并购。收购企业提出收购要约后，如果目标企业接受收购条件，这种并购称为善意并购。在善意并购下，收购价格、方式及条件等可以由双方高层管理者协商并经董事会批准。由于双方都有合并的愿望，所以这种方式的成功率较高。

②恶意并购。如果收购企业提出收购要约后，目标企业不同意，收购企业若在证券市场上强行收购，这种方式称为恶意收购。在恶意收购下，目标企业通常会采取各种措施对收购进行抵制，证券市场也会迅速对此作出反应，通常是目标企业的股价迅速上升。因此，除非收购企业有雄厚的实力，否则很难成功。

（4）按支付方式划分

按并购支付方式的不同，可以分为现金收购、股票收购、综合证券收购。

①现金收购。它是指收购企业通过向目标企业的股东支付一定数量的现金而获得目标企业的所有权。现金收购在西方国家存在资本所得税的问题，这会增加收购企业的成本，因此在采用这一方式时，必须考虑这项收购是否免税。另外，现金收购会对收购企业的资产流动性、资产结构、负债等产生不利影响，所以应当综合考虑。

②股票收购。它是指收购企业通过增发股票的方式获取目标企业的所有权。采用这种方式，可以把出售股票的收入用于收购目标企业，企业不需要动用内部现金，因此不致于对财务状况产生影响。但是，企业增发股票会影响股权结构，原有股东的控制权会受到冲击。

③综合证券收购。它是指在收购过程中，收购企业支付的不仅仅有现金、股票，而且还有认股权证、可转换债券等多种形式的混合。这种方式兼具现金收购和股票收购的优点，收购企业既可以避免支付过多的现金，保持良好的财务状况，又可以防止控制权的转移。

（5）按收购资金来源划分

按收购资金来源渠道的不同，可分为杠杆收购和非杠杆收购。无论以何种形式实现企业收购，收购方总要为取得目标企业的部分或全部所有权而支出大笔的资金。收购方在实施企业收购时，如果其主体资金来源是对外负债，即是在银行贷款或金融市场借贷的支持下完成的，就将其称为杠杆收购。相应地，如收购方在实施企业收购时，其主体资金来源是自有资金，则称为非杠杆收购。

6.1.2 并购的目的

（1）现代企业并购的直接动机在于利润最大化

市场经济中企业一切经营活动的根本动机在于利润最大化。企业的经营活动实质上是一个追逐利润的过程，并购是一种直接投资行为，如同其他经营活动一样，并购的动机在于利润最大化。资源的稀缺决定了竞争是不可避免的，任何企业都是要素市场的需求者，两个企业的合并意味着原来独立的两个需求者合而为一。并购增强了企业在要素市场上的地位，这种地位包括讨价还价的能力，同时削弱了在要素市场上企业投机行为的能力，从而降低了成本。并购使企业规模扩大，有利于发挥规模经济的优势。

（2）优势互补、风险共担

从竞争优势的角度考虑企业并购，一方面，并购企业的竞争优势向目标企业转移；另一方面，目标企业的竞争优势向并购企业转移。并购的目的就在于推动和促进这种竞争优势在两个企业间的相互转移，或者以发挥并购企业自身的竞争优势为目的；或以获取目标企业的竞争优势为目的；或者两者兼而有之。企业并购的动机在于自身优势的“送出去”或将其他企业的竞争优势“拿进来”，两方面都以巩固和提高并购企业的竞争能力为目的，以实现优势互补。

（3）克服行业壁垒

行业中已有企业的业务活动给将进入该行业的企业带来困难或增加其进入成本。如已有的公司可以通过大量的生产和服务获得显著的规模经济效应，而且消费者对于所熟悉的品牌的忠诚度也会给新进入企业带来障碍。因此，新进入者为了取得规模经济并达到以竞争价格销售商品，必须在生产设施、广告、促销活动等方面进行大量的投资，为了达到足够的市场覆盖度还要求企业拥有高效率的销售体系和销售网络。通过并购行业中已有的企业可以立即进入该市场，越过市场壁垒。

（4）多元化经营

并购是实现多元化经营常用的方法。当企业实施多元化战略，向多个领域发展时，在产品开发、市场研究与开拓等方面的困难要远远大于在本行业经营，特别是不相关多元化。因此，企业要进入新市场或调整投资组合，最有效的途径是并购。行业不相关程度越高，通过并购成功进入的可能性越大。

（5）加强市场力量

并购可以使企业取得较大的市场力量。许多企业拥有较强的能力，但缺乏进一步扩展市场力量的某些资源和能力。在此情况下，通过并购同行业的企业和相关行业的企业，可以迅速达到加强市场力量的目的。对同行业竞争者的并购称为水平并购；对高度相关行业中企业的并购称为相关并购。

6.1.3 并购的风险

（1）信息风险。由于“信息不对称”问题的存在，收购公司若在不完全掌握被收购公司信息的情况下贸然行动，往往会导致失败：收购公司往往只看到目标公司诱人的一面，过高估计合并后的协调效应或规模效益，而对目标公司的隐含亏损所知甚少，收购实施后各种问题就会马上暴露出来。

（2）反收购风险。面对收购公司的收购行为，目标公司一般会持不合作态度，尤其是面临敌意收购时，往往会采取各种反收购措施，无形之中增加了收购的风险。

（3）体制风险。一些由政府依靠行政手段对企业并购进行撮合实现的并购行为，有的偏离了市场原则难以达到资产优化组合的目标，有的在并购后的经营管理中长期难以达到磨合，有的并购者因此而背上社会负担，使企业内部潜伏着一种体制上的风险。

（4）法律风险。因各国对企业并购行为有严格的法律制约，某些规定和细节会增加并购成本从而增加并购难度，使收购公司的并购方案付之东流。

（5）经营风险。收购企业完成并购后，由于合并企业产生的生产经营协调效应、技术互补效应、市场占有份额效应的不确定性，而使企业不能达到预期目标所带来的风险。这种风险的存在，使得并购行为产生的结果与并购的初衷大相径庭，或因企业规模过大、主营业务不突出而产生规模不经济问题。

（6）财务风险。完成一次并购需要大量的资金支持，并购者既可以用本公司的现金或股票去并购，也可选用各种债务支付工具向外举债完成并购，这种因筹集资金引起企业债务与资本比率的变化带来的风险就是财务风险。

6.1.4 并购的程序

（1）目标企业分析

为了全面了解目标企业是否与本企业的整体发展战略相吻合、目标企业的价值如何，以及其经营中的机会与障碍，在并购之前，必须对其进行全面的分析，从而决定是否进行收购、可接受的收购价格以及收购后如何对其整合。审查过程中，可以先从外部获得有关目标企业各方面的信息，然后再与目标企业进行接触，如果能够得到目标企业的配合，获得其详细资料，则可对其进行周密分析。分析的重点一般包括行业、法律、运营和财务等方面。

（2）目标企业的价格评估

在企业并购实施过程中，并购双方谈判的焦点是目标企业并购价格的确定。而企业并购价格确定的基础就是并购双方对目标企业价值的认定。目标公司的价值评估工作十分复杂，目前对目标公司的价值评估用三种方法进行，即净值法、市场比较法及净现值法。

净值法是指以目标公司净资产的价值作为目标公司的价值，净值法是估算公司价值的基本依据。这种方法一般在目标公司已不适合继续经营或并购方主要目的是获取目标公司资产时使用。

市场比较法是以公司的股价或目前市场上已有成交公司的价值作为标准来估算目标公司的价值。有两种标准用来估算目标公司的价值：一种是以公开交易公司的股价为标准；另一种是以相似公司过去的收购价格为标准。

净现值法是预计目标公司未来的现金流量，再以某一折现率将其折现为现值作为目标公司的价值。这一方法适用于希望被并购公司能继续经营的情况。

（3）并购资金筹措

在企业并购中，并购公司需要支付给目标公司巨额资金，因此筹资成为企业并购中的一个重大问题，目前一般的筹资方式有内部筹资、借款、发行债券、优先股融资、可转换证券融资和购股权证融资等。

（4）企业并购的风险分析

并购风险与并购收益相伴而生，并购在为企业带来巨大收益的同时，也增加了各种风险，如果不予以关注和控制，将会增加并购失败的概率，极大地抵减并购企业的价值。因此，并购企业必须高度重视并购实施过程中的各种风险，尽量避免和减少风险，将风险消除在并购实施的各个环节中，最终实现并购的成功。并购实施过程中的风险是多种多样的，除政治风险、自然风险外，一般来说，还存在法律风险、市场风险、战略风险、管理风险、营运风险、财务风险、信息风险和反收购风险等。

（5）并购后的整合

通过一系列程序取得了目标企业的控制权，只是完成了并购目标的一半，在并购完成之后，必须要对目标企业进行整合，使其与企业整体战略协调一致，这是更为重要的并购任务。如果整合不顺利，或阻力很大，也可能使整个并购归于失败。整合内容包括：战略整合、业务整合、制度整合、组织人事整合和企业文化整合。因此，企业高层领导者，一定要认识并购后的企业整合的重要意义。

6.1.5 并购的优缺点

（1）并购战略的优点

①形成规模经济，获得效率和成本优势，提高对市场的控制能力。横向并购可以

通过对竞争对手的并购来扩大市场份额，增强企业的垄断能力，企业可以用更低的价格获取原材料，然后高价售出，增加了利润空间。纵向并购可以提高企业的垄断性，特别是在供销上获得垄断优势，提高市场控制能力，使企业有可能获取垄断利润。

②有利于资源的优化配置，发挥协同效应。通过并购，企业可以利用原企业的资源并进行调整，整合原来企业和本企业的资源，实现资源的优化配置，增强企业对资源的统筹安排能力，这样企业可以减少不必要的成本，精简机构设置，共享销售供应网络，共同承担研究开发工作等，创造出在资源协调下的生产经营协同、财务协同、技术协同等方面的价值。

③节约时间，减少进入壁垒，快速进入目标市场。竞争是个动态的过程，把握好的时机对于企业来说非常重要，通过并购企业可以在极短的时间内将规模扩大，把握先机，赢得时间上的竞争优势。同时有些市场进入壁垒高或者消费者对于产品忠诚度高等情况下，通过并购市场中的某些企业来进入这个市场会比较容易。虽然，这种并购可能要花费很大的成本，但是并购企业能够很快进入这个市场，并且其产品可能已有众多忠实的用户。实际上，某一特定市场进入障碍越大，越应该采用并购形式，从而快速进入目标市场。

④可以实现多元化经营，分散风险。随着行业竞争的不断加剧，企业通过进入其他行业，不仅可以有效扩大企业的经营范围，实现多元化经营，赢得更广泛的市场和更高的利润，而且还能够分散因本行业内的竞争带来的风险。

（2）并购战略的缺点

①并购成本高。并购涉及谈判、交易、整合等多个方面，并不是一蹴而就，其中会有诸多的人力、物力投入，这些势必造成成本偏高。特别是谈判过程持久，并购价格高，并购企业和本企业的文化、组织等多方面的不符合，需要进行长期磨合的并购。

②伴随着不必要的附属业务。并购伴随而来的是被并购企业的一些业务，其中除去对企业有价值的业务，也有许多不必要的附属业务，为增添企业不必要的烦恼。

③组织冲突阻碍整合。组织结构不符合，组织文化冲突等都会影响在并购完成后的整合。

④做出大量承诺并承担大量义务。并购伴随着一定的承诺，如近三年不裁员，保留被收购公司××业务等，这些需要企业承担更大的义务，也要付出更大的代价。

6.1.6 并购战略应注意的问题

（1）慎重选择目标公司

在收购一家公司之前，必须对其进行全面的分析，以确定其是否与公司的整体发展战略相吻合，了解目标公司的价值、审查其经营业绩及公司面对的机遇和威胁，从而决定是否对其进行收购。对目标公司的分析，重点集中在产业、法律、运营和财务等方面。

产业分析主要包括产业总体状况、产业内结构状况和产业内战略集团状况，通过对目标公司所处产业状况的分析，可以判断对目标公司的合并是否与公司的总体战略相吻合，合并后是否可以通过对目标公司的经营而获得整体优势。法律分析主要包括审查公司的组织、章程，审查诉讼案件，审查财产清册，审查对外书面合约。经营分析主要包括运营状况、管理状况和重要资源等。财务分析可以确定目标公司提供的财务报表是否真实，这一工作可以委托会计师事务所进行，审查的重点包括资产、负债和税款。审查时应注意各项资产是否为目标公司所有，资产的计价是否合理，应收账款的可收回性，有无提取足额的坏账准备，存货的损耗情况，无形资产价值的评估是否合理等。

（2）并购后的一体化

目标公司被并购后，很容易存在经营混乱的局面，因此必须对其进行整合，使其与企业的整体战略、经营协调一致、互相配合。具体包括：业务活动一体化、组织结构一体化、管理制度一体化、人事一体化、战略一体化、企业文化一体化等。

有很多的并购案在一体化时遇到问题。美国时代公司和华纳通讯公司合并是不同企业文化合并的例证。时代公司中创新思想必须经过多层管理等级和许多人讨论审议后才能通过，而华纳通讯公司中的创新思想常常由首席执行主席一人来批准。由于两家公司的创新文化不同，华纳公司被时代公司的官僚主义搞得灰心丧气。

（3）不要并购成瘾

与自己建设的方式相比较，采取并购方式更快也更有成就感，当然也更容易上瘾。过分依赖收购去实现企业的增长容易出现几个问题：①如果将并购作为一种外部创新的话，那么过分依靠外部并购会导致企业内部创新投入和能力下降；②如果依靠并购去实施多元化发展、那么就会导致企业总部失去对投资企业的战略控制，越来越不知道自己买了什么，当然也就不关心它们在做什么；③过分依靠并购会导致规模迅速扩大，应变和创新能力下降。

20 世纪 80 年代，管理大师彼得·德鲁克提出了成功并购的五个原则：

①收购必须有益于被收购公司；

②必须有一个促成合并的核心因素；

③收购方必须尊重被收购公司的业务活动；

④在大约一年之内，收购公司必须能向被收购公司提供上层管理；

⑤在收购的第一年内，双方的管理层均应有所晋升。

6.2 联盟战略

战略联盟是合作战略的基本形式，在谈到战略联盟越来越受到重视，已经成为一种重要的合作战略时，有两位研究者曾经这样写道：“每年都有越来越多的战略联盟在企业之间形成，这些战略联盟是对经济活动、技术发展和经济全球化所带来的市场迅速而巨大变化的及时和理性的反应，所有这些联盟都是企业面对世界或未来的竞争而作出的。”

6.2.1 联盟战略的内涵

"战略联盟"（Strategic Alliance）一词最早是由美国DEC公司总裁简·霍兰德和管理学家罗杰·奈格尔提出的，但目前对战略联盟的定义，学术界还存在一定分歧，最大的分歧在于战略联盟的组织形态。战略联盟研究范畴和定义的沿革，充分反映出其本身是一个动态发展的概念。例如，企业在20世纪70年代、80年代、90年代的联盟有着一些本质的差异：20世纪七八十年代的联盟主要是股权式的生产联盟，而20世纪90年代主要是契约型的技术联盟。网络经济的倔起，又赋予战略联盟新的内涵，主要是社会网络联盟。因此，在网络经济风起云涌的今天，仍以传统的组织形态来衡量战略联盟显然已不合时宜。

基于战略联盟研究范畴及其定义的演进，我们认为企业战略联盟是指具有共同利益企业之间以互补性资源为纽带，以契约形式为联结，组成了紧密或松散型的战略共同体，获取各自企业的最佳利益。

战略联盟按照联盟成员之间的依赖程度划分，可以分为股权式战略联盟和契约式战略联盟。

（1）股权式战略联盟

股权式战略联盟又分为两种：一种是对等占有型战略联盟，另一种是相互持股型战略联盟。对等占有型战略联盟是指双方母公司各拥有50%的股权，建立合资企业。相互持股型战略联盟是指各成员为巩固良好的合作关系．长期地相互持有对方少量的股份。

（2）契约式战略联盟

契约式战略联盟最常见的形式有：

①技术交流协议。联盟成员间相互交流技术资料，通过知识的学习来增强企业竞争实力。

②合作研究开发协议。联盟成员分享各成员间的科研成果，共同使用科研设施和生产能力，在联盟内注各种资源，共同开发新产品。

③生产营销协议。联盟成员共同生产和销售某一产品。

④产业协调协议。联盟成员建立全面协作与分工的产业联盟体系，一般多见于高技术企业中。

股权式战略联盟依双方出资多少有主次之分，且对各方的资本、技术水平、市场规模、人员配备等有明确规定，股权多少决定着发言权的大小；契约式战略联盟中，各方一般处于平等和相互依赖的地位，在经营中各方保持其独立性。

企业在建立联盟时主要有以下三种战略动机：

（1）产品交换。"产品交换联盟"的目的主要是通过在供方和买方之间建立通常是长期的、相互的经贸往来减少交易成本。

（2）共同学习。"共同学习联盟"的动机与此不同，它是想通过合作伙伴之间的技术转让和合作研究来开发新的能力。

（3）获得市场力量。"市场联盟"则强调通过共同开发产品需求、传播技术或共同建立产品在市场上的主导标准来获得市场。

很多情况下，联盟中成员的战略动机并不完全相同，而且经常不止一个动机。随着合作的深入，动机也会跟着改变。

企业进行战略联盟的方式主要有合资、资产战略联盟、非资产战略联盟和默契垄断合作。合资是两家或更多企业出资成立一家独立的企业；资产战略联盟（股权式战略联盟），由各成员作为股东共同创立，其拥有独立的资产、人事和管理权限；非资产战略联盟（契约式战略联盟），签订合作协议而不涉及资产，以联合研究开发和联合市场行动最为普遍；默契垄断合作，例如共同提高价格，或者控制产品等。

6.2.2 联盟战略的优点和风险

（1）战略联盟的优点

①有利于分散风险

特别是在需要大量投资而企业又感到要承担巨大风险的行业，如信息技术、生物制药、自动化、航天领域等，采用战略联盟可以分散风险，成功者往往是全球市场的领导者。

②能迅速适应顾客需求的变化占领新市场

当今时代产品的生命周期越来越短，缩短新产品的开发期，加快进入期成为众多企业的选择。要确立自己企业的市场战略地位，最直接的办法和最低成本的解决方案就是建立战略联盟来适应不断变化的市场，从而快速占领新市场。

③可整合不断出现的新技术和新市场

新技术的涌现越来越快，越来越复杂，新市场也不断地在开发，单一的企业已经不可能迅速应对，建立战略联盟可以在技术研究、开发生产能力、市场拓展等方面实行优势互补。

④可以分享资源，优势互补，形成综合优势

通过分享人力资源、原材料资源、财政资源、信息资源等可达增强企业市场竞争力的目标。企业资源各有所长，如果构建联盟，可以把分散的优势组合起来，形成综合优势，也就可以在各方面、各部分之间取长补短，实现互补效应。

（2）战略联盟的风险

联盟战略存在许多风险，许多联盟战略在实际运行中都碰到了困难，甚至其中一些联盟不得不以失败告终。有数据显示，大约三分之二的战略联盟在运行的头两年都有非常严重的问题，而这其中的70%到最后只能解体。联盟战略的风险主要表现在以下方面：

①有的联盟企业会有投机行为。如果合作协议不对投机行为进行约束，或者企业间只是建立在相互信任的基础上，那么当这种信任不再存在时，类似技术欺诈、不正当获取对方专利等投机行为就有可能出现。

②联盟未能带来所期望的利益。联盟是为了实现相关企业的“双赢”，然而在合作中，一方可能不会把互补资源与另一方共享，这一风险通常发生在处于不同国家的合作双方。

③管理上的风险。由于形成战略联盟的各方，可能生活在不同社会经济文化的国度里，其经营管理风格各不相同，需要联盟各方在经营理念、战略目标、组织体制、规章制度等方面取得协调一致，而有的联盟企业可能没有能力做好跨文化的管理和整合，不能有效地实施战略联盟。

④对企业联盟企业的依赖性。任何一种联盟都意味着失去部分控制，战略联盟最大的弱点就是企业在关键技能和能力上会长期依赖战略联盟中别的企业，从而丧失自己的竞争力。

6.2.3 联盟战略选择应注意的问题

战略联盟作为一种新的组织模式，在具体的实施中，应注意以下问题：

（1）企业战略联盟环境分析

企业战略联盟的成功实施首先取决于我们是否客观地评价缔结联盟战略的必要性和合理性，是否系统地分析企业内外部战略环境。第一，企业需要“照照镜子”，客观地剖析自我，了解自身的优缺点。第二，企业需要进行外部环境分折，进一步了解市场对企业的拉动作用、技术对企业的推动作用、竞争对手的冲击作用以及政府对企业的约束作用等，从而把握市场发展趋势，抓住企业发展机遇。内外部环境分析必将唤起企业对其战略、结构、过程以及人员等重新进行思考以便更快地采用新技术、新手段，更好地适应客户不断变化着的需求。

（2）慎重选择战略伙伴

出于战略联盟中合作方之间的关系较为松散，因此，必须选择真正有合作诚意的伙伴。同时，对于合作伙伴在资源和能力上的互补性也应考虑。

①横向合作盟友的选择

横向合作盟友是指资源结构与企业本身的资源禀赋形成互补关系的竞争者。合适的横向合作盟友可以使企业在更大范围内甚至全球范围内对生产要素进行选择和优化组合。

对横向合作盟友的一般要求是：对方在资源方面具有比较优势，而这种优势与企业本身的资源优势形成互补型结构；双方资源的重叠最小化；对方在行业中具有独特的经营优势，在某一方面处于行业的竞争前沿；资源禀赋对企业来说具有很好的运用性，并对企业的发展具有重要意义；生产经营管理体系完善且健全，组织运作效率高；企业发展目标一致。

②纵向合作盟友的选择

纵向合作盟友是由于产品生产与需求的供求关系而建立起专业化协作联系的伙伴。

对供方合作盟友的一般要求是：生产技术装备、生产能力及其他生产方面的综合实力占有明显优势；具备有效的质量保证体系，能够长期、稳定地提供高品质的产品和服务；供应周期短、仓储能力强；提供产品的附加服务，具备良好的信誉。

对需方合作盟友的一般要求是：有健全的销售网络和快捷的销售渠道，产品市场占有率高；资金来源稳定，回款速度快，资金运作进入了良性循环；其产品处于生命周期的前期或中期，市场前景广阔；产品具有一定的市场知名皮，企业享有市场的美誉。

需要注意的是，联盟是为战略服务的，不能为了联盟而联盟。在选择联盟战略时一定要进行严密的理性分析。

（3）建立合理的组织关系

战略联盟是一种网络式的组织结构，不同于传统的层级结构，在联盟中应明确双方的责权利，防止由于组织不合理而影响其正常的运作。

（4）加强沟通

战略联盟各方由于相对独立，彼此之间组织结构，企业文化和管理模式等，都存在很大的不同，因此，加强各方之间的沟通和协调非常至要，可以建立和充善联盟内的信息交流网络。通过信息交流网络及时交换有关的科研、生产及市场信息，共享各方面的信息资源，在此基础上才能协调行动，使联盟真正产生整体合力。

（5）学习与吸收

彻底而快速地学习联盟对方的技术和管理，尽快将那些宝贵的观点和惯例转移到公司自己的经营和运作中去。

（6）防范联盟风险

任何事物都具有一定的风险性，联盟亦是如此，进行战略联盟时一定要注意联盟风险的防范。可以从以下几方面进行：

①联盟企业应针对联盟的运行设立监督机制，以便随时了解联盟内部生产要素的营运情况，以保证联盟目标的实现。

②企业在许可证转让中，要制定反向许可安排。所谓反向许可安排，是指被许可方若对许可方的原有技术做任何的改进或创新，必须按反向许可证方式返回给许可方。这种方法有利于识破虚假的合作伙伴。

③在联盟规划中，要制定明确的阶段性目标。通过这项措施，提供关键资源的一方只有当一些设定的阶段性目标得以实现时，才进一步提供资源。一旦双方投入了资源，活动中的买方和卖方彼此便产生了依赖性，需要加强联系来增加对对方活动的控制，从而降低依赖的风险。

6.3 集群化发展战略

随着全球经济竞争的日趋激烈，企业间需要建立密切的合作伙伴关系以促进信息流动和创造性思维的传递，获取竞争优势，实现可持续发展。集群化作为企业的一种战略选择或区域经济的发展模式，不仅为企业带来竞争优势，为了行业发展以及区域经济发展作出贡献。

6.3.1 集群化战略的含义

所谓产业集群（Industrial Clusters）是指在某一特定区域中，大量产业（通常以一个主导产业为核心）联系密切的企业及相关支撑机构按照一定的经济联系在空间上集聚，并形成持续竞争优势的现象。

集群化发展战略包括产业集群和企业集群两层含义，其中产业集群侧重于观察分析集群中的纵横交织的产业关系，揭示了相关产业联系和合作，从而获得产业竞争优势的现象和机制。而企业集群侧重于观察分析集群中的企业地理集聚特征，它揭示了相关企业及其支持性机构在一些地方靠近而集结成群，从而获得企业竞争优势的现象和机制。

6.3.2 集群化战略的类型

根据不同的划分标准，集群化战略可以划分为不同的类型，通常我们所说的是根据集群企业构成划分的。可以分为以下几类：

（1）轮轴式集群。轮轴式集群是指围绕一个特大型成品提供商而形成的产业集群，集群内其他企业均为此大型企业提供零部件或支撑性服务。如日本的丰田汽车城就是围绕丰田汽车公司而形成的汽车产业集群。这种集群的优点在于地理上较为接近，能更好地实现专业化分工、减少交易成本，但集群内部供应商容易产生恶性竞争，且集群过分依赖于某个企业，一旦该企业陷入困境，可能给地区内所有企业带来经营困难。

（2）多核式企业集群。多核式企业集群是指围绕3~5个大型成品提供商而形成的产业集群，如美国底特律汽车城是围绕着通用、福特和克莱斯勒三大汽车公司而建成的汽车产业集群。相比之下，集群内部制造商之间、供应商之间都存在着更多的竞争压力，有利于促进企业革新，提高企业生产率。这种集群类型应该是世界各国集群的发展目标。

（3）葡萄式集群。葡萄式集群是指由众多规模差距不大的企业构成的集群，如由众多中小企业构成的“第三意大利”产业集群，也就是马歇尔最初观察到的产业集群，所以又被称为“马歇尔产业集群”。集群内部由于企业规模偏小，产品差异不大，各自所占的市场份额都比较小，内部市场竞争类似于完全市场竞争，因此企业能够很容易地进入与退出，保持了集群内部的市场竞争活力。如果该类企业要取得超额利润，就必须加强产品、服务创新，走差异化道路，这样有利于提高集群的创新能力和产业更新换代。

6.3.3 产业集群的动力机制

从理论上看，产业集群发展的动力机制来自资源利用的外向化、降低成本、互补协同三个方面。

（1）资源利用的外向化机制

随着敏捷制造、虚拟制造等先进生产模式的出现，传统的企业组织和资源配置方式发生了根本性的变化。最大限度地利用外部资源，达到全方位“借力造势”的目的，是产业集群得以存在的重要理由。产业集群正是从企业有限的资源出发，通过与集群内其他企业建立起资源互补的合作关系，把不同归属的异质资源整合起来，兼收并蓄，实现核心竞争力量的结合，使个别资源在整体中发挥它最大的作用，其整体生产能力能得到最充分的利用，创造出比竞争对手更高、更多样性的价值。

（2）成本节省机制

随着市场需求的多变性日益剧烈，个性化日益突出，单个企业实现规模经济和范围经济的难度大大增加。产业集群通过提高产业集中度、行业集中度、空间集中度和产业关联度，可以很好地将同类产品的生产经营企业结合成为一个整体。通过深化分工，强化技术进步，不同企业之间的资本、技术、人力、信息资源得以有效、充分、灵活组合。实现经营的规模经济和范围经济，最大限度地降低产品成本。

（3）互补协同机制

产业集群内存在产品价值链上所需的不同企业，企业之间在资金技术、生产、人才、营销和创新等方面形成互补并产生协同。在资金方面，集群内企业致力于共同出资，使有限资金易于凝聚、保证产品或项目所需资金；在技术方面，充分利用集群内企业的技术优势，在最短的时间里开发出符合市场需求的新产品，既能提高技术研发的成功率，又能使风险在合作伙伴中分摊，同时还避免了单独企业在研究开发中的盲目性，以及因孤军奋战引起的重复劳动和资源浪费等。

6.3.4 集群化战略的优点

集群化战略是新形势下企业可以选择的一种重要发展战略，它具有以下优点：

（1）集群化战略有利于降低成本和提高生产率

韦伯从工业区位理论视角阐述了企业集群化发展成功的四大功效：一是集群强化了技术设备专业化的整体功能；二是集群强化了劳动力市场的优化配置和使用效率；三是集群大大提高了批量购买和出售的规模，得到了更为低廉的信用；四是集群发展可以做到基础设施共享和减少经常性开支成本。

（2）集群化发展战略有利于知识的传播和创新的扩散

集群网络内松散的联结为企业参与相互学习和创新提供了满意的条件，因为网络提供了纷繁复杂的信息资源，便利了企业与其他组织之间面对面的交流，特别是获取隐含经验类知识，这类知识又是企业可持续发展和快速成长的关键。

（3）集群化战略有利于增强企业获取资源的能力

空间上的相互靠近，不仅节约运输成本，而且往往会形成相同或相似的价值观或者文化背景，更容易缩短企业之间的软距离，方便建立起长期合作的互惠诚信关系，从而积累企业和企业家的社会资本。这种社会资本能够增强企业成长的信心，也为企业获取成长所需知识、技术、信息、市场等资源要素创建有利的途径。

6.4 虚拟经营战略

随着网络经济的兴起，虚拟经营走进人们的视线。虚拟经营既是网络经济的产物，又是网络经济发展的重要表现。虚拟经营在世界范围内应用广泛，并深入到社会与技术经济相关的各个领域中。许多知名企业也通过虚拟经营创造了辉煌的业绩，增强了企业的竞争优势。

6.4.1 虚拟经营战略的含义

虚拟经营战略是指一个或多个企业以资源为核心，以网络信息技术为依托，为实现特定的战略目标，在组织上突破有形界限，组建的一种网络式联盟。简言之，即企业在现有存量资源条件下，为了确保市场竞争中的最大优势，只保留企业最核心的关键功能，而将其他非优势功能或能在社会服务体系中廉价获取的功能虚拟化，通过各种方式借助外力推行整合，如图 6-1 所示。

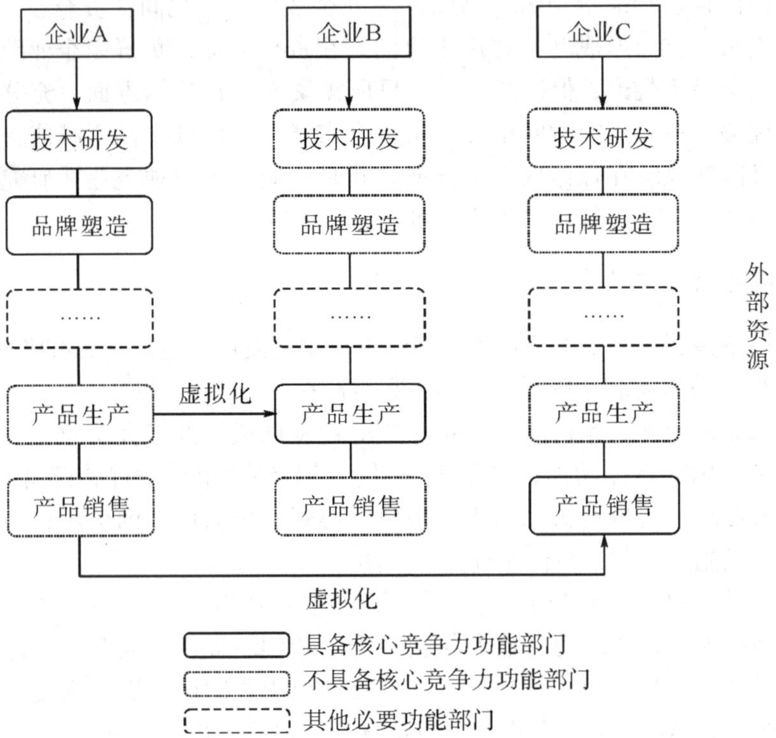

图 6-1 虚拟经营的简单示例

6.4.2 虚拟经营的形式

（1）虚拟生产

虚拟生产是指企业自己不生产产品，而把产品的生产委托外包给更具有成本优势的企业来完成。虚拟生产是被实践运用得最为成熟的一种虚拟经营形式。通过这种形式，企业能从创造附加值相对最低的生产环节解放出来，更加集中于自己的优势资源和能力，更有效地进行自身的品牌建设、技术研发和营销网络规划（见图 6-2）。

（2）虚拟销售网络

虚拟销售网络是指企业集团总部对下属的销售网络给予自主权，使其成为拥有独立法人资格的销售公司，或者借用外部独立销售公司的广泛联系和分销渠道，销售自己的产品（见图 6-3）。由于这一模式不但可以为企业节省管理成本和市场开拓费用，

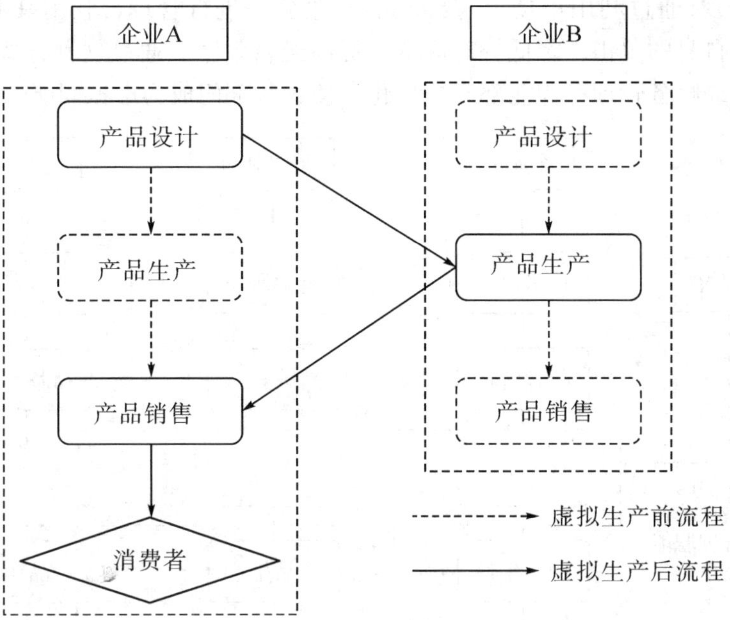

图 6-2 虚拟生产组织形式

而且使企业能专注于产品研发和品牌建设，增强公司的核心竞争优势，因此它正在全球范围内被越来越多的企业采用。

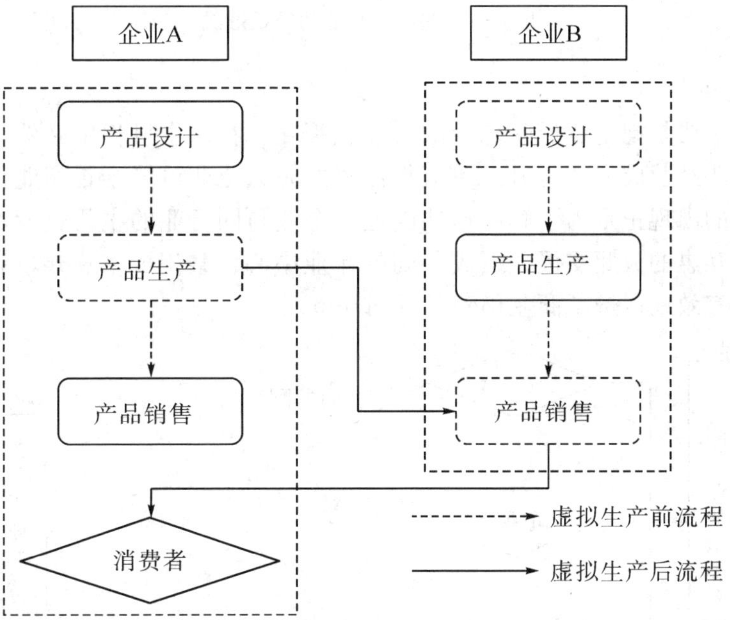

图 6-3 虚拟销售网络组织形式

（3）虚拟行政部门

虚拟行政部门与虚拟销售网络类似，是指将企业的行政部门作为经营单位进行外包（见图6-4）。通过利用市场上有经验的专业公司进行管理，利用其业务优势和实力，减轻企业自身的负担，降低管理成本，提高经营效率。通过这种方式把行政办公、人力资源管理、财务管理等职能部门虚拟化，使这些部门成为虚拟职能部门。

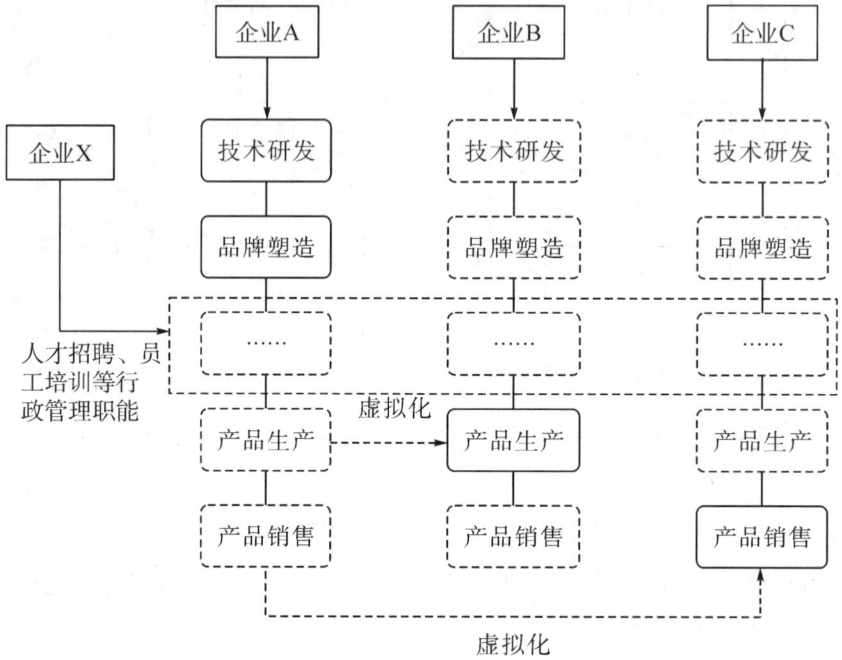

图6-4 虚拟行政部门组织形式

（4）企业共生

虚拟经营主要是把企业低附加值的功能虚拟化，在这个过程中必然会花费一定的费用，造成企业经营成本的上升。更值得注意的是，企业可能会冒商业秘密外泄的风险。企业共生的出现正是为了解决这些问题。企业与同行业的主要企业为了实现相同的配套功能或互惠的彼此支援，组成共同的作业中心，共担成本、共享利益，以实现规模经济，并有效地保护了商业秘密（见图6-5）。

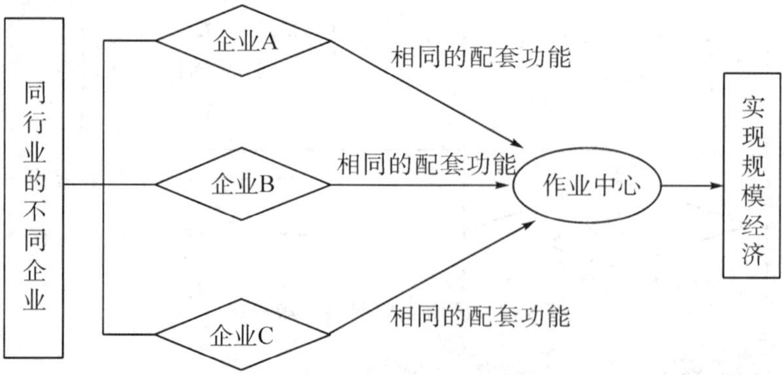

图6-5 企业共生组织形式

6.4.3 虚拟经营的动因

(1) 需求个性化

随着信息时代的发展，全球企业生产能力得到不断提高，市场需求也逐步呈现出个性化趋势，产品的更新换代加剧。在传统的规模经济中，生产的规模化、标准化忽视了顾客需求的差异化。虚拟经营这一组织形态，正是以其无固定边界的非正式组织、层次少的扁平组织结构、成员之间能有效沟通的网络平台，很好地解决了传统模式无法解决的难题。通过虚拟经营，企业联合各方面的力量，发挥整体优势，把用户定制、柔性生产和高效率有机结合起来，顺应当前信息经济时代的特征，迅速满足消费者日益个性化的需求，表现出强盛的生命力。

(2) 生产分散化

过去一般实行“生产导向”，现在总体市场格局由卖方市场变为买方市场，企业经营活动不得不实行“市场导向”。这极大地促进了企业组织形式的调整：一方面，保留核心业务部门才能够控制在生产分散化过程中的主导权，降低经营风险，提高企业的市场应变能力和经营效益；另一方面，在生产分散化过程中，采取虚拟经营能够避免自建方式带来的组织机构臃肿的弊端，有效联合社会现有企业进行设计、生产、营销等，提高企业的生存和发展能力。

(3) 经济全球化

在经济全球化这一过程中，社会分工日益细化，社会协作日益广化，使各种生产和其他经营活动越来越具有更大范围、更深程度的社会性质。因此，需求的个性化趋势使得产品更新速度越来越快，在全球范围来说这一现象更为明显。单靠一个企业自身的力量，想以最快的速度推出符合市场要求的产品越来越难，而且还会出现成本费用高等更深层的困难。企业虚拟化经营，便是不同程度地借助其他企业的力量和优势，形成不同要素（功能）的多种组合形式，迅速形成适应需求的生产能力，在更大范围内进行资源的配置与优化，在合作中形成更强、更灵活的市场应变能力和综合竞争力。

(4) 管理信息化

如果说需求个性化、生产分散化和生产社会化催生了虚拟经营的话，那么管理的信息化无疑加速了虚拟经营的实现。虚拟经营的最大特点，在于虚拟企业之间的分工与合作。所以信息技术的广泛采用势必成为企业运作成功的关键。因此，虚拟经营是以信息的网络化、经济的契约化为媒介，需要把握产品品质、生产成本及交货周期等参数的平衡，需要妥善处理时间、空间、人间、事间和功能间这“五间”之间的义系，所有这些若没有管理的信息化是难以做到的，即使勉为其难，也难以为继。

6.4.4 虚拟经营战略的优点

(1) 集聚企业核心竞争力。企业实施虚拟经营把多家公司的核心资源集中起来为自己所用，通过虚拟联合，用最快的速度，最小的成本，实现生产能力的扩张和放大。把有限的资源集中在附加值高的功能上，从而避免出现企业的部分功能弱化而影响其快速发展，使企业自身的核心竞争力得到巩固和发挥。

（2）利于信息、服务、智力、市场资源的共享和优化配置。虚拟经营有效创造了各种资源可以共享的生态环境，并完成其优化配置。通过信息、服务、智力、市场等资源的共享，利于企业均衡利用各种资源，打造自己的资源利用网络，创造核心竞争力。

（3）协同企业间竞争关系。在虚拟组织中，组织成员之间是一种动态组合关系，虽然有竞争，但它们更注重建立一种双赢的合作关系，相互之间以协同竞争为基础，资源和利益共享、风险共担、各施所长、各得其所。企业间从排斥性竞争走向合作性竞争已是竞争战略发展的必然趋势。

（4）避免重复建设。虚拟经营战略不以企业为单位进行资源配置，而是在全社会范围内优化配置，将虚拟经营节约的投资，投向企业战略环节的建设，增强企业竞争力，减少了“大而全”“小而全”企业，提高了企业的专业化水平，利于企业精细化管理。

（5）提高市场响应速度。虚拟经营战略运作方式高度弹性化，核心企业的整体运作更有效率，能在最短时间内对市场作出反应，且更为敏捷有效，实现了超越空间约束的经营资源的功能整合。

6.4.5　实施虚拟经营战略途径

（1）培育核心能力。企业要保持的竞争优势，就是企业在价值链某些特定的战略环节上的优势。运用价值链分析方法来确定核心能力，就是要求企业密切关注组织的资源状态，要求企业特别关注和培养在价值链的关键环节上获得重要的核心能力，以形成和巩固企业在行业内的竞争优势。总之，核心能力的提高是通过一系列连续强化的过程来完成的，没有投资核心能力建设的企业，会越来越难以进入某个新兴的市场。

（2）提高应用现代信息技术的水平和能力。虚拟经营的企业为提高应用现代信息技术的水平和能力，第一，应该从观念上进行更新，企业应该明白现代信息网络技术在企业中的应用是经济全球化的必然趋势；第二，企业要引进信息网络技术方面的人才。

（3）掌握关键性资源。无论选择何种形式的“虚拟”，都必须建立在自身竞争优势的基础上，必须拥有关键性资源，必须根据环境的要求把有限的资源应用到“创造财富的关键领域”上，如产品设计、研发能力等。

（4）释放无形资产能量。虚拟经营战略离不开无形资产，如专利权、商标权、客户忠诚度等，无形资产是企业虚拟经营成功制胜的法宝。随着市场经济的发展，无形资产的作用越来越明显，一个企业拥有的无形资产的数量多少，价值高低决定了企业对虚拟经营的驾驭能力。

本章小结

1. 随着社会的发展进步，企业独立运作模式已经越来越难以适应现代商业环境的需要。与企业间的竞争相对应，企业间的合作是两个或两个以上的企业或集团组织从各自利益出发而自愿形成的协作性和互利性关系。并购战略、联盟战略、集群化战略和虚拟经营战略正在不断发展为企业赢得竞争优势的重要合作型战略。

2. 并购战略是指企业通过兼并和收购来影响、控制被收购企业，以增强企业竞争优势，实现企业经营目标的一种战略方式。企业采取并购战略的动机是：获取利润最大化、优势互补共担风险、克服行业壁垒、多元化经营、加强市场力量。并购战略的风险包括：信息风险、反收购风险、体制风险、法律风险、经营风险、财务风险等。并购战略也具有一定的优缺点。企业采取并购战略应注意慎重选择目标公司、并购后的一体化、不要并购成瘾等问题。

3. 企业战略联盟是指具有共同利益的企业之间以互补性资源为纽带，以契约形式为联结，组成的紧密或松散型的战略共同体。战略联盟的优点是：有利于分散企业风险、能迅速适应顾客需求的变化占领新市场、可整合不断出现的新技术和新市场等。战略联盟作为一种新的组织模式，在具体的实施中，应注意以下问题：进行战略联盟环境分析，慎重选择战略伙伴，建立合理的组织关系，加强沟通、学习与吸收，防范联盟风险。

4. 集群化战略指企业通过“产业集群”和“企业集群”两种途径，实现在某一特定区域上的高度集中，形成结构完整、外围支持产业体系健全、具有灵活机动等特性的有机网络体系，给企业在未来的竞争中带来优势。根据不同的划分标准，集群化战略可以划分为不同的类型，如轮轴式集群、多核式企业集群、葡萄式集群。从理论上看，产业集群发展的动力机制来自资源利用的外向化、降低成本、互补协同三个方面。集群化战略具有以下优点：有利于降低成本和提高生产率、有利于知识的传播和创新的扩散、有利于增强企业获取资源的能力。

5. 虚拟经营战略是指一个或多个企业以资源为核心，以网络信息技术为依托，为实现特定的战略目标，在组织上突破有形界限，组建的一种网络式联盟。虚拟经营的形式有：虚拟生产、虚拟销售网络、虚拟行政部门、企业共生。虚拟经营的动因包括：需求个性化、生产分散化、经济全球化、管理信息化。虚拟经营的优点是：集聚企业核心竞争力、利于资源共享和优化配置、协同企业间竞争关系、避免重复建设、提高市场响应速度。企业实施虚拟经营战略的途径有：培育核心能力、提高应用现代信息技术的水平和能力、掌握关键性资源、释放无形资产能量。

思考题

1. 并购战略的含义是什么？类型有哪些？
2. 实施并购战略应注意的问题？
3. 联盟战略的基本形式包括哪些？如何成功实施联盟战略？
4. 谈谈你对集群化战略的理解。
5. 虚拟经营战略实施途径有哪些？
6. 谈谈合作型战略对于企业发展的意义。

7 国际化战略

学习目标：

1. 了解国际化经营战略的背景和国家竞争优势理论；
2. 掌握企业国际化经营战略的动因及类型；
3. 掌握国际市场的进入方式；
4. 了解国际战略联盟的内容。

案例导读

上海汽车工业集团：迈向全球市场

上海汽车工业集团（以下简称“上汽集团”，SAIC）是中国历史最悠久、规模最大的汽车生产厂商之一。该集团在中国共有50家工厂，生产小轿车、卡车、巴士以及汽车零件等（批发与零售），其业务还涉及汽车租赁与融资租赁。上汽集团曾与通用汽车、德国大众公司成功合作，为不断成长的中国汽车市场生产通用汽车和大众汽车；其在20世纪90年代与21世纪初的销售主要来自这些合资企业。

上汽集团还持有韩国汽车制造商双龙公司（SSangyong）约51%的股份，并拥有Rover25和Rover75车型及K系列引擎的知识产权。上汽集团从2007年开始生产Rover75（根据中国市场重新设计）。

上汽集团从合作经历中收获颇多，并拥有许可转让的技术，因而决定生产和促销自有品牌的汽车。中国政府也在强调中国公司发展部分自有品牌的重要性，因为外国品牌占据了大部分中国市场。另外，企业需要拥有自有品牌才能在全球竞争中占得一席之地。2007年，上汽集团开始在中国市场出售自有品牌的汽车荣威（Roewe）。

上汽集团的目标是进入汽车行业的全球前十强，为此它树立的目标是在美国汽车市场上进行有效的竞争。这个目标对上汽集团来说是一个巨大挑战，因为所有知名汽车制造商都在美国市场展开竞争。现代集团在试图加强其美国市场竞争力的时候也面临这样的挑战。尽管与竞争对手相比现代在相应款型汽车上具有重大质量进步和更低的价格，但它并没有在美国夺取到其所期望的市场份额，虽然现代在美国市场的相对排名比2005年略有提高，它的市场份额仍只维持在不到3%。

中国的汽车制造商总体上极少出口，出口到美国的就更是寥寥无几。虽然美国汽车制造商所占的市场份额在过去几年中有所降低，但市场份额大多数被日本汽车制造商夺取，特别是丰田汽车公司。中国汽车出口量在2014年达到94.73万辆，但主要是南美、东南亚等市场。

资料来源：迈克尔·A·希特，R·杜安·爱尔兰，罗伯特·E·霍斯基森. 战略管理概念与案例［M］. 吕巍，译. 北京：中国人民大学出版社，2009.

企业向全球市场迈进，走向国际化已经成为当今世界经济发展的一大趋势。过去50年，国际贸易与投资的壁垒大幅度下降，如工业化国家制造业产品的平均关税从大约40%下降到4%；与此相类似，一个一个的国家解除禁令，允许外国公司进入本国市场建立生产设施，或收购本国企业。基于上述两大进步，国际贸易与外国直接投资大幅度上升。全球产业环境与国家产业环境发生了大幅度变化。

7.1　全球产业环境与国家竞争优势

7.1.1　生产与市场的全球化

21世纪全球经济快速发展，国与国之间的经济关系正在摆脱原来那种相互隔离、相互闭塞的局面，正逐渐以竞合的方式融合成为一个相互依存的全球性经济体系。企业国际化已经成为现代企业发展的一个必然趋势。

尽管全球化战略很难实施，但随着越来越多的行业进行全球竞争，全球化效率显得越来越重要。而且，需求的本地化让问题变得更加复杂。全球化的产品和服务在很多国家通常需要采用定制化的方式，目的是符合政府的法律法规或当地客户的偏好。另外，大多数跨国公司都想实现各国的资源共享与协调以降低产品的生产成本。并且某些产品或行业可能会比其他产品或行业更适合采用跨国标准化的运作方式。

7.1.2　国家竞争优势①

（1）国家竞争优势理论的主要内容

国家竞争优势，又称“国家竞争优势钻石理论”“钻石理论”。其由哈佛商学院教授迈克尔·波特（Michael E. Porter）在其代表作《国家竞争优势》（*The Competitive Advantage of Nations*）中提出。该书总结了影响一国的某个产业或者产业环节在国际竞争中的优势的四个基本要素和两个辅助要素。一个国家的竞争优势主要体现在该国的企业、行业的竞争优势。从宏观经济角度来看，其竞争优势来源于四个基本要素：生产要素、需求条件、相关产业及支持性产业的表现、企业战略与结构和竞争对手。两个辅助要素：政府和机遇。这六个要素相互影响，彼此互动，形成一个完整的钻石体系。

①基本要素

钻石理论认为如果要寻找一个国家在某种产业的国际竞争中成功的原因，就必须从国家的四个基本要素入手。这些因素存在于每个国家的产业环境中，由上述四项关键因素形成的“钻石体系”，关系到一个国家的产业或产业环节能否成功。该体系也是一个双向强化的系统，其中任何一项因素的效果必然影响到另一项的状态，而当企业

① 黎群，张文松，吕海军. 战略管理［M］. 北京：清华大学出版社，北京交通大学出版社，2006.

获得钻石体系中任何一项因素的优势时，也会帮助它创造或者提升其他因素上的优势。

生产要素是互通有无的根本，是国家经济成长的基本条件，贸易理论通常以生产要素的差异分析为基础。生产要素通常被广义地分成土地、劳动力和资本，为了研究生产要素与产业竞争优势的关系，可以细分为五大类资源：人力资源、天然资源、知识资源、资本资源和基础设施。

国内需求市场是产业竞争优势的第二个关键要素，母国市场对一国的产业形成国际竞争力有非常重要的影响。内需市场的大小可以影响企业是否能够从规模经济中获益，更重要的意义在于它会影响企业改进、创新和发展的动力。从竞争优势的角度来看，国内市场的需求质量比需求的数量更重要。本国市场要能产生国家竞争优势，还必须具备细分的市场需求结构、内行而挑剔的客户、国内市场的提早需求三个特色。

形成国际竞争优势的第三个关键要素是一个国家能够比其国际竞争对手提供更为健全的相关产业和支持性产业。在很多产业中，一个企业的潜在优势是因为它的相关产业具有竞争优势。比如，意大利除了全球驰名的制鞋业，还有皮带、皮包等皮具产业在国际上也非常有竞争力。

在国家竞争优势与产业的关系中，第四个关键要素就是企业，包括企业如何创立、组织和管理，以及竞争对手的条件如何等。而企业的目标、战略和组织结构往往随产业和国情的差异而不同。国家竞争优势也就是指各种差异条件的最佳组合。本国竞争者的状态，在企业创新和国家竞争优势的塑造上扮演重要的角色。国家环境会影响企业的管理和竞争形式。在企业走向国际方面，推动企业走向国际化竞争的动力很重要，企业管理者的态度和素质也是重要条件。企业是创造国家财富的基本单位，企业也是民主性格的展现。民族性格不同，企业经营与竞争的形态自然也会有所不同。产业成功的前提是，企业必须善用自身条件、管理模式和组织形态，更要掌握国家环境的特色。政府政策也会影响企业的国际化，政策工具有时可以成为一些产业国际化的推动力。如果一个国家能将发展目标与本身竞争优势充分结合，产业成功的希望就就很好。

②可变因素

钻石理论认为机遇和政府是影响国家竞争优势的可变因素。

（2）国家竞争优势理论对中国的意义

用钻石理论分析我国的现状可以清楚地看到我国的竞争优势与存在的问题。

①要素条件方面

总体来说我国的初级生产要素比较充裕。天然资源丰富，气候条件和地理位置尚可，拥有充沛而廉价的非技术人工资源。但是这些初级生产要素对竞争优势的影响作用却越来越小。我国在生产要素持续升级和专业化方面的努力还不是很有效，所以在高级生产要素和专业型生产要素方面依然很薄弱，而且缺乏创造专业性生产要素和高级生产要素的有效机制。

若要创造对产业有力的生产要素，民间部门是决不能缺席的。而我国主要依靠政府部门，企业自身研发投入比较少，民间机构在要素升级方面的作用没有得到充分发挥。政府的生产要素投资偏重于初级和一般性项目，例如投资研究基础科学，虽然基础科学也许是创新科技商业化的种子，但是在与产业界合作将有关的科研成果转换成应用产品和服务方面却差强人意。另外由于政府本身组织庞大，对外界需求反应不及时，无法辨认某些产业的特定需求，其创造高级、专业性生产要素的动作没有和产业界有效衔接，致使我国的专业性生产要素和高级生产要素仍属稀缺资源。所以建立由企业、行业协会、个人、政府共同努力的有效的高级生产要素和专业性生产要素创造机制十分重要。

②需求条件方面

我国幅员辽阔，人口众多，有着多样而庞大的内需市场。而且伴着经济发展水平的提高，需求增长迅速；收入水平的差距和生活习惯的差异，又使得需求结构呈多样化，多层次性。这是我国的需求条件具有优势的方面。

但是，在创造国家的竞争优势方面，国内需求的质量比数量更加重要。而国内需求质量和企业创新压力是我国国内需求的关键所在。从总体上来说，我国的需求水平还很低，缺乏讲究的、挑剔的买主，而高收入人群的消费支出则大多数关注外国知名品牌，从而未对国内企业形成强大的创新压力，这是我国产品长期缺乏竞争力的原因之一。要改变这种状况，我们应该有意识的培养讲究、挑剔的买主，并注意提倡关注和消费国产优质产品的国民风尚。同时政府要加强对消费者权权益的保护，作为促进产业提升产品和服务质量的另一个推动力，总之国内市场在提供企业生产，持续投资和创新的动力方面，尚需进一步努力。

③相关产业与支持性企业方面

提供健全的相关产业与支持性产业是形成国家竞争力的重要因素，相关产业彼此牵动更形成比拟的竞争力。但是我国的产业在这方面却比较薄弱，“大进大出，两头在外”的贸易特点，是我国的产业链条不甚完善的一个突出表现。目前我国的产业优势仍主要依赖低成本的竞争优势，2004 年我国加工贸易占出口贸易额的一半以上，因而被称为“世界加工厂”。虽然我国在加工制造环节和一些劳动密集型产业上具有较强的国际竞争力，但是由于缺乏有效的支持性企业和相关产业簇群的推动，例如在高质量原料供应、高新技术和精密设备的提供方面，没有形成竞争流程的扩散和相关产业的提升效应。

以服装产业为例，我国服装业虽然庞大，但由于我国的面料、辅料、服装配件、服装机械、服装设计等产业都相当落后，结果服装的档次始终提不高，在国外也只能占领低端市场，并且经常遭遇其他国家的贸易壁垒。所以，如何刺激有竞争力的企业和产业发挥带动相关产业提高国际竞争力有待解决的重要问题。

④企业战略与结构和竞争对手方面

由于历史原因和建国初期计划经济的影响，我国的企业在管理模式和组织形态方面与发达国家存在很大差距。首先，我国企业普遍缺乏长远战略，许多企业看到的只是短期利益，缺乏对市场长远发展的预测和长远竞争优势的投资，结果企业难以取得长期成功。其次，我国企业的管理模式和管理概念比较落后，没有激励企业所有者对产业的忠诚。私人投资者常有“赚一笔就走”的经营心态，而且多数企业的运营效率较低。员工的职业精神和对企业的忠诚度比较低。由于多种方面的原因，个人事业进取心和民族荣耀与使命感在影响产业发展方面的作用尚未得到充分发挥。最后，国有企业一度作为我国企业的主体形式。目前我国进入世界500强的大多为国有企业。由于国有企业的固然弊端，在形成动态的不断升级的国家竞争优势方面的贡献不大。但是随着许多改革措施的推行和对建立现代化企业管理制度的重视，我国的企业正在不断进步，朝着提高竞争力和占有国际竞争优势方面努力。

另一个值得注意的问题是，国内市场激烈的竞争是创造与保持产业竞争优势的重要影响因素，而我国尚未形成有效的企业竞争机制。而且在竞争模式上存在两种极端；一是产业中占主导地位的国有企业或者跨过公司，其他企业无法取得参与竞争的机会或者条件；二是竞争者多为民营或者私有企业的产业，竞争方式以恶性的削价竞争为主，往往导致两败俱伤的结果，而不是将竞争集中在能够推动产业占有持续竞争优势的产品性能、工业设计和服务方面。同时由于地区分割和区域堡垒，我国没有形成机制良好的统一市场；行政保护等因素造成一些行业的状况是有众多的公司，却缺乏激烈的竞争，优胜劣汰的竞争机制尚未充分发挥作用。企业也难以获得规模经济效益或者有更大的发展。

⑤机遇

目前我国的经济发展机遇很好，世界各国对经济领域竞争的重视，以及科学技术的日新月异，为我国的经济发展提供了良好的国际环境。国际贸易和投资的自由化和经济的全球化趋势，以及信息技术的进步和先进科技的传播与扩散，使我国拥有较好的经济发展机遇。由于全球的某些不安定因素（例如恐怖袭击，局部战争）对我国经济发展的环境影响较小，使我国有机会成为吸引国际直接投资最多的国家，这将进一步加快我国的经济发展。

但是经济领域的国际竞争也进一步加剧，国际经济环境和规则对国家经济发展的影响程度越来越深，我国的经济发展不再可能沿袭发达国家曾经的提升和进步模式。所以无论是政府还是企业都要注重提高自身的能力建设，抓住有利的发展机遇提高我国的国际竞争力。

⑥政府

政府在我国的经济生活中扮演着举足轻重的重要角色。在计划经济阶段，政府部门是经济建设的主导力量，实行改革开放政策以后，逐步建立起以市场为主体的经济体制，政府在国家经济中的角色逐渐弱化，其职能由直接的管理专项宏观调控。

相对来说，我国政府对经济有较强的宏观调控能力，在培育国家优势方面具有引导和管理优势。但是，由于市场经济和竞争体制在我国的发展时间还比较短暂，政府对其他因素的进步和竞争力的影响能力还很有限。在产业创造竞争优势的过程中，政府的一些政策往往从狭隘、静态的竞争优势出发，有些协助措施反而会对产业的长期发展造成伤害。所以，我国政府在创造企业能够从中获得竞争优势的发展环境方面还需要进一步努力。

7.2 企业国际化经营战略的选择

7.2.1 企业国际化的动因

企业进行国际化是为了保持优势和获得利润最大化。同时，全球经济逐步走向一体化，企业了生存和发展逐步变得更加国际化。企业进行国际化的主要动因可概括如下：

（1）扩大和寻求市场

企业利用在国际化上所形成的技术、商标及品牌等方面的优势，可以进一步向国外推广，取得全球的竞争优势。雷蒙德·弗农（Raymond Vernon）阐述了国际多元化的经典原理。他认为，如果一个公司在本国市场上推出了一项创新产品。但国外市场上的需求增长到一定程度，特别国外厂商也开始生产这种产品以满足增长的需求时，本国公司就会直接投资到国外市场，开办工厂，生产产品。随着产品的标准化，这个公司可能会追求经营的合理化，把工厂移到生产成本最低的地方。所以，弗农认为这些公司在实行国际多元化以延长产品的生命周期。如由于国内电信设备市场的总体发展速度放缓及政策原因，新技术应用难以大规模启动，国内市场已不能满足华为的发展要求，此时国际市场却有着广阔的空间，尤其是中东、非洲、东南亚这些新兴市场，进入门槛低，国际电信设备制造巨头也未高度关注，这些外部环境的变化促使华为选择“走出去”。

（2）优化配置和利用低成本的资源

企业经营需要原材料、资本、技术、劳动力等资源，而企业占有资源的多少决定着企业的竞争地位。由于国内市场资源的缺乏，资源在各国的价格差异和质量差异，以及资源的可移动性限制等因素，均是企业进行国际化尝试的原因。原材料特别是矿产和能源对某些产业十分重要，如铝合金生产商需要铝，轮胎厂需要橡胶，而石油公司需要在世界范围内寻找新的石油储备。特别是当生产成本成为产品竞争的关键因素时，企业会把生产转移到资源或劳动力价格相对较低的地区，在世界范围内规划生产经营的最佳配置，并向全世界销售产品。

（3）利用规模经济优势和学习效应

当存在超越本国市场容量的规模经济时，企业为了降低成本，取得规模经济带来的效益，就不得不向新的市场渗透，将企业的储运、采购、生产和市场营销等活动转向国际化。公司市场扩张，可能为公司带来规模效应，特别是在制造过程中。根据产品在不同国家标准化的程度、生产工具的相似性，来调整关键资源功能，就有可能取得最优化的规模效应。如华为作为高科技企业，每年将销售收入的10%作为研发投入，数额居全国之首，且其产品生命周期短，为取得投资回报，降低经营风险，华为需要巨大的市场规模来降低单位产品的研发费用。通过进入国际市场，华为也能获得规模经济、范围经济和学习效应，继而提高效率、销售收入和利润，有利于公司的长期高速发展。

(4) 利用优惠政策

许多国家为了吸引外资，推出一系列优惠政策，如提供低息或无息贷款、提供厂房、实施减免税收和提供保险等。有些国家为了鼓励国内企业到海外进行国际化，也给予一些鼓励政策，如提供外汇补助、津贴、低息贷款及风险保险等。企业为了追求利润，降低经营风险，常常会利用各种优惠政策，进行国际化。

(5) 其他原因

经济全球化趋势，即国界作用的减弱，不断增加的国际贸易和投资量，全球性产品和全球消费者的出现，国际市场上新的竞争者出现，质量和生产的全球标准，不断发展的信息技术。面对这一趋势，企业为了保护国内市场，保持自身的市场地位以及寻求国际合作，纷纷加入国际化的行列。又如，为避免本国政治、经济环境的波动对企业的影响，为防止人才、资金、技术等资源的外流等。企业进行国际化是为了保持优势和获得利润最大化。同时，全球经济逐步走向一体化，企业为了生存和发展逐步变得更加国际化。

7.2.2 企业国际化的类型

(1) 国际本土化战略

国际本土化就是将战略和业务决策权分权到各个国家的战略业务单元，由这些单元向本地市场提供本土化的产品。国际本土化注重每个国家内的竞争，认为各个国家的市场情况不同，因此以国家界限来划分市场。换句话说，每个国家的消费者需求、行业状况（如竞争者的数量和类型）、政治法律结构和社会标准都各不相同。国际本土化为产品客户化以满足本地消费者的特殊需求和爱好创造了条件，因此能够对每个市场的需求特性做出最准确的反应。由于注重本地顾客的需求，国际本土化通常以扩大本地市场份额为目标。但由于不同国家的业务单元在不同的市场上采用不同的战略，对于整个公司来说，国际本土化增加了不确定性。此外，国际本土化不利于实现规模效应及降低成本。结果是，采用国际本土化战略的公司将战略和业务决策权分散到各个国家的业务单元。欧洲跨国公司使用国际本土化战略最多，因为欧洲国家的文化和市场都各不相同。

索尼改变了其娱乐业务的战略，从全球化转变为国际本土化，取得了令人满意的结果。索尼曾试图将美国的娱乐市场扩张到全球，但从未取得成功。它本来的做法是把为美国市场制作的电影和电视节目发行到全球市场，正如大多数娱乐公司所做的。后来索尼决定改变其方法，在世界各地的本地市场分别制作电影和电视节目。为此，索尼在大多数较大的拉美和亚洲国家安置了制作设备，开设了电视频道。1999 年，索尼制作了约 4000 小时非英语节目和约 1700 小时英语节目。现在索尼在全世界 62 个国家拥有 24 个频道，其中一些频道相当成功。相反，索尼在中国的业务三年来一直在亏损，由此可见，这种方法是存在风险和不确定性的。

(2) 全球化战略

和国际本土化相反，全球化战略认为不同国家市场的产品趋于标准化，于是竞争战略趋于集中，由本国总部控制。不同国家的战略业务单元互相依靠，总部试图把这些业务综合成一体。由此，全球化战略是指在不同国家市场销售标准化产品并由总部确定竞争战略。全球化战略注重规模效应，有利于利用在公司层次上发展的或其他国家在其他市场上发展的创新。相应地，全球化战略降低了风险，但也可能忽略本地市场的发展机遇，因为在这些市场中或者缺乏辨识机遇的能力，或者产品需要本土化。全球化对本地市场反应迟钝，由于需要跨越国界协调战略和业务决策，因此难以管理。由此，有效实施全球化战略需要资源共享鸡强调跨国协调合作，而这有需要中央集权和总部控制。很多日本公司相当成功地使用了这种战略。

总部在英国的 Aggreko 公司通过租赁业务已成为世界电力设备供应商领导者。目前此公司在 48 个国家有业务并采用了全球化战略，其设备运输队全球一体化，能将设备快速运输到需要的地区以满足特殊需求。由于分销商更愿意销售而不是出租设备，Aggreko 的主要竞争对手 Cuterpillar 正面临着窘境。这些分销商都是特许经营，所以公司也很难控制行动。而应用全球化战略，Aggreko 在公司总部设计组装设备以满足全球的客户。Aggreko 现已获得了巨大的成功，其资本投资回报率约 18%，而利润增长率为 14%。

（3）跨国战略

跨国战略寻求全球化的效率和本土化的反应敏捷的统一。显然，要达到这一目标并非易事，因为这一方面需要全球协调，紧密合作，另一方面需要本地化的弹性。因此，实施跨国战略需要“弹性协调”——通过一体化的网络建立共同愿景并各自尽责。在现实中，由于两方面目标的冲突，很难实现真正的跨国战略。但如果有效实施了跨国战略，其产出将比单纯采用其他两种战略好得多。

20 世纪 90 年代中期前，福特使用国际本土化战略在北美和欧洲两地分别运作。前首席执行官亚历斯·特罗特曼（Alex Trotman）在 20 世纪 90 年代中期开始实施全球化战略。为了这一战略，福特试图制造为它所称的环球汽车，也就是 Mondeo。不幸的是，这种战略失败了。新的首席执行官雅克·纳森现在正试图把福特的战略改为跨国战略。而且为了能敏捷地抓住传统的汽车制造业以外的机遇，纳森正在改造福特的管理。应用跨国战略，福特正试图将其不同车型——福特、林肯、美洲虎和沃尔沃的一些零部件标准化，同时保持设计和其他方面的差异以分别吸引这些品牌目标市场的顾客。福特正努力面向顾客，对全球不同市场作出最快的反应。超越国际本土化战略需要经理们全球化考虑，本地化行动。

7.3 国际市场进入方式

7.3.1 国际市场进入方式的选择

选择一种或几种正确的国际市场进入方式对于企业来说是非常复杂而困难，需要考虑各种影响因素。根据美国宾夕法尼亚大学沃顿管理学院鲁特教授的观点，选择正确的进入方式应充分考虑企业外部因素和企业内部因素。外部因素包括东道国市场因素、生产因素、环境因素和本国因素；内部因素包括企业产品因素和企业资源投入因素。

（1）影响国际市场进入方式选择的外部因素

①东道国的市场因素。市场因素主要有：东道国市场规模的大小，东道国市场的竞争结构。

②东道国的生产因素。东道国的生产要素投入（原料、劳动力、能源等）及市场基础设施（交通、通信、港口设施等）的质量和成本对进入方式的决策有较大的影响。对生产成本低的国家，应选择投资进入方式，生产成本高会抑制在当地的投资。

③东道国的环境因素。环境因素主要有：东道国政府对外国企业有关的政策和法规；东道国的地理位置、经济状态、外部经济关系；本国与东道国在社会、文化等方面的差异；政治风险。

④本国因素。本国因素具体包括：国内市场规模，本国的竞争态势，本国的生产成本；本国政府对出口和向海外投资的政策。

（2）影响投资市场进入方式选择的内部因素

①企业产品因素。它包括下列一些因素：产品的独特性，产品所要求的服务，产品的生产技术密集度，产品适应性。

②企业的资源投入因素包括：资源丰裕度，投入愿望。

在充分考虑上述因素的基础上，根据企业的发展目标，资源条件和国际市场的了解程度，企业可以选择不同层次和介入水平的国际市场进入模式，其中包括出口、许可协议、战略联盟、收购和新建全资子公司等。

7.3.2 出口

很多公司以出口产品或服务到其他国家作为国际扩张的起点。出口不需要在进口国建立部门，但必须有某种市场营销体系来分销其产品。通常出口公司会和进口国公司签订一些协议。出口的缺点包括高运输成本和进口关税。此外，出口商对其产品在进口国的市场营销和分销控制较少，因此不得不支付分销商一定的费用或允许分销商提价以补偿并获取利润。因此出口商很难通过出口来营销有竞争力的产品或向不同的国际市场提供定制化的产品。

由于地理位置相邻而带来的相对较低的运输成本和更多的相似性，公司通常向与其工厂相邻的国家出口产品。例如，德克萨斯州对与其共享边界的墨西哥的出口量最大。实际上，德克萨斯对墨西哥的出口量比德克萨斯对其他国家的出口量的总和还要大。

小企业向国际扩张时最有可能使用出口。小企业要应付的最大问题是汇率。大公司有专家来帮助它们管理汇率，而小企业很少有这种专业知识。因此欧洲的共同货币有助于小企业在欧洲市场的业务，这些企业只要关注一种汇率就可以了，而不是十二种不同的汇率（如果它们向所有欧盟国家出口）。但小企业还是需要了解欧元。虽然美国小企业可以继续使用美元，但必须为此支付禁止性额外费用。总体上说，进入国际市场的小企业要降低成本、保持竞争力，就必须了解这些市场并掌握外汇知识。

直接出口和间接出口是企业进入国际市场的两种适用的模式。在直接出口模式下，企业参与在国外市场销售产品等必要活动，可以决定是否打开其在国外市场的销售网及控制市场营销组合决策；因在间接出口模式下，企业并不直接参与国外市场上的营销活动，间接出口主要通过中间商来进行，因而企业在各方面并没有更多的选择。

7.3.3　许可协议

许可协议是指外国公司购买在其国内或其他国家生产和销售公司产品的权利，许可协议对每件生产和销售的产品收取一定的许可费。被许可者承担风险并投资于设备、生产、营销和分销服务。由此可见，许可协议可能是国际扩张的成本最低的方式，这种方式是越来越流行的组织网络中的一种形式，尤其是在一些小公司中。

许可协议也是依靠原有的创新进行扩张的一种方法。比如，索尼和菲利浦共同发明了音频 CD，它们现在正授权其他公司生产 CD，对每片销售的 CD 收取 5 美分。正如这个例子所显示的，很多公司从它们以前的创新上取得了优厚的回报。通过对研究成果和专利的许可授权，让很多公司能够在未来的很多年内获取巨大的回报。但现在索尼和菲利浦在 CD 销售上取得的回报正在受到威胁，便宜的仿制品越来越多。有趣的是，技术的进步加剧了这一问题的严重性。创新也为仿制品创造了有利条件，先进的碟片压制机小到只要很小一个角落就可以运行，监管人员很难发现这些碟片压制机，因为它们通常被放置在小家庭作坊中。公司正努力改变这种状况的法律途径，但至今为止收效甚微。

Jakks Pacific 被福布斯杂志评为 200 家最佳小企业之一，它的两个创始人杰克·弗里德曼（Jack Frideman）和斯蒂芬·伯曼（Stephen Berman）制定了许可经营的战略。以 14 年的许可协议为基础，这家公司制作了以世界摔跤联盟选手如史蒂夫·奥斯汀（Steve Austin）为原形的玩具人，由中国制造。其客户沃尔玛、美国翻斗乐和凯玛特直接从中国制造商那里接受货物，因此价格比对手如 Mattal 和 Hasbro 的玩具价格低。但 Jakks 增加了其玩具种类，通过与全国改装汽车联盟及印第安纳波利斯高速公路汽车协会的协议增加了玩具汽车，通过与 Bass（一个体育用品公司）的协议增加了玩具钓竿，以及带有卡特彼勒商标的玩具安全帽和相应的工具腰带。凭借其许可经营战略，Jakks 成为美国第五大玩具公司。

当然，许可协议也有它的缺点。例如，公司对其产品在其他国家的制造和营销控制权很小。此外，许可协议提供的潜在回报也最少，因为许可者和被许可者分享回报。更糟的是许可期过了以后，受许可公司可能学到了关键技术并自己生产销售相似的竞争产品。如小松，为了进入推土机设备市场同卡特彼勒竞争，它首先从联合收割机公司、Bucyus-Erie 和康明斯发动机公司那里通过许可获得了很多技术，然后放弃了这些许可协议，用从这些美国公司学来的技术发展了自己的产品。

7.3.4　并购

随着自由贸易在全球市场的扩张，跨国收购的数量也在猛增。最近几年，跨国收购占了世界收购总量的40%。收购在欧洲尤其盛行，欧洲公司往往用收购来建立市场力量，并向全欧盟扩张。同样，外国公司也常用收购来进入欧盟市场以获得立足之地。例如，GE在20世纪90年代完成了133项对欧洲公司的收购，其结果是GE在欧洲的雇员达到了9万人，欧洲业务的年销售额约244亿美元。还有福特在1999年以60亿美元收够了沃尔沃，它的主要目的却不是进入欧洲市场，而是为了获得能使福特在全球市场更具竞争力的资产和产品。

收购为进入新市场提供了捷径。事实上，收购可能是国际扩张最快也是最方便的方式。尽管收购已成为进入国际市场的流行方式，它也并不是没有代价的。国际收购有着与国内收购一样的缺点，此外，它昂贵且常需要借债融资（这也增加了额外风险）。收购的国际谈判可能相当复杂——通常比国内收购复杂得多。例如，据估计只有20%的跨国交易取得了成功，而国内交易的成功率是40%。而目标公司所在国家的法规限制和能否获得谈判所需的准确情报也是频繁出现的问题。最后，将被收购公司并入收购公司也比国内收购复杂得多。收购公司要对付的不仅是不同的企业文化，还有潜在的不同社会文化和习惯。因此，尽管通过国际收购能快速进入新的市场，它也要承担相当的代价和风险。

世界最大的零售商沃尔玛使用了多种进入方式来使其业务全球化。例如在中国，它建立了合资企业进入中国市场；为了进入拉美国家，它也使用了合资企业的方式；但在某些国家（如墨西哥），它收购了其在当地国家的合作伙伴。因此，必须认真地考虑和选择进入特定国际市场的最有效方法。

7.3.5 新建全资子公司

新建全资子公司是指建立一个全新的企业。这是一个复杂且需要很大代价的过程，但它具有拥有最大控制权的优点。如果成功，将极有可能取得超额回报，尤其是当公司拥有很多整合过无形资产时。但由于在新的国家建立新企业的成本很高，相应的风险也很高。为了建立新公司，需要获取当地市场的知识和专业技能，或者通过雇用当地员工（可能需要从对手公司挖人），或者通过咨询公司（可能相当昂贵），但公司维持了对其产品的技术、营销及分销的完全控制。替代方法是公司在新的市场中安装新的装置设备，建立新的分销渠道，边学习边实施正确是市场营销策略。与前面提及的几种进入战略相比，在这种模式下，企业可以更严密的控制战略和生产决策，以实现其在东道国市场上更大经济利益和发展潜力的目标。

7.4 国际战略联盟[①]

在现实的经营活动中，企业作为一个整体在考虑公司战略时，不仅需要观察和支持各经营业务单位的竞争，而且要考虑合作战略。在竞争日趋激烈的市场上，企业仅

① 王铁男. 战略管理［M］. 北京，哈尔滨：科学出版社，哈尔滨工业大学出版社，2010.

仅靠单枪匹马打天下的做法已经过时，当前即使最大的跨国公司也在研究与实施战略联盟。

7.4.1 国际战略联盟的含义

近年来，战略联盟成了国际扩张的主要方式。战略联盟让公司之间分担风险、共享资源，以进入国际市场。而且，这样的联盟能促进发展对于公司未来战略竞争力有重要意义的核心能力。此外，大多数战略联盟的本地公司熟知和了解本国的竞争条件、法律和社会标准及文化特性，有助于制造和销售具有竞争力的产品，而新技术和创新产品对本地公司来说也颇具吸引力。战略联盟的每一个合作方都为合作关系带来了知识和资源。实际上，战略联盟的一个重要目的就是获取新的能力。其中最主要的是技术。

国际战略联盟是指来自不同国家的两个或两个以上的公司参与商务活动的合作性协定。这些活动可能包括从研发到销售和服务的任何价值链活动。

国际战略联盟能取得当地伙伴的市场知识、满足政府的要求、共担风险、共享技术、获得规模经济以及取得低成本原材料或劳动力。公司期望达到的目标决定着多国公司在哪里连接价值链。

将相同的价值链活动结合在一起的联盟通常是为了取得有效的经济规模，整合合格的人才和共担风险。例如，在研发联盟中，高技术多国公司通常利用联合研究与开发合并不同的技术技能，或分担开发新产品或高成本技术的风险。

在经营联盟方面，多国公司通常合并制造与装配活动以达到一个有利可图的经营活动规模。如海尔通过和世界最大的电机企业艾默生建立的联合，就是同它的供货方联合起来，一起满足最终消费者的需求，现在艾默生不但给海尔供应电机，而且参与了海尔产品的前端设计。

另外，营销和销售联盟可以使多国公司扩大产品销售的范围和数量，它们还可以使合作伙伴之间共享分销体系，有时甚至共享理念。

7.4.2 国际战略联盟的分类

国际战略联盟的基本类型主要有国际合作联盟（International Cooperative Alliance，ICA）和国际合资企业（International Joint Venture，IJV）。

国际合作联盟是指来自不同国家的两家或两家以上的公司同意在任何价值链上的合作，这是一种契约性的合作协议，并不要求建立独立的公司。联盟通常要规定每个公司对相互联系贡献的正式契约，对联系的贡献可能是经理、技术专家、工厂、信息和知识或者资金。要获得单个公司及靠自身无法取得的某些利益，公司通常必须让其他公司共享所部具备的某些知识、技能或特殊资源。这种产权或知识的共享提高了公司间参与的水平，意味着双方公司必须让出某些对合作伙伴有价值的东西以换取所需的东西。由于研究与开发的高成本和高风险，国际战略联盟在某些高技术产业十分普遍。

国际合资企业是指来自不同国家的两家或两家以上的公司在一独立公司（独立的法律实体）中拥有股权或所有权。如 2003 年末，TCL 宣布收购法国汤姆逊彩电业务，并合资成立全球最大彩电企业；2004 年 4 月，公司又宣布收购阿尔卡特手机业务，合资成立手机研发、生产与销售平台。国际合作联盟与国际合资企业的特征和区别见表 7-1。

表 7-1　　国际合作联盟和国际合资企业的特征和区别

联盟类型	参与程度	解散难易	对合作者的了解	法律实体
国际合作联盟	要求交换所有者公司的知识和资源	在合同到期前由于公司的法律责任和作出的资源承诺，较难解散	常通过商业出版物发表声明，但细节是保密的	无
国际合资企业	要求交换财务，所有者公司的知识和管理资源	公司投入了大量资源并对独立的法律实体有所有权，因此很难解散	由于合资公司是一个法律实体，因此双发情况都很清楚	是独立的公司

并不是所有的战略联盟都能成功，事实上很多都失败了，主要原因包括合作者间的不一致和冲突。合作者间的相互信任至关重要。德国电信、法国电信和 MCI 世界通信之间虽然结成了曾经广为宣传的成为“全球一号”的战略联盟，但它们之间却没有来得及建立良好的信任关系。当法国电信知道德国电信试图收购意大利电信时气恼万分。当 MCI 世界通信收购了 Sprint 却没有同其联盟者事先商量时，这个联盟的命运就只能走向灭亡了（Sprint 是与“全球一号”相抗衡的另一欧洲联盟的成员之一）。据研究显示，以资产为基础的战略联盟，其中一个公司有更多的控制权，相对来说结果要更好一些。

本章小结

1. 企业向全球市场迈进，走向国际化已经成为当今世界经济发展的一大趋势。全球产业环境发生了巨大变化，生产与市场正在走向全球化。

2. 企业国际化经营的动因有：扩大和寻求市场、优化配置和利用低成本的资源、利用规模经济优势和学习效应、利用优惠政策等。企业国际化的类型有国际本土化战略、全球化战略、跨国战略。

3. 企业国际市场的进入方式包括：出口、许可协议、并购、新建全资子公司等。

4. 国际战略联盟是指来自不同国家的两个或两个以上的公司参与商务活动的合作性协定。这些活动可能包括从研发到销售和服务的任何价值链活动。国际战略联盟的基本类型主要有国际合作联盟和国际合资企业。

思考题

1. 简述国家竞争优势理论的主要内容。
2. 国际市场进入方式有哪几种？分别适用于哪些情况？
3. 阐述国际合作联盟和国际合资企业的特征和区别。

8 竞争战略

学习目标：

1. 掌握三种基本竞争战略的适用条件、实施方法和应注意的问题；
2. 理解竞争战略轮盘模型，利用此模型进行组织战略分析。

案例导读

社区型药店如何进行差异化竞争

有两家小型药店开进了武汉市某社区，分别布局，A药店生意如火，人来人往；B药店却人气不旺，门可罗雀。按理说，药店的竞争不比商超，应该相对稳定，药店的品种和价位都差不多，都是医保定点单位，利润体现着效益，为什么差别这么大呢？

药品市场竞争日益激烈，药店之间的竞争也是针锋相对，如今店面布局的速度不仅快，而且多，几家药店连锁都同时进入了社区，互不相让。据业内人士介绍，武汉市的药店布局基本定形，可是在众多的药店中，真正能盈利的并不多，大多数都是在生存中发展，特别还有一些根本不盈利的药店，一直以来不愠不火，长期亏本，眼下又不能轻易转让退出，只能是用盈利店来填补这个赤字。B药店的经营者坐不住了，请了武汉市某管理咨询公司的顾问查钢支招。

查钢认为药店要在差异化上做文章。于是着手进行市场调研。首先，他分析了两家社区店的基本情况。两家药店都瞄准了社区群体，A药店在十字路口的主路段处，B药店在十字路口的次主路段处，从店牌上看，A药店要醒目一些，但店门口太靠近马路，不好停机动车；B药店处于次路段，店门口虽有大片的空地，但是空地远离马路，且空地低于马路面，形成很低的坎儿，也不好停机动车。A、B药店虽做过厂家促销，但因门口不合理，一个是不方便展开，另一个是展开了没人看，所以效果都一般。

按理说，药店的品种和药品价格都类似，为什么会有这么明显的差别呢？经过反复观察和分析，发现这两家店还是有所不同的。首先从路段上，A药店处于主路段，人流量是可以保证的，此外，还发现药店前面有一个大型的菜市场，在早上不少居民会从此经过，不可避免的会经过A药店门口，也会有人进入购药。B药店旁边是一个餐饮店，早上吃饭的人是有不少，但是人来人往，进药店的并不多。从消费者分析，A药店是主干道上，有着天然的优势，进A药店的人有社区居民，不排除有附近的零散顾客和周边顾客，而B药店由于位置偏一点，来购药的主要都是社区居民。B药店因空地的原因，在晚饭时间，药店门口会有社区的团体活动跳舞和锣鼓队之类的。

看来，人气是一个很重要的因素，地段和经营是无法改变的，要改变的只有策略，需要深入的适应市场环境和落实差异化经营。提出的方案如下：

第一，改变店面格局。俗话说，生意不好整柜台。查钢认为，有时候柜台整一整也没有坏处。首先要求B药店把货架的格局变一下，呈错位式横式。原因是因单一店面，现有的货架是排成两条，这样并不好，因为这样顾客在门外就能把药店看得清清楚楚，不管纵深如何，让人感觉品种和规模不大。而A药店是两个店面，短而扁，无形中货架排得是横式靠外，顾客在门上看不到里面有多大，第一感觉是品种不少。

此外，在货架中间设置一个液晶电视（特别指出的是，A药店由于人气足，没有液晶电视），主要可以播放各个厂家的相关广告和会员参与及积分规划，使平面化的宣传变为立体化，以声音吸引顾客驻店的时间，增加店面的人气和宣传展示的多样化诉求。

第二，突出品种的差异化。通过对店面品种的调查，发现两家药店的品种差不多，在人气影响下，B药店的某些品种价位略低，但也不能聚集人流量，可见，在人气氛围环境下，降价并不是一个好方法。对此，查钢建议要重点突出一群体用药特点，经过调查，发现社区旁边有一家幼儿园，且社区内的小宝宝比较多，于是决定扩大儿童药的宣传和特色，针对性地把儿童药这一细分群体做足，要求为儿童药专设一醒目货柜，集中进行陈列和布局，从儿童广告入手，基本药到外用药，保健药和儿童护理用品等进行系列细分。同时在店面外制作一个儿童药的宣传灯片，以吸引往来人群关注。

第三，服务社区功能。由于B药店靠近社区大门，虽说是离马路远了一点，但是旁边连锁餐饮店生意不错（武汉人有一个特色，早上在外面吃饭的比较多）特别是早上人流比较多。对此，建议B药店在店面外设一个两栏式钢制架构的公共社区宣传栏，一栏公共信息一栏店面宣传，以某某药业公司与社区居委会合作共建的名义，为居民提供一个信息公布和宣传的窗口，时常发布一些社区信息和产品促销，这样社区居民在阅读的同时就可以自然地关注到最新的产品促销及健康资讯。

第四，员工服务。首先指出的是，社区型药店的服务半径是有限的，另外，药品是标准化产品（在任一规范化药店购买都是有一样的品质），它关系到千家万户的健康。只有关心员工，才能服务顾客！就业问题在每个社区都是存在的，药店营业员的基本条件并不高，且工作相对固定，适合大多数女性。针对这一普遍现象，查钢建议B药店有选择性地通过居委会在社区内招聘营业员，招聘信息张贴在社区各个居委会门口，既体现公司的责任态度也解决了员工心态不稳定的职业现象。录取者一律经过公司的严格培训和考核再返回药店工作。

结果发现，新员工入职后，消费者在店面停留和进店次数有明显增加，自然店内销售有所上升。值得说明的是，这一方式通过后，该药业公司在其他的一些社区店也进行试行，竟取得了意想不到的效果。

资料来源：http：//www. chinamsr. com/co11/0810/3444. shtml

企业确定了公司战略也就确定了将要经营的领域，如何在其选择的经营领域中竞争，这就是竞争战略所要研究的内容了。21世纪，竞争全球化已经成为常态，企业身处其中的竞争环境更加多变和难以预测，要在竞争中获胜，必须重视竞争战略。竞争战略，又称业务战略，是企业参与市场竞争的策略和方法。迈克尔·波特从产业组织的观点，运用结构主义的分析方法，提出了三种基本的竞争战略。

8.1 基本竞争战略

8.1.1 成本领先战略

（1）成本领先战略模型

成本领先战略是指用较低的成本赢得竞争优势的战略，企业用很低的单位成本价格为敏感用户生产标准化的产品。

在讨论成本领先战略时应该注意：成本领先战略是要使本企业的某项业务成本最低，而不仅仅是努力降低成本。这是因为任何一种战略之中都应当包含成本控制的内容。它是管理的基本任务，但并不是每种战略一定要追求在同行业成为成本最低者。

从顾客的角度来看，成本领先战略是努力通过降低顾客成本以提高顾客价值的战略，它可以使企业获得两个优势。第一，如果行业的企业以类似的价格销售各自的产品，成本领先因为有低成本优势，它可以得到比其他企业高的利润，从而增加企业价值。第二，如果随着行业的逐渐成熟，行业内企业展开价格战的时候，成本领先者可以凭借其低成本坚持到最后，直到其他企业入不敷出的时候，它仍然还可能获得利润，因而具有持久竞争优势。

降低成本的具体方法包括：扩大企业的经济规模，提高企业的规模效益；提高生产能力使用率，提高生产效率；改进产品的设计和工艺，从产品结构上降低成本；与供应商和经销商建立良好的关系，降低原材料和销售费用；强化成本和管理费用的控制，从管理上加大控制成本的力度；控制广告、推销等费用。

进行成本领先战略选择需要考虑：与新产品开发或现有产品调整相关的研究与开发成本、劳动成本、税率、能源成本、运货成本。目的是使自己的产品价格低于竞争者，从而提高市场份额和销售额，将一些竞争者逐出市场。因此，企业就要努力提高效率，尽可能地降低管理成本，实行低奖金制度，制止浪费，严格审查预算需求，大范围地控制、奖励与成本节约挂钩的行为，动员全体员工都参与控制成本的活动。

实行成本领先战略的优点是：比较便于操作；容易迅速扩大市场份额；容易建立市场壁垒。按照波特的行业分析模型，成本领先者在应对行业的五种力量时可以有很多优势，例如，它可以极大地降低替代品的威胁，它可以形成较强的进入屏障阻止潜在加入者的侵蚀，它可以有效地应对供应商的行业价格影响，也可以较少地受到买方讨价还价的压力。当然，对竞争者，它更具有成本优势。因此，成本领先者战略已成为很多企业的基本战略。

但是，成本领先战略又存在着不少缺点。比如，使用不当会影响企业声誉；竞争过度会影响企业的盈利水平；容易引起竞争者的反抗等。

（2）成本领先战略适用条件

实行成本领先战略的适用条件包括：①市场中有很多对价格敏感的用户；②实现产品差别化的途径很少；③购买者不太在意品牌间的差别；④存在大量讨价还价的购买者；⑤有较高的市场份额和良好原材料供应，能够靠规模经济和经验曲线效应来降低产品成本。

成本领先战略通常需要的基本技能和资源包括：持续的资本投资和良好的融资能力、工艺加工技能、对工人严格监督、所设计的产品易于制造、低成本的分销系统。成本领先战略基本组织要求包括：结构分明的组织和责任、以满足严格的定量目标为基础的激励、严格的成本控制、经常详细的控制报告。

（3）成本领先战略的实施方法

成本领先战略在20世纪70年代由于经验曲线概念的流行而得到日益普遍的应用。成本领先要求积极地建立起达到有效规模的生产设施，在经验基础上全力以赴降低成本，抓紧成本与管理费用的控制，以及最大限度地减少研究开发、服务、推销、广告等方面的成本费用。为了达到这些目标，有必要在管理方面对成本控制给予高度重视。尽管质量、服务以及其他方面也不容忽视，但贯穿于整个战略的主题是使成本低于竞争对手。

成本领先战略要求企业不把主要精力和资源用于产品差别化上，因为这样会增加成本。成本领先者只提供标准产品，而不率先推出新产品。例如在彩电行业，成本领先者不会率先推出数字式电视，除非这种电视已成为市场中的主流产品。

成本领先者通常不采用针对每个细分市场提供不同产品的做法，而是选择一个规模较大的市场提供较为单一的产品。因为这样可以获得大量生产和大量销售的好处。理论上将这种好处概括为经验曲线效应和规模经济效应。

经验曲线效应虽然在企业的各个职能方面都会有所反映，但在生产作业方面表现最为明显，因此，成本领先战略特别关注生产制造领域。同时规模经济性要求企业必须形成较大的产量才能降低成本。这就提出了对原材料及库存这一最大的成本因素进行管理的要求，因此，生产与库存管理成了成本领先战略的核心职能。其他职能围绕这两个职能来进行安排。例如技术部门要把主要精力放在生产工艺的改进上，销售部门要争取持续稳定的大批订货，人力资源部门特别注意对基层人员的技能培训，财务部门要为此建立与成本领先战略相适应的财务体系，特别是成本管理新体系和方法，以便识别成本驱动因素并能加以有效控制。

赢得总成本最低的地位通常要求具备较高的相对市场份额或其他优势，诸如良好的原材料供应，产品设计要便于制造和生产，保持一个较宽的相关产品系列以分散成本，进行批量生产并对所有客户群进行服务。实行低成本战略可能要有很高的购买先进设备的前期投资、激进的定价和承受初始亏损，以攫取市场份额。但高市场份额又可引起采购经济性而使成本进一步降低。一旦赢得了成本领先地位，所获得的较高的利润又可对新设备、现代化设施进行再投资以维护成本上的领先地位，形成一种良性循环。

(4) 选择成本领先战略应注意问题

企业在选择在实行成本领先战略时应该注意以下一些问题。第一，成本领先者提供的产品和服务必须是“标准的”，至少不应当被顾客视为是低档次的，否则成本领先者就很难使自己的价格保持在市场平均价格的水平上。可见，如果成本领先者不能维持这样的价格，盈利能力将会大大降低。第二，技术的变化可能会使成本领先者赖以形成竞争优势的经验曲线效应化为乌有。第三，成本领先战略在全球市场应用的时候可能会受到来自其他国家低劳动力成本和汇率变动等其他因素冲击。第四，成本领先战略易遭到竞争者的模仿。第五，成本领先战略由于关注成本而容易忽视顾客需求的变化。第六，原材料和能源的价格的变化，可能使该战略遭受严重打击。这些都是实行成本领先战略的企业应当加以注意的问题。

8.1.2 差别化战略

(1) 差别化战略模型

差别化战略指依靠产品的质量、性能、品牌、外观形象、用户服务的特色赢得竞争优势的战略。有时也称作对价格相对不敏感的用户提供某产业中独特的产品和服务的战略。差别化战略是将公司提供的产品或服务标歧立异，形成一些在全产业范围中具有独特性的东西。差别化战略在本质上是通过提高顾客效用来提高顾客价值。如果顾客能够感知其产品与服务的独特性，总会有一部分顾客愿意为此支付较高的溢价，相应地，企业也可能获得较高的利润。比如，就其功能和质量而言，哈雷摩托车并不比本田摩托车高出多少，但它的价格却高出许多。由于其独特性，消费者感到物有所值。

差别化战略的优点是：用特色降低用户对价格的敏感性，获取较高的价格；可以回避与竞争对手的正面竞争，运用自己的特色赢得顾客；有利于建立市场壁垒，顾客的忠诚和形成特色的成本代价使竞争对手难以模仿。差别化战略具有许多优势，核心是可以建立顾客忠诚，这既可以紧密地维系顾客，又是阻止潜在竞争者进入的屏障。差别化战略的缺点是：特色化容易提高成本，形成高价，从而失掉顾客，进而影响市场份额的扩大。

(2) 差别化战略适用条件

差别化战略的适用条件包括：企业具有强大的生产营销能力、产品设计和加工能力和很强的创新能力和研发能力，具有从其他业务中得到的独特技能组合，得到销售渠道的高度合作。在实行差别化战略时还需要注意研究与产品开发部门和市场营销部门之间的密切协作、重视主观评价和激励而不是定量指标，创造良好的氛围以吸引高技能工人、科技专家和创造性人才。

(3) 差别化战略的实施方法

实现差别化可以有许多方式，如独特的设计或品牌形象、技术方面的独特性等。最理想的情况是公司使自己在多个方面都差别化。应当强调，差别化战略并不意味着公司可以忽略成本，但此时成本不是公司的首要战略目标。

差别化战略对产品与服务的差别化提出了很高的要求，企业可以通过高质量来进行产品差别化，也可以通过不断推出新的功能来进行产品差别化。服务也是差别化的重要基础。服务可以表现在很多方面。海尔公司的五星级售后服务就是一种很有特色的方式。在实践中，人们已开始由售后服务拓展到售前、售中、和售后的全方位服务。许多企业已经把本企业的价值链同顾客价值连成为一体。例如，面向顾客特殊需要进行产品设计、根据顾客生产工艺改进产品设计和提供特殊的供应方式，与顾客建立长期的合作联盟等。实际上，差别化战略在很大程度上是一个营销管理问题，市场细分的许多变量都可以作为差别化战略的基础。企业也可以通过唤起顾客的心理欲望来建立产品差别化形象，如“沃尔沃”强调产品安全性唤起顾客对生命的热爱，“索尼”则始终强调它在家用电器领域的先锋形象。但也应注意，向顾客提供较之竞争者差别化产品或服务，并不一定就是差别化战略。差别化战略除了上述许多战略活动外，还必须能够获得高于行业平均水平的溢价。在企业独特能力方面，差别化战略较多地依赖研究与开发，强调产品创新；同时，市场研究、广告促销、人员服务等营销管理职能也非常重要。对实行差别化战略的企业而言，制造和生产成本控制的地位较为次要。

（4）选择差别化战略应注意的问题

企业在选择实行差别化战略时，应该注意以下一些问题：第一，也是最主要的问题是如何维持差别化的形象。在这里，竞争者模仿是一个重要问题，除非差别化的企业能够不断地差别化，否则模仿都将会把差别化战略企业拉回到成本竞争上来，而这恰恰是差别化战略的劣势。技术的重大变革也可能对差别化形成较大的威胁，例如计算机行业的技术变革就曾经使 IBM 面临严重威胁。另外，顾客需要的变化也会削弱差别化战略的基础。因此，差别化战略必须时刻关注市场的变化、技术的变化和模仿者的竞争，努力建立不可模仿的独特能力。

第二，要处理好差别化与市场份额之间的矛盾。实现产品差别化有时会与争取占领更大的市场份额相矛盾。强化差别化与扩大市场份额往往是两者不可兼顾。强调差别化会造成成本的居高不下，如广泛的研究、产品设计，高质量的材料或周密的顾客服务等，因而实现产品差别化将意味着以丧失领先的成本地位为代价。然而，即便全产业范围内的顾客都了解公司的独特优点，也并不是所有顾客都愿意或有能力支付公司所要求的较高价格。

8.1.3 集中化战略

（1）集中化战略模型

集中化战略，又称集中一点战略，是指集中满足细分市场目标的战略，又称提供满足小用户群体需求的产品和服务的战略。一般选择对替代品最具抵抗力或竞争对手最弱之处作为目标市场。集中化战略的优点是：有利于实力小的企业进入市场；有利于避开强大的竞争对手；有利于稳定客户，企业的收入也相对比较稳定。集中化战略的缺点是：企业规模不易扩大，企业发展速度较慢；不易抵抗强大竞争对手来细分市场的竞争。

集中化战略是主攻某个特定的顾客群、某产品系列的一个细分区段或某一个地区市场。按照迈克尔·波特的观点，成本领先战略和差别化战略都是雄霸天下之略，而集中化战略则是穴居一隅之策。其间原因是，对一些企业而言，由于受资源和能力的制约，它既无法成为成本领先者，又无法成为差别化者，而是介于中间。按波特的看法，这种介于两种基本战略之间的企业由于上不能差别化，下不能成本领先，因此也就不能获得这两种战略所形成的竞争优势，波特将其看作是失败的战略。波特同时指出，如果这种企业能够约束自己的经营领域，集中资源和能力于某一部分特殊顾客群，或者是某个较小的地理范围，或者是仅仅集中于较窄的产品线，那么，企业也可以在这样一个较小的目标市场上获得竞争优势。换言之，集中化战略就是对选定的细分市场进行专业化服务的战略。

集中化战略的整体活动都是围绕着如何很好地为某一特定目标顾客服务这一中心建立的，它所制定的每一项职能方针都要考虑这一目标。这一战略的前提是：公司能够以更高的效率，更好的效果为某一狭窄的客户群体进行服务，从而超过在更广阔范围内竞争对手。结果是，公司或者通过较好满足特定对象的需要实现了差异化，或者在为这一对象服务时实现了低成本，或者两者兼得。尽管从整个市场的角度看，集中化战略未能取得低成本或差异化优势，但它的确在其狭窄的市场目标中获得了一种或两种优势地位。采用集中化战略的公司也具有赢得超过产业平均水平收益的潜力。它的目标集中意味着公司对于其战略实施对象或者处于低成本地位，或者具有高差异化优势，或者两者兼有。正如我们已在成本领先战略与产品差异化战略中已经讨论过的那样，这些优势保护公司不受各个竞争作用力的威胁。集中化战略也可以用来选择对替代品最具抵抗力或竞争对手最弱之处作为公司的战略。集中化战略的优势来源于集约资源聚焦于选定的细分市场，从而可以利用有限的资源为有限的顾客提供更为满意的服务，建立顾客忠诚。

（2）集中化战略的适用条件

企业选择集中化战略，必须考虑它的适用条件，比如，存在着适合的细分市场，否则无法实行集中化战略；企业无力在大市场参与竞争，不得不屈居一隅，选择集中化战略；企业有独特的生产和服务能力，否则无法集中一点为特定的顾客群体服务。

（3）集中化战略的实施方法

集中化战略实施的方法包括单纯集中化、成本集中化和差别集中化等。

单纯集中化是企业在不过多地考虑成本和差别化的情况下，选择或创造一种产品和服务为某一特定顾客群体创造价值，并使企业获得稳定可观的收入。

成本集中化是企业采用低成本仰仗的方法为某一特定顾客群体提供服务。通过低成本方法，集中化战略可以在细分市场上获得比成本领先战略者更强的竞争优势。如地区性的小水泥厂较之市场覆盖面较大的成本领先者，具有较强的运输成本优势。集中化战略者也可以通过选择某些难以发挥规模经济效益或经验曲线效应的产品，阻止成本领先者的侵蚀。实际上，绝大部分小企业都是从集中化战略开始起步，只是并不一定都意识到它的战略意义，并采取更具战略导向的行动。对中国的中小企业而言，面对世界经济一体化大趋势，提高对集中化战略的认识和运用能力具有非常重要的现实意义。

差别集中化是企业在集中化的基础上突出自己产品和服务的特色。企业如果选择差别集中化，那么差别化战略的主要工具都应该用到集中化战略中来。所不同的是，集中化战略只服务狭窄的细分市场，而差别化战略要同时服务于较多的细分市场。由于集中化战略的服务范围较小，可以较之差别化战略对所服务的细分市场的变化做出更为迅速的反应；也可能由于对顾客需要更了解从而开发出更有针对性和更高质量的特色产品。

（4）选择集中化战略应注意问题

集中化战略应注意处理好以下问题：第一，一般而言，集中化战略者由于产量和销量较小，生产成本通常较高，这将影响企业的获利能力。因此企业必须在控制成本的基础上，加强营销活动。第二，集中化战略的利益可能会由于技术的变革或顾客需要的变化而突然消失，因此企业必须密切注视市场信号的变化。第三，选择集中化战略的企业始终面对成本领先者和差别化战略者的威胁，因此企业在产品和服务的质量与价格上注意保持优势，注意培养赶快的忠诚度。

8.2 竞争战略轮盘模型

8.2.1 竞争战略轮盘内在关系

迈克尔·波特在其《竞争战略》一书中谈到的“竞争战略轮盘”（见图 8-1）。他认为，竞争战略是公司为之奋斗的终点（目标）与公司为达到他们而寻求的途径（政策）的结合物。“竞争战略轮盘”是一个将公司竞争战略诸关键方面仅以一个简单轮盘来阐明的工具。轮盘中心是公司的总目标，也即关于公司要如何从事竞争及其特定的经济与非经济目标的笼统目标。辐条是用来达到这些目标的主要经营方针。在轮盘的每一栏目下，应当根据公司的活动简要说明在该职能范围中的主要经营方针。经营方针的具体化所形成的各种战略观念即可用于指导企业的整个行动。这个关系就像一个车轮，轮轴与幅条联成一个整体，轮轴通过幅条而实现其转动。经营方针一旦具体化，战略观念就可用来指导企业的整个行动。正如一个车轮，辐条（方针）出自轮毂又反射回轮毂目标，并且辐条必须相互连接，否则车轮无法转动。

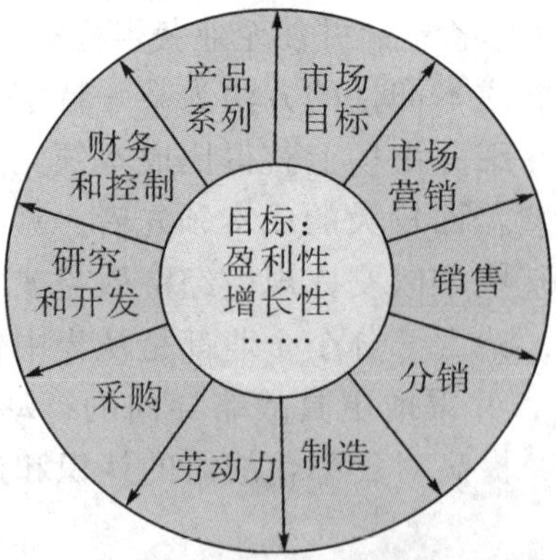

图 8-1　竞争战略轮盘模型

8.3.2 运用竞争战略轮盘注意的因素

竞争战略轮盘的确定必须充分考虑轮轴与幅条以及幅条之间的协调性。

第一，注意内部一致性，轮盘中的目标能否协同达到？各经营战略方针之间是否相互促进？

第二，注意外部环境适应性，轮盘目标是否适应产业机遇？面临的产业威胁及风险如何？是否适应产业演变的影响？

第三，注意资源适应性，目标与战略方针是否与企业可拥有的资源相吻合？企业组织是否具备应变能力？

第四，注意企业内部沟通，战略目标是否为主要执行部门及人员所理解？战略行动能否上下协调一致？

以上这些问题均是在构成竞争战略轮盘时应广泛注意的。

专栏

竞争战略轮盘模型在机顶盒市场竞争状况分析的应用

迈克尔·波特教授的“竞争战略轮盘”模型中将竞争实力分为客户资源、产品状况、市场营销、销售渠道、竞争策略、历史状况、销售区域、销售力量、组织管理、技术实力等方面。在本案例中，主要分析机顶盒生产企业的客户、产品状况、市场策略、市场营销、竞争策略和历史状况。

1. 客户资源

衡量一个企业的客户资源可以从数量和质量两方面来进行。如果一个企业仅仅拥有一个较大的客户数量，但是其客户质量却远远逊于另一个只拥有有限数量的企业时，并不能说第一个企业在客户资源竞争中优于第二个企业。从机顶盒市场上讨论，能够获得类似深圳这样的客户资源将远远胜于几个县级城市。

2. 产品状况

可以说产品状况是一个企业生产发展不断进步的立足点，如果没有好的产品，一个企业是无法长期在市场上生产的。企业的产品状况可以从企业的产品线、产品质量、以及上游企业的支持力度来考量。

在机顶盒市场上，拥有一套完整的产品线是十分重要的，现阶段有较强竞争力的企业大都拥有一个完整的产品线，包括卫星机顶盒、有线机顶盒、地面机顶盒以及IPTV 机顶盒（虽然大多数企业都没有进行批量生产，但是仍在研发之中）。

产品的质量是一个企业赢得市场竞争最重要的因素之一。现在的机顶盒大多是基础型产品，在产品质量上各家企业差距不大，但是在未来的发展中，谁能够率先研制出优质的高端产品，谁就抢占了市场。

现在的机顶盒生产企业大多都是从其他企业购买芯片和CA，那么在激烈的市场竞争中，是否与这些企业有良好的合作关系也就成为企业取得竞争优势的一大法宝。在深圳的整体转换过程中就是由于芯片的缺货使得整个平移速度下降，这是与芯片企业关系良好的企业能够率先获得芯片，也就在竞争中占尽了先机。

3. 市场营销

现在市场营销主要是从产品、价格和渠道这三个方面来考虑。在产品方面，由于现在的整体转换市场上基础型产品成为主流，产品差异化程度下降，在市场竞争中的地位远不如价格和渠道。价格方面，运营商的资金有限，自然希望能够用最低的价位获得相应的产品，因此产品的价格优势将会在极大的程度上左右着营销优势。

营销渠道在机顶盒市场发展中短期内不会占有太大的地位，因为现在的机顶盒大多是由运营商招标采购后免费向用户发放，因此企业的渠道大都是在广电部门。但是在未来市场发展中，一些传统的家电企业下属的广电产品部门或分公司的营销渠道除了在广电系统内外，还可以利用其原有产品的销售渠道进行销售，这样相对于一些专门的机顶盒生产企业就有更宽的销售渠道。

4. 市场竞争策略

所谓的市场竞争策略并不是针对所有企业的，而是仅仅针对本企业最大的竞争对手所制定的竞争策略。

在机顶盒市场上，不同的企业有自己不同的竞争对手，随着市场的发展和企业的不断发展，其竞争对手也有可能出现变化。以创维公司为例，创维在早期就进入了机顶盒生产领域，在国内市场上一直处于前列，其竞争策略也大多数针对同洲公司设定，但是随着整体平移的展开，创维最大的竞争对手已经从同洲变成了华为，那么这时它的竞争策略就要围绕华为公司展开。

5. 历史状况

所谓企业的历史状况也就是企业在本行业的发展历程。目前机顶盒市场上的企业可以分为六类。在这六类企业中，发展最好的是前三类企业：机顶盒的专门生产企业，如同洲、九州等；传统的家电企业下属的子公司或事业部，如长虹、创维、海尔、康佳等；由IT、通信等高科技行业进入到机顶盒市场中来，如华为、永新同方、中视联等。这些企业大多在广电系统内部有较好的公关关系，使得企业在现在整体平移的竞争中处于更有利的地位。

6. 销售区域

产品的销售区域对于企业的竞争力也有很大的影响。中国国土面积很大，地区间的差异也十分的明显，同样的产品在不同的销售区域在竞争力上会有很大的差别。在机顶盒市场上，虽然现在的运营商大多采用了基础型的产品，但是每个地区的运营商还是在产品上有着不同的要求。例如在的整体转换中，由于标准的问题，企业生产的机顶盒就必须采用ST公司的芯片，这样与ST公司有良好合作的企业就更容易获得这个订单。

此外，由于广电部门还是属于政府，因此在选择供货商的时候也容易从支持本地企业发展的角度选择一些本地机顶盒生产企业，如大连选择了大显、杭州选择了西湖电子，绵阳选择了九州等。

7. 技术实力

考察一个企业的技术实力大多从以下三个方面：一是企业现有的技术实力；二是

企业的研发实力；三是企业未来的技术发展方向。一个企业只有拥有雄厚的技术实力，才能够实现产品的不断升级换代，才能够从生产上做到降低产品成本，取得竞争的胜利。

在机顶盒市场上，企业现有的技术实力决定了他能不能生产出运营商所要求的产品以及能否在最低的成本上生产出这些产品，而企业的研发实力和未来的技术发展方向决定了企业能否在未来的市场发展中仍就占据有利的地位。

资料来源：根据网络资料整理。

本章小结

1. 迈克尔·波特从产业组织的观点，运用结构主义的分析方法，提出了三种基本的竞争战略：成本领先战略、差异化战略、集中化战略。三种经典竞争战略具有不同的适用条件、选择方法和选择时应注意的问题。

2. 迈克尔·波特在其《竞争战略》一书中提出“竞争战略轮盘”模型。竞争战略是公司为之奋斗的终点（目标）与公司为达到他们而寻求的途径（政策）的结合物。“竞争战略轮盘”是一个将公司竞争战略诸关键方面仅以一个简单轮盘来阐明的工具。轮盘中心是公司的总目标，辐条是用来达到这些目标的主要经营方针。

思考题

1. 波特的三种基本竞争战略是什么？它们分别具有什么适用条件？
2. 企业能否同时采用成本领先、差异化和集中化战略？
3. 企业运用“竞争战略轮盘”模型时应注意哪些问题？

9 行业竞争战略

学习目标：

1. 了解新兴行业、成熟行业和衰退行业的特点；
2. 明确处于不同行业阶段企业的战略选择；
3. 清楚不同行业阶段企业战略选择应注意的问题。

案例导读

“长江”的战略转型

1950 年，22 岁的李嘉诚开办了一家生产塑胶制品的小型公司，取名“长江”，寓意其事业将如长江之水源远流长、浩浩荡荡。其后，李嘉诚凭借塑胶花掘得第一桶金，成为“塑胶花大王”。

然而，塑胶花迎合社会发展的快节奏，只能风行一段时间。人类崇尚自然，塑胶花无论如何不能取代有生命的植物花。此外，越来越多的因素在给李嘉诚敲响警钟：1972 年，塑胶业的从业人员达到香港劳工总数的 13.3%；塑胶企业达 3359 家；欧洲、北美的塑胶花已被扫地出门；国际塑胶花市场，正转向南美等中等发达国家；香港已出现几次塑胶花积压。

长江公司拥有稳定的大客户，作为塑胶业的“大哥大”，自然不愁市场问题。但是整个行业走下坡路，最后走向衰退，是不以人的意志为转移的大趋势。这样，竞争势必日益残酷。

李嘉诚早有心理准备。他未雨绸缪，将主要的精力和心血倾注于缔造以地产为龙头的商业帝国。在当时，大富豪的投资分散在金融、航运、地产、贸易、零售、能源、工业等诸多行业。地产商在富豪望族中并不突出——这意味着房地产并非是人人看好的行业。李嘉诚是从香港的特殊环境和社会发展大势中得出以下判断的：香港是弹丸之地，不仅狭小，而且多山，加上香港政府采取高价政策，因此寸土寸金，地贵楼昂。

20 世纪 50 年代，香港人口急剧增多，经济快速发展。1951 年，香港人口过 200 万，到 20 世纪 60 年代，人口就直逼 300 万，住宅需求量大增。随着经济持久发展，办公写字楼、商业铺位、工业厂房等的需求也急涨。房地产的前景将是一片兴旺。

李嘉诚看准了这一点。他身为一业之主，不止一次为租厂房伤透脑筋。而且，许多物业商只肯签订短期租约，以待用户续租时，又大幅度提租。李嘉诚每想到此时总“异想天开”：我要拥有自己的厂房该多好！这种强烈的愿望日渐成熟。1958 年，在繁盛的工业区北角购地，新建一幢 12 层的工业大厦，正式进军房地产。

此后，李嘉诚依靠其稳健的商业作风，在地产界逐渐做大。从塑胶业向房地产业战略转移的决策过程正如他所言："这是我一生中最重大的一次商业行动。在当时，从塑胶业撤退遭到许多人反对，但是我撤出来了，所以现在我活下来了。很多人没有来得及撤退，后来者塑胶业栽了跟头。"

资料来源：根据网络资料整理。

企业在建立了成功的商业模式之后，仍然面临着一项艰巨的任务，即在不同的行业环境下如何持续保持竞争优势。行业市场在不断演进，其发展具有动态的生命周期，从初始期、成长期、成熟期到衰退期，具有不同的特点，身处其中的企业也将面临不同的机会和威胁，企业的商业模式必须行业环境的变化而做出调整。本章将讨论企业在新兴行业、成长行业、成熟行业和衰退行业中建立和保持持续竞争优势所面临的挑战。

9.1 新兴行业的竞争战略

新兴行业是新形成的或重新形成的行业。其形成的主要原因是技术创新、新消费需求的推动，或其他经济、技术因素的变化。新兴行业任何时候都会不断地被创造出来。

9.1.1 新兴行业的特点

（1）不确定性

①技术的不确定性。新兴行业往往生产技术不成熟，需要经常性的试验和调整；企业的生产经营没有形成一整套方法和规程；技术水平的评估没有量化指标；没有明确的行业标准；没有标杆企业可供参照。

②经济不确定性。有许多不可预测的突发因素或漏测因素，使企业在资源投入上超预算，新产品投入市场的时间滞后，市场发展前景未知，企业最终实现收益呈离散型概率分布。

③组织的不确定性。创新带来了巨额的利益，往往导致企业内部利益格局要重新划分，组织结构要重新调整。

④策略的不确定性。企业对竞争状况、用户特点和处于新兴阶段的行业特点等方面只有较少的信息，没有企业知道自己的竞争对手是谁，战略上都处于一种探索阶段，在制定企业战略中主观因素占有很大比例。

（2）风险性

很多顾客是新购买者，市场营销的中心是引导他们进行初始购买。但是顾客对新兴行业产品的最初需求往往非常有限，市场需求发展往往非常缓慢，原因包括：第一批产品功能不足，品质不佳；顾客对新产品的功能不熟悉；缺乏有助于增加顾客价值的互补性产品，等等。很多顾客往往持观望态度，在期待第二代、第三代产品的出现，所以，新兴行业的发展具有一定的风险性。

美国高技术企业中，完全失败的占20%~30%，经受挫折后可获得一定程度成功的企业占60%~70%，获得显著效益的只占5%左右。美国每年建立高技术企业约50万家，其中3/4在四五年内很快破产，只有1/4的企业在竞争及创新技术开发中艰难曲折地生长起来。

（3）进入壁垒低，竞争小

新兴行业中，企业一般规模都较小，各企业都忙于发展自己的技术能力和进行产品开发，不能全力以赴地参与竞争，更无暇顾及是否有新的竞争对手进入，因此，新兴行业进入壁垒较低。

（4）产品销售困难

一方面，新产品价格相对较高，只有少数购买者才有能力购买，还有些顾客不愿意改变原有的消费行为模式；另一方面，产品销售量少，分销及促销费用高，分销网络也不建全，顾客难以方便购买。企业在这一阶段往往亏本或利润很低。为了达到告诉潜在消费者新的和他们所不知道的产品，引导他们试用该产品，使产品通过零售网点获得分销，企业需要高水平的促销努力。

（5）原材料、零部件等供应不足

新技术、新产品的出现，往往要求开辟新的原料来源，或要求现有的供应者改进其供应品的质量，以符合企业的要求。因供应商还未做好准备，导致企业采购时遇到困难。

9.1.2　新兴行业的战略选择

行业初始期，企业的战略选择主要解决两个问题：一是是否作为首入者进入市场；二是如果决定进入，如何竞争。

（1）市场首入者模式

计划进入一个新产品市场的企业必须精心选择市场进入的时机。有的企业倾向于首先进入（索尼公司），而有的企业倾向于跟随（松下公司）。研究表明，首入者能够获得很大的优势：①具有随着市场成熟而获得竞争优势和市场份额的很大可能。②首入者通常是“游戏规则”的制定者，这对其建立竞争优势很有利。③首入者还可以获得其他竞争优势。例如，首入者容易在顾客中建立品牌形象。前面提到过的立邦公司通过高强度的广告促销首先将建筑涂料概念引入中国市场并取得成功，是一个很好的例子。这具有锁定顾客的意义，使人们一想某种产品或服务就会想到这个品牌。④首入者也可以通过在竞争者通过广告抵消其影响之前，使产品和服务再次差别化。最后，顾客也会认为由首入者提供的产品是最新款的，从而使首入者获得差别化优势。首入者可以设想自己一开始进入各种各样的市场，但是一下子全部进入是不可能的。他应该分析每一细分市场各自组合的利润潜量，并做出科学的市场扩展战略决策。

（2）市场竞争模式

影响市场竞争的两个方法手段——促销与定价的组合可以形成四种竞争战术：

①快速撇脂战术，即以高价格和高促销水平的方式推出新产品。采用高价格是为

了在每个单位销售中尽可能获得更多的毛利。同时，企业花费巨额促销费用旨在向市场上说明虽然产品定价水平是高的，但有其独特的价值。采用这一战术的假设条件是：潜在市场的大部分人还没有意识到该产品；知道它的人渴望得到该产品并有能力照价付款；公司面临着潜在的竞争，必须在竞争者出现之前建立消费者的品牌偏好。

②缓慢撇脂战术，即以高价格和低促销方式推出新产品。采用高价格是为了尽可能多地回收每单位销售中的毛利；而采用低水平促销是为了降低营销费用。两者结合可望从市场上获取大量利润。采用这一战术的假设条件是：市场的规模有限；大多数的消费者已知晓这种产品；购买者愿出高价；潜在竞争并不迫在眼前。

③快速渗透战术，既以低价格和高促销水平的方式推出新产品。这一战术期望能给企业带来最快速的市场渗透和最高的市场份额。采用这一战术的假设条件是：市场是广阔的；市场对该产品不知晓；大多数购买者对价格敏感；潜在竞争很强烈；随着生产规模的扩大和制造经验的积累，今后企业的单位制造成本会下降。

④缓慢渗透战术，即以低价格和低促销水平推出新产品。低价格将促进市场迅速接受该产品；同时，公司降低其促销成本以实现较多的利润。公司确信市场需求对价格弹性很高，而对促销弹性很小。采用这一战术的假设条件是：市场是广阔的；市场上该产品的知名度较高；市场对价格相当敏感；有一些潜在的竞争。

在新兴行业，不论企业强弱，它们所注重的都是独特企业竞争力的开发和与之相关的商业模式的建立，在这一阶段，投入的需求很大，因为企业需要建立一种竞争优势，许多羽翼未丰的企业寻求资源来建立独特的企业竞争力，此时，适当的业务层投资战略应当是建立市场份额战略。其目标是通过建立稳定和独特的竞争优势吸引对公司产品不了解的顾客，并由此建立市场份额。

研发能力或销售和服务方面的能力的建立需要投入巨资，企业不可能在内部产生足够的资本，因此，企业的成功取决于向外部投资者或者风险资本家证明自己独特的竞争力。如果企业获得了发展独特竞争力所需要的资源，他就会取得较强的竞争地位，如果失败，它唯一的选择就是退出市场。

9.2 成长期行业的战略选择

9.2.1 成长期行业的特点

当产业进入成长阶段后，市场快速增长，技术不确定性已消除，潜在进入者特别是财力雄厚的旁观者纷纷涌入，竞争开始激烈起来。行业成长阶段的标志是需求迅速增长。需求增长的原因是多方面的：

第一，早期的消费者起到了示范作用带动了其他人的追随消费；

第二，进入成长阶段，产品在质量和性能上较之引入期已经有了很大的改进，开始成为“真正的”好产品；

第三，生产技术大大提高，大规模生产已成为可能，产品成本下降。

第四，由于需求的飚升，整个行业的销售额也迅速增长。同时，企业花在产品开发与促销上的费用由于被大量的销售额所分摊，使得行业利润增加。由于利润的吸引，新的竞争者开始纷纷涌入，行业的激烈竞争拉开了序幕。

进入产业的成长阶段，市场首入者也可能出现不利：新产品过于粗糙或技术不够成熟，定位不恰当或太超前于需求高峰；产品开发成本耗尽了首入者的资源；开创市场的费用很高（顾客宣传、创造市场等），而市场开创后并不能为企业所专有；技术的发展很快，首入者可能自我封闭于已被淘汰的某种技术，而后入者却有可能采用最新的技术；追加投入的能力可能不及新来的。而跟进者的成功在于，提供低价格，技术比较成熟，不断改进产品，或使用了战胜首入者的残酷市场商战。

9.1.4 成长期产业的战略选择

市场首入者根据在产业的成长阶段自己有无雄厚的追加投资和可能的仿效障碍的高低，一般来说，有三种战略可供选择（见表9-1）：①继续单独发展；②与其他企业联合发展；③自己退出而让别的企业去发展。当然，无论是单独发展或联合，都要同基本竞争战略结合起来，继续寻求竞争优势。

表9-1 成长期产业竞争战略选择表

可供选择的战略	首入者有无雄厚的投资	可能的仿效障碍的高低
单独发展	有	高
联合发展	无	高
让别人去发展	无	低

9.3 成熟行业的战略选择

9.3.1 成熟行业的特点

行业经历了引入期、成长期而进入成熟期，成熟期的行业又呈现新的变化，主要有以下特点：

（1）进入低速增长期

进入成熟期后，行业产量或销售量的增长速度下降，企业要保持原有的增长率就必须扩大其市场占有率，从而使行业内企业竞争加剧。

（2）行业的盈利能力下降

由于行业增长缓慢，技术更加成熟，购买者对产品的选择越来越取决于企业所提供的产品的价格与服务的组合。而用户在选购商品上又越来越挑剔，知识和经验更加丰富。这些都迫使企业在成本、售价和服务方面展开激烈的竞争。此外，行业出现第二次投资幻觉，导致企业投资过量，出现了生产能力及人员的冗余，生产设备闲置。

(3) 企业间的兼并和收购增多

激烈的竞争导致兼并收购大增，弱小者被淘汰，产业由少数大企业控制，出现企业集团。这时的中小企业作用已不大，且常沦为大企业的附庸。

9.3.2 成熟行业的竞争战略选择

(1) 合理调整产品结构

成熟行业中企业产品的价格在市场上呈逐渐下降的趋势，行业盈利能力下降。企业为了增强自身的竞争能力，需要进行产品结构分析，淘汰部分亏损和不赚钱的产品，将企业的注意力集中于那些利润较高的、用户需要的项目和产品，使产品结构趋于合理化。

(2) 加强营销的灵活性

在产业的成熟期，企业应采取更为有效的营销手段，可以控制供应和分销渠道，也可以延长保修期、提供更为优惠的价格、提高产品等级、扩展产品系列等来增加现有顾客的购买数量，还可以开发新的细分市场以扩大顾客的购买规模。

(3) 提高创新能力

同行业不同企业生产的产品在产业成熟期趋向同质化，产品差异化程度减少，产品竞争力减弱。为了提高产品的竞争能力，企业需注重以生产为中心的技术与过程的创新，通过创新，企业推出低成本或差异化的产品设计、生产方法和营销方式，以增强自身的市场竞争力。

(4) 开发国际市场

某一地区或国家对某产品的消费总量是有限的。当行业进入成熟期后期时，产品出现供大于求的局面，国内市场趋于饱和。在这种情况下，企业可以采取国际化战略，开发国际市场，进入到那些相对需求大的国家或地区，获得更大的比较竞争优势。

(5) 实施横向合并

当行业处于成熟期时，会出现一批经营不好或处境艰难的企业，此时，如果本企业竞争地位较强，可以横向合并企业。这样可以减少竞争者，使“竞争”变为“合作”，又可以获得市场份额，增加盈利。

9.3 衰退产业的竞争战略

9.3.1 衰退产业的特点

大多数的产品市场最终都会走向衰退。这种衰退也许是缓慢的，也许是迅速的。这时期的产品销售可能会下降到零，或者也可能在一个低水平上持续许多年。当衰退产业的市场总值开始下降时，衰退产业内企业竞争将会加剧，竞争的强度取决于四项因素，如图 9-1 所示。

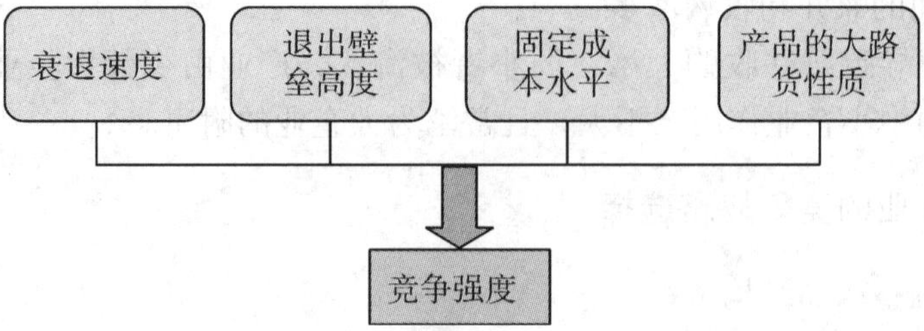

图 9-1　衰退行业的竞争强度影响因素

首先，衰退迅速的产业内竞争强度大于衰退缓慢的产业，后者的例子如烟草产业。

其次，在退出壁垒高的产业中，竞争的竞争强度较高。退出壁垒高将迫使企业在需求迅速下降时仍不得不固守本产业，其结果将是过剩的产能和价格战威胁增大。

再次，在固定成本高的衰退产业中竞争强度较高（例如钢铁产业）。为了弥补固定成本，例如保持产能的成本，企业将不惜降价以令产能得到利用，由此触发价格大战。

最后，如果产品被视为大路货（比如钢铁）而缺乏品牌忠诚（烟草产业则拥有品牌忠诚），则竞争强度较高。

9.3.2　衰退产业的竞争战略选择

衰退产业的竞争战略选择主要考虑三个因素（见表 9-2）：①产业结构特征是否有利。竞争对手较少，退出壁垒较低，不确定性较少，则为有利；反之，则为不利。②企业有无竞争优势，指在剩余需求上有无相对竞争对手的优势。③企业留在本产业中的战略需要，从技术一体化、经营一体化等方面来考察。三个因素中，前两者是主要的，应优先考虑。

表 9-2　衰退产业的战略选择

	有相对的竞争优势	无相对的竞争优势
产业结构有利	统治市场战略或保有市场战略	选择性收缩战略
产业结构不利	选择性收缩战略	放弃战略

（1）统治市场战略

采取统治市场战略的企业主要是利用正在衰退的市场，竞争者纷纷撤走的机会，挖掘稳定的或需求缓慢下降的细分市场，追加投资，夺取市场领导地位，成为市场上的统治者。

（2）保有市场战略

企业维持现有的投资水平，保持与竞争对手相应的市场地位。采用这一战略，企业首先要认清衰退行业中某细分市场仍有较高的收益。

（3）选择性收缩战略

企业尽量多地从衰退行业中回收投资，同时对某个无利可图或无发展潜力的细分市场停止一切新的投资，停止广告费用，削减设备维修费，停止研究开发费的支出，减少分销渠道的数目等。

（4）放弃战略

当企业所在的衰退行业结构不利，即竞争对手较多，退出壁垒较高，预期市场销售的不确定性较多，且又无相对的竞争优势，则企业采取这一战略。即企业将经营不善的单位，企业所拥有的部分或全部固定资产通过转让或出售的方式收回投资。早期采用此战略，可以让企业较容易以高价卖出获得较高收益，减少损失。越晚退出，除了维持经营需投入资金外，对现有资产出售的难度加大，可能价格还低。

本章小结

1. 新兴行业具有不确定性、风险性、进入壁垒低、产品销售困难等特点。新兴行业中，企业战略选择主要关注解决两个问题：是否作为首入者进入市场；如果决定进入，如何竞争。新兴行业企业的竞争模式有：快速撇脂战术、缓慢撇脂战术、快速渗透战术、缓慢渗透战术。

2. 当产业进入成长阶段后，市场快速增长，技术的不确定性已消除，潜在进入者特别是财力雄厚的旁观者纷纷涌入，竞争开始激烈起来。行业成长期企业战略选择一般有三种：继续单独发展；与其他企业联合发展；自己退出而让别的企业去发展。

3. 行业经历了引入期、成长期而进入成熟期，成熟期的行业又呈现新的变化，主要有以下特点：进入低速增长期、行业的盈利能力下降、企业间的兼并和收购增多。成熟行业的企业要：合理调整产品结构、加强营销的灵活性、提高创新能力、开发国际市场、实施横向合并。

4. 大多数的产品市场最终都会走向衰退。这种衰退也许是缓慢的，也许是迅速的。这时期的产品销售可能会下降到零，或者也可能在一个低水平上持续许多年。当衰退产业的市场总值开始下降时，衰退产业内企业竞争将会加剧，竞争的强度取决于衰退速度、退出壁垒的高低、固定成本水平以及产品的大路货性质四项因素。衰退行业中企业的战略选择有：统治市场战略、保有市场战略、选择性收缩战略和放弃战略。

思考题

1. 新兴产业有什么特点？可供选择的战略有哪些？

2. 成熟产业有什么特点？可选择哪些战略？

3. 衰退产业有什么特点？有哪些竞争战略可供选择？

4. 寻找一家企业，判断其所处的行业态势，并判断企业当前的发展战略是否最优，如不是，如何改进？

10 战略评价及战略选择

学习目标：

1. 掌握 BCG 分析方法；
2. 运用通用矩阵分析法对企业进行战略选择；
3. 掌握企业战略选择的逐步推移法；
4. 理解并会运用 SWOT 分析法；
5. 理解战略评价的定性方法，掌握战略评价的定量方法。

案例导读

做“加法”还是做“减法”

全球化浪潮的冲击，使越来越多的中国企业站在了多元化的十字路口。事实上，越来越多的企业开始放弃单一化战略，投向多元化的怀抱。这份名单包括：海尔、TCL、美的、联想、春兰、创维、五粮液、蓝星等。

随着越来越多的旗帜性公司加入多元化的阵营，中国企业在战略选择上的传统模型，如“不熟不做”渐渐被打破，也屡次冲破企业家的心理底线。

美的集团的掌门人何享健也放弃素来坚守“咬定家电不放松”的立场，巨资进入汽车业。2013 年 8 月，在昆明交易会期间，美的集团与昆明高新技术专业开发区管理委员会签订了总金额高达 20 亿元的云南美的汽车整合项目。

多元化战略背后是中国企业长大的梦想。TCL 集团总裁李东生的那句经典传达了中国企业的一个主流声音：“大，不一定强，但不大一定不强。”

家电业之外的五粮液最不甘寂寞，继进入制药、酒精、果酒、塑胶加工、模具制造、印务、电子器材、运输、外贸、汽车等市场之后，又发力进入日化行业。

但在做多元化“加法”的洪流中，却有不少中国企业开始踩刹车，开始做多元化“减法”，比如联想、创维等。创维集团董事长黄宏生在回忆前两年的多元化道路时语出惊人，他说：“有病乱投医，错上加错。”

在对数十个多元化的案例分析之后，我们把目光瞄向两个截然不同的案例节点上：一个是五粮液案例，他们在做多元化“加法”不仅大步流星，而且步伐坚定；另一个是创维案例，他们在做多元化“减法”，甚至在回归专业。

他们的选择，到底是基于什么？是否合适呢？

资料来源：根据网络资料整理。

战略本质上是一种行动方案，这种行动方案是根据企业内外环境条件来制订和选择的，也就是说企业战略是将企业内部的资源、能力与外部因素带来的机会、威胁相匹配而产生的。在确定了可用的战略方案之后，接下来的任务就是要从这些方案中进行选择。管理人员应该根据一定的标准对战略方案进行评估，以决定哪种方案最有适用性、可行性和可接受性。战略选择的正确与否，直接关系到企业的命运。选择一种战略将受多种因素的影响，主要包括：公司过去的战略，高层管理者的态度，公司外部所处的宏观和行业环境，企业文化与权力关系，企业所拥有的资源和能力，竞争者的行为和反应，等等。本章集中介绍一些常用的战略选择方法。

10.1 BCG 分析法及其改进模型

10.1.1 BCG 分析法

BCG 分析法是由美国大型商业咨询公司——波士顿咨询集团（Boston Consulting Group）首创的一种规划企业产品组合的方法，也被称为波士顿矩阵和市场增长率—相对市场占有率矩阵法。

BCG 分析法假定企业拥有复杂的产品系列，并且产品之间存在明显差别，具有不同的市场细分，在这种情况下，企业决定产品结构时主要考虑两个基本因素：

一是企业的相对竞争地位，以相对市场占有率指标表示，指本企业某种产品的市场份额与该产品在市场上最大的竞争对手的市场份额的比率，相对市场占有率通常以 0.5 为高低界限，表示公司的市场份额为本产业领先公司的一半，相对市场占有率为 1 则表示最大的竞争对手就是自己，表明已成为行业领先者。

二是业务增长率，以市场增长率指标表示，指前后两年整个产品市场销售额增长的百分比，市场增长率通常以 10%作为高低产业增长率的分界点。需要注意的是，这些数字的范围可能在方法使用的过程中根据实际情况的不同进行修改。

这两个因素相互影响，共同作用，形成以下四种具有不同发展前景的产品类型，企业就应针对不同类型的产品采取相应的战略对策，如图 10-1 所示：

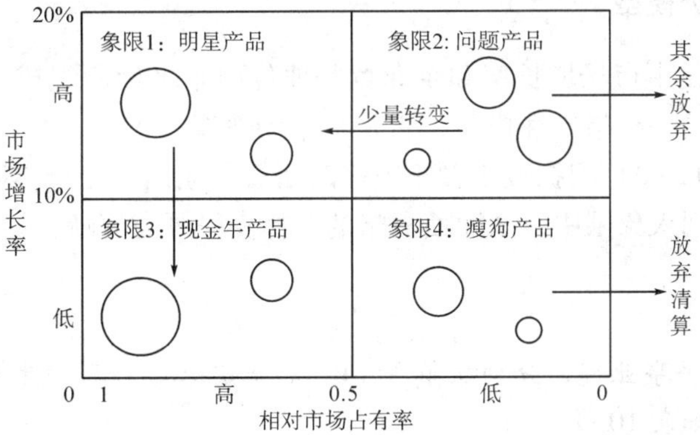

图 10-1 BCG 分析图

注：图中每个圆代表一个产品类别，圆圈的位置表示这个产品的市场增长率和相对市场占有率的高低，圆圈面积大小表示该产品的收益与企业全部收益的比值。

（1）明星产品（Stars）：指市场增长率和相对市场占有率为“双高”的产品群，是企业最具有长期发展和获利机会的产品。

由于该类产品增长较快，它所需要的投资量一般超过其自身的积累能力，因此在短期内应成为企业资源的优先使用者，应用扩张性的发展战略，即增加资源投入，积极扩大经济规模和市场机会，以长远利益为目标，提高市场占有率，加强竞争地位。

（2）现金牛产品（Cash Cow）：指低市场增长率，高相对市场占有率的产品群。这类产品已进入市场成熟期，销售量大，产品利润率高，负债比率低，无需扩大投资，因而其创造的现金量高于自身对现金的需要量，成为企业回收资金，支持其他产品，尤其是明星产品发展的投资后盾。

这类产品，过去曾经是明星产品，一旦成为现金牛产品后，其市场占有率的下跌已成为不可阻挡之势，因此可采取收获战略，即投入资源以达到短期收益最大化为限。一方面把设备投资和其他投资尽量压缩，另一方面可采用榨油式方法，争取在短时间内获取更多利润，为其他产品提供资金。

（3）问题产品（Question Marks）：指高市场增长率，低相对市场占有率的产品群。这类产品是企业的新生力量，但前途未卜。由于市场占有率低，其获利能力不明显，现金创造力较低。

因此，对问题产品应采取选择性投资战略，即首先确定对那些经过改进可能会成为明星的产品进行重点投资，提高其市场占有率，使之逐步转变为明星产品；对其他将来有希望成为明星的产品，则在一段时期内采取扶持的政策；而对那些经“教育培养”仍难成长的产品，则采取放弃战略。

（4）瘦狗产品（Dogs）：指低市场增长率，低相对市场占有率的产品群。这类产品的市场已经饱和，因而竞争激烈，利润率低，处于保本或亏损状态，负债比率高，无法为企业带来收益。

因此，瘦狗类产品应采取撤退战略，即应减少批量，缩小业务范围，逐渐撤退，甚至立即淘汰，并将剩余资源向其他产品转移。

10.1.2 BCG 改进模型

BCG 改进模型是由市场增长率和企业竞争地位两个坐标所组成一种模型，是可供企业选择战略使用的一种指导性模型，它是由小汤普森（A. A. Thompson. Jr.）与斯特里克兰（A. J. Strickland）根据波士顿矩阵修改而成，他们将处于不同象限中的经营单位可以采用的战略列入象限中，从而使战略的选择变得更为清晰，如图 10-2 所示。

案例分析 1：

1. 甲公司有三个事业部，分别从事 A、B、C 三类家电产品的生产和销售，这些产品的有关市场数据如表 10-1。

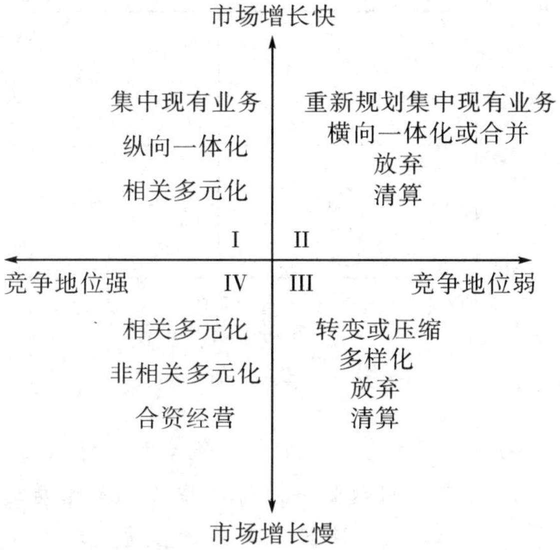

图 10-2　BCG 改进模型

表 10-1　　市场销售数据　　单位：万元

产品 \ 统计对象	A	B	C
甲公司销售额	8 800	2 600	14 500
最大竞争对手销售额	22 000	8 667	19 333
近年全国市场增长率	13%	6%	1%

(1) 用波士顿矩阵分析甲公司的 A、B、C 三类产品分别属于何种业务?

[解答] (1) 三类产品的相对市场份额，如表 10-2 所示。

表 10-2　　三类产品的市场份额　　单位：万元

产品 \ 统计对象	A	B	C
甲公司销售额	8 800	2 600	14 500
最大竞争对手销售额	22 000	8 667	19 333
相对市场份额	0. 40	0. 30	0. 75
近年全国市场增长率	13%	6%	1%

(2) 根据上面表格的计算结果画出波士顿矩阵，如图 10-3 所示。

所以 A 产品是问题业务，B 产品是瘦狗业务，C 产品是现金牛业务。

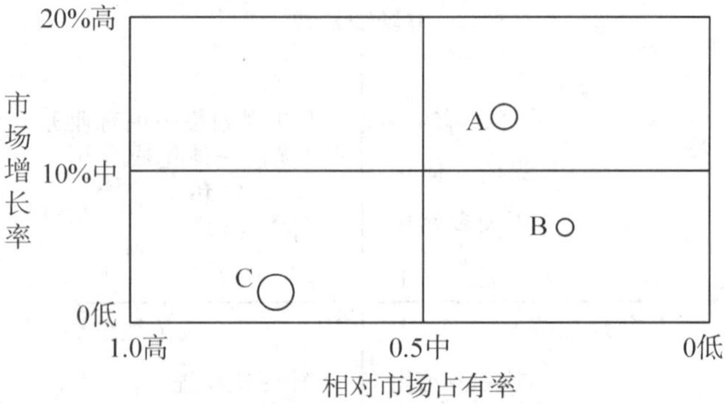

图 10-3　三类产品矩阵图

2. 甲公司对 A、C 两类产品应分别采取什么策略？为什么？

［解答］（1）产品 A 处于是问题业务，对产品 A 的策略是进一步深入分析企业是否具有发展潜力和竞争力优势，从而决定是否追加投资，扩大市场份额。因为该业务特点是市场增长率较高，需要企业投入大量资金予以支持，但企业该业务的市场占有率不高，不能给企业带来较高的资金回报。

（2）产品 C 是现金牛业务，对业务 C 采取的策略是维持稳定生产，不再追加投资，尽可能回收资金，获取利润。因为其特点是市场占有率较高，但行业成长率较低，行业可能处于生命周期中的成熟期，企业生产规模较大，能带来大量稳定的现金收益。

10.2　通用矩阵模型

通用矩阵模型是 1970 年通用电器公司为优化产品组合而重新制定公司战略时形成的。该模型认为，在评价各经营单位时除了要考虑市场占有率和市场增长率以外，还要考虑其他许多因素，这些因素可以包括在市场引力和公司实力两大因素中。其中市场引力包括：市场容量、市场增长率、利润率、竞争强度、技术要求等。公司实力包括：市场占有率、产品质量、品牌信誉、销售能力、技术力量、生产能力、单位成本等。

根据以上因素对企业产品加以定量分析评价，划分出九种类型，针对每一种类型列出相应的发展、维持及淘汰等对策，在此基础上调整产品结构，确定企业产品发展方向。具体步骤如下：

（1）选择能反映产品主要经营特征的项目作为考核市场引力和企业实力的具体因素，并根据每一具体因素的重要程度决定其权重（所有因素的权重总和为 1），然后根据具体情况确定各因素的等级评分，一般选用五级分法（即评分范围为 1~5）；

（2）通过加权汇总，得出每一产品市场引力和企业实力的总分，并按大中小分为三个等级（这里三个等级的分界点不妨选为 3.0 和 1.5）；

（3）根据 BCG 原理，纵轴表示市场引力，横轴表示企业实力，按大中小三个等级标准，画成九象限图，并将各产品的市场引力和企业实力按其大中小标准分别填入相应的象限内，如图 10-4 所示；

（4）对 9 个象限内的不同产品分别采取不同的战略。

①张性战略，企业应将重点放在①、②、④象限区域内的产品群上，重点投资，重点经营，类似于波士顿矩阵中的明星产品；

②紧缩或放弃战略，而对⑥、⑧、⑨象限区域内的产品群，类似于波士顿矩阵中的瘦狗产品，应采取维持收益或撤退收缩；

③选择型投资战略，对于③、⑤这种没有优势或没有特色的经营单位应一分为二对待，选择其中确有发展前途的业务实施扩张型战略，其余业务采取放弃战略，类似于波士顿矩阵中的问题产品；

④稳定或抽资战略，对于⑦这类经营单位宜于采用维持现状、抽走利润、支持其他单位的策略，类似于波士顿矩阵中的现金牛产品。

市场吸引力 \ 企业实力	小	中	大
大	③关注长远的扶持战略	②快速提高市场占有率的发展战略	①集中资源力保优势战略
中	⑥选择性地进行投资的收缩战略	⑤平衡收益与风险的稳定战略	④抓住机会扩大收益战略
小	⑨坚决撤退的收缩战略	⑧停止投资的坐吃山空战略	⑦逐渐减少投资的收回资源战略

图 10-4　通用 9 种标准战略分析图

案例分析 2：

某纺织集团是集纺纱、织布、服装、家纺为一体的国家大型纺织企业集团，公司年产棉纱 70 000 吨，坯布 5 000 万米，服装、床上用品 900 万件套。2006 年实现销售收入 22 亿元，出口创汇万美元。

（1）指标判定

按照企业目前的产品结构，笔者按大类将企业产品划分为：纯棉精梳高支纱（A）、纯棉普梳低支纱（B）、混纺纱（C）、布（D）、家纺（E）五大类。由企业相关领导和专家组成专家组，采用五级度量法对市场吸引力和竞争能力进行打分，最后对各个专家的评分取加权平均值，其结果如表 10-3 所示。

表 10-3　　　　　　　　　　　　评分表

市场吸引力评价指标	权重 an	A 得分	B 得分	C 得分	D 得分	E 得分	竞争能力评价指标	权重 bm	A 得分	B 得分	C 得分	D 得分	E 得分
X1	0. 13	3	4	4	3	2	Y1	0. 05	4	2	2	2	2
X2	0. 11	4	2	3	3	4	Y2	0. 10	4	2	3	3	2
X3	0. 04	3	2	3	2	4	Y3	0. 08	4	3	3	4	3
X4	0. 05	4	3	3	3	3	Y4	0. 15	4	4	4	4	3
X5	0. 07	3	3	3	3	4	Y5	0. 05	4	4	4	4	4
X6	0. 06	3	2	2	3	4	Y6	0. 14	3	2	3	2	2
X7	0. 09	3	2	2	2	3	Y7	0. 05	3	2	3	3	3
X8	0. 16	3	2	3	3	4	Y8	0. 10	4	4	4	3	3
X9	0. 10	3	3	3	3	3	Y9	0. 16	3	3	3	3	3
X10	0. 09	3	3	3	3	4	Y10	012	4	3	3	3	2
X11	0. 06	3	3	2	3	4							
X12	0. 04	3	3	4	4	4							
总计	1. 00	3. 16	2. 67	2. 96	2. 91	3. 50		1. 00	3. 65	2. 96	3. 25	3. 09	2. 64

（2）矩阵分析

行业吸引力和竞争能力的分值均分布在［0，5］区间内，根据经验，可把高、中、低三个等级的分界点定为 3. 0 和 1. 5。

根据上表所得到的判定结果，确定出该纺织企业各个产品大类在矩阵图中的位置，如图 10-5 所示。

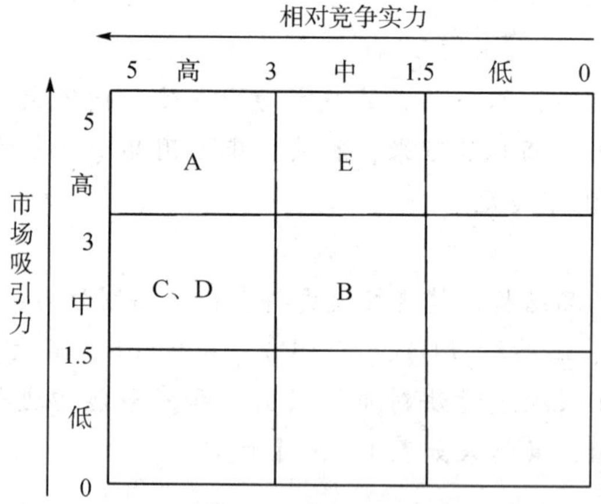

图 10-5　通用矩阵分析图

(3) 产品战略选择

①纯棉精梳高支纱(A)其处于第一象限。则企业对于这部分产品应优先保证其发展所需要的一切资源，以保证其有利的市场地位。

②纯棉普梳低支纱(B)其处于第五象限。而这一区域通常竞争者较多，企业应密切关注市场动向，有选择地进行投资，但投资不宜太大，必要时可以退出。

③混纺纱(C)与布(D)这两大类产品均处于第四象限。企业应对其发展分配足够的资源，使其能适应市场的发展需要。

④家纺(E)其处于第二象限。

企业应在资源配置上做出调整，加大投资力度，以提高其竞争能力，促进其快速发展。通过综合考虑企业自身及外部市场环境这两方面特点，通用矩阵为纺织企业产品战略选择提供了一种理论辅助工具，使其更具量化性和可操作性。

而通用矩阵应用的有效性很大程度上取决于各评价指标的正确选定。

10.3 逐步推移法

美国乔治大学教授格鲁克提出了就企业总体来选择战略的逐步推移法(见图10-6)，对业务比较简单的中小企业更为适用。他认为，战略选择并不是一个例行公事或容易决策的过程。管理者往往由于能力有限，或缺乏足够的信息，或环境变化很快，无法遵循"理性的模式"，战略管理者只能在有限的范围内选择战略，选择的余地并不很大，而只能采用逐步推移的办法来选择其战略。

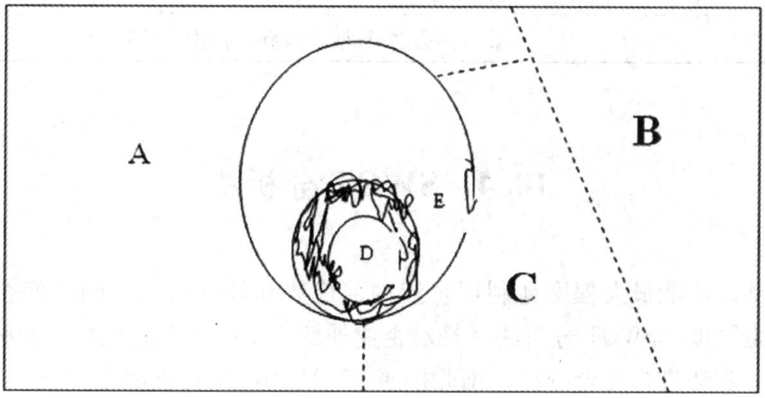

图 10-6 逐步推移法

说明：

A 风险过大区

B 政策限制区

C 外界条件限制区

D 过去执行的战略

E　可供选择区

图 10-6 用一个矩形来代表所有的各种战略，其中归属于 A、B、C 三区域的战略因各种原因而无法采用，只有 D 是过去执行的战略，E 才是可供选择的战略，所以选择余地不大。

逐步推移法从稳定发展战略起步（见表 10-4），按下述步骤进行：

（1）首先比较现在的战略（假定是稳定发展）与在职能上作些变化的稳定战略，考察能否实现既定的战略目标；

（2）如果不能实现目标，再将稳定发展战略与同时采用发展（即扩张型）战略相比较；

（3）若仍不能实现目标，就考虑单纯采用发展战略；

（4）若仍不能实现目标，再将发展战略与既发展又紧缩的组合战略相比较；

（5）若仍不能实现目标，就考虑单纯采用紧缩型战略。

（6）总之，从现在的战略逐步推移，在预定目标得到满足时，决策者就可做出自己的战略选择。

表 10-4　　逐步推移步骤表

步骤	选择	战略
I	1 2	稳定发展：照旧不变 稳定发展：职能上做些变化
II	3	稳定+发展
III	4	发展：纵向/横向一体化、相关多元化、混合多元化
IV	5	发展+紧缩
V	6	紧缩：退缩/转向、放弃、依附、清算

10.4　SWOT 分析法

有效的战略应能最大程度地利用企业内部优势和外部机会，同时使企业的劣势和威胁降至最低限度。SWOT 分析法就是对企业外部环境中存在的机会、威胁和企业内部条件的优势、劣势进行综合分析，据此按照 SWOT 矩阵选择出战略方案。

10.4.1　SWOT 的内涵

SWOT 分别是优势（Strengths）、劣势（Weaknesses）、机会（Opportunities）、威胁（Threats），其中优势和劣势是指企业的内部因素，机会、威胁是指企业所面临的外部环境因素。

优势是指能使企业获得战略领先并进行有效竞争，从而实现自己目标的某些强大的内部因素或特征，通常表现为企业的一种相对优势。例如，充足的资金来源，良好的经营管理方法，在顾客中具有良好的形象，市场领导地位，完善的服务系统，独有的专利技术，较好的广告宣传，产品的创新能力，先进的工艺设备，别具一格的产品包装设计，极其低廉的产品成本，健全的营销网络等。

劣势是给企业带来不利，导致企业无法实现其目标的消极因素和内部的不可能性。例如，技术落后或设备陈旧，销售渠道不畅，成本居高不下，缺乏管理经验和科学知识，内部管理混乱等。

机会是那些不断地帮助企业实现或超过自身目标的外部因素和状况。企业面临的机会很多，如出现了新的市场，降低了的外国市场的关税壁垒等。

威胁是对企业经营不利并导致企业无法实现既定目标的外部因素，是影响企业当前地位或其所希望的未来地位的主要障碍。企业面临来自各个方面的威胁，主要有：低成本竞争者进入，替代品的销售额上升，市场增长速度趋缓，国外有关国家贸易政策和汇率出现了不利于企业的变化等。

10. 4. 2 SWOT 分析过程

SWOT 分析是在企业外部分析和内部分析的基础上，将分析结果分别依照机会、威胁、优势、劣势进行归纳梳理，如下表 10-5 所示。

表 10-5 SWOT 梳理表

内部条件	优势（Strength）	劣势（Weakness）
	产权和技术 产品 良好的财务 高素质的管理人员 公认的行业领先者 ……	设备老化 产品范围太长 营销能力较弱 成本高 企业形象一般 ……
外部环境	机会（Opportunity）	威胁（Threat）
	纵向一体化 市场增长迅速 能争取到新的用户群 有可能进入新的市场领域 可以增加互补产品 ……	竞争压力增大 政府政策不利 用户需求正在转移 新一代产品已经上市 ……

这样，依据 SWOT 梳理表，可以有两种主要方法，得出企业在 SWOT 矩阵图（如图 10-7）上所处的具体象限位置，据其所处象限位置，确定企业应该采用的战略。这两种方法，一种是定性的方法，主要根据经验和直觉，对 SWOT 梳理表结果做出综合判断，另一种是定量的方法，可以采用因素打分然后算术加权平均法计算。

10. 4. 3 SWOT 矩阵图

SWOT 矩阵图如图 10-7 所示。

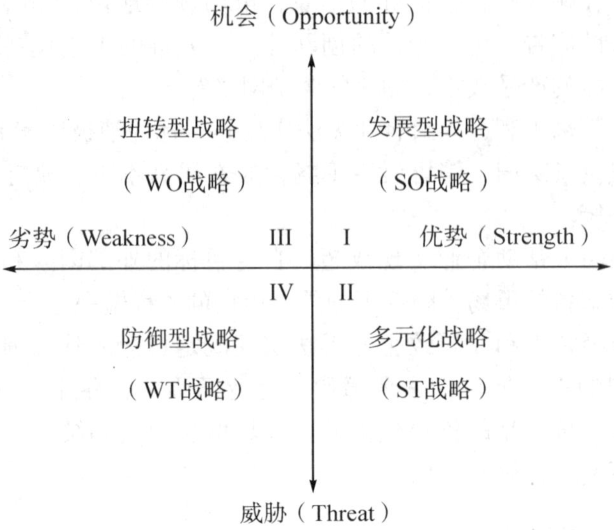

图 10-7　SWOT 矩阵图

处在第Ⅰ象限的企业，它的机会大于威胁，优势大于劣势，这种情况是最理想的，企业可以采取充分利用环境机会和内部优势的大胆发展战略，如集中化战略等。

处在第Ⅱ象限的企业，其威胁多于机会，优势大于劣势。针对这种情况，利用现有优势在其他产品或市场上建立长期机会，实行多种经营战略来分散环境带来的风险，这是具有其他发展机会的企业通常采取的态度。

处在第Ⅲ象限的企业，其机会大于威胁，劣势强于优势。这就要求企业应采取扭转型战略，以减少内部劣势，有效地利用外部环境带来的机会。

处在第Ⅳ象限的企业，其机会小于威胁，劣势强于优势。在这种情况下，企业可以采取减少产品或市场的防御型战略。

综上所述，SWOT 分析法是将内外部分析的结果在 SWOT 矩阵图上具体定位，从而确定企业应该采取的战略，给我们提供了一种战略思考的思路和框架。

10.5　SPACE 矩阵分析法

战略地位与行动评价矩阵（简称 SPACE 矩阵）主要用于分析企业外部环境及企业应该采用的战略组合。

SPACE 矩阵有四个象限分别表示企业采取的进取、保守、防御和竞争四种战略模式。矩阵的两个数轴分别代表了企业的两个内部因素——财务优势（FS）和竞争优势（CA）；两个外部因素——环境稳定性（ES）和产业优势（IS）。这四个因素对于企业的总体战略地位是最为重要的，如图 10-8 所示。

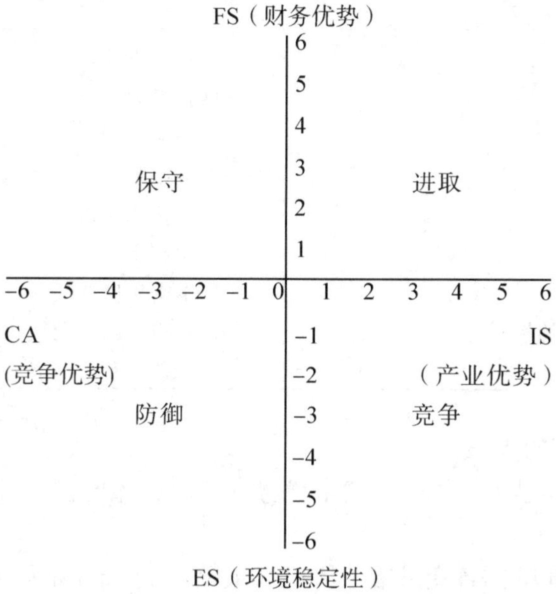

图 10-8 战略地位与行动评价矩阵

向量出现在 SPACE 矩阵的进取象限时，企业正处于一种绝佳的地位，可以利用自己的内部优势和外部机会选择自己的战略模式，如市场渗透、市场开发、产品开发、后向一体化、前向一体化、横向一体化、多元化经营等。

向量出现在保守象限意味着企业应该固守基本竞争优势而不要过分冒险，企业更适宜采取市场渗透、市场开发、产品开发和集中多元化经营等保守型战略。

当向量出现在防御象限时，意味着企业应该集中精力克服内部弱点并回避外部威胁，防御型战略包括紧缩、剥离、结业清算和集中多元化经营等。

当向量出现在竞争象限时，表明企业应该采取竞争性战略，包括后向一体化战略、前向一体化战略、市场渗透战略、市场开发战略、产品开发战略及组建合资企业等。

矩阵的轴线可以细分包含多种不同的变量，具体如表 10-6 所示。

表 10-6 战略地位与行动评价矩阵变量表

财务优势（FS）	环境稳定性（ES）
——投资收益	——技术变化
——杠杆比率	——通货膨胀
——偿债能力	——需求变化性
——流动资金	——竞争产品的价格范围
——退出市场的方便性	——市场进入壁垒
——业务风险	——竞争压力
	——价格需求弹性

表10-6(续)

竞争优势（CA）	产业优势（IS）
——市场份额 ——产品质量 ——产品生命周期 ——客户忠诚度 ——竞争能力利用率 ——专有技术知识 ——对供应商和经销商的控制	——增长潜力 ——盈利能力 ——财务稳定性 ——专有技术知识 ——资源利用 ——资本密集性 ——进入市场的便利性 ——生产效率和生产能力利用率

建立SPACE矩阵的步骤：

（1）选择构成财务优势（FS）、竞争优势（CA）、环境稳定性（ES）和产业优势（IS）的一组变量；

（2）对构成FS和IS的各变量给予从+1（最差）到+6（最好）的评分值。而对构成ES和CA的轴的各变量给予从-1（最好）到-6（最差）的评分值；

（3）将各数轴所有变量的评分值相加，再分别除以各数轴变量总数，从而得出FS、CA、IS和ES各自的平均分数；

（4）将CA和IS平均分数相加，并在X轴上标示出来；将FS和ES的平均分数相加，并在Y轴上标示出来；

（5）从SPACE矩阵原点到X、Y轴数值的交叉点画一条向量，这一向量所在的象限就表明了企业可以采取的战略类型：进取、竞争、防御或保守。

案例分析3：

应用SPACE矩阵对某农业银行进行战略选择分析

1. 对该农业银行应用SPACE矩阵的步骤

（1）建立构成财务优势、竞争优势、产业优势、环境稳定性的各组变量。变量不一定要全面，但要将能反映四个指标的主要变量放进去，具体各指标的变量选择见表10-7。

表10-7　　某农业银行的SPACE矩阵评分表

财务优势（FS）	评分
银行一级资本充足率	1
银行核心资本充足率	1
银行资产收益率	1
银行净资本收益率	3
银行收入增长率	2

表10-7(续)

财务优势（FS）	评分
产业优势（IS）	
地域经营自由度	4
产品经营自由度	2
银行存款占公众资产的比例（公众对银行的依赖度）	4
成长空间（进3年行业资产扩张速度）	2
环境稳定性（ES）	
政治波动	-4
通货膨胀（CPA或PPA）	-4
国内金融管理制度	-3
与国际金融市场的结合度（汇率制度选择）	-3
竞争优势（CA）	
客户群规模	-3
存款业务量占贷款市场份额	-2
贷款业务量占贷款市场份额	-2
中间业务利润占有总额比例	-1
员工数量	-1

（2）对构成财务优势和产业优势指标轴的各变量给予从1到6的评分值，其中1表示该变量最差，6表示该变量最好，对环境稳定性和竞争优势指标轴的各变量则给予从-1到-6的评分值，其中-1表示该变量最好，-6表示该变量最差。对于农行的评价我们采用评分值评价。

（3）将各指标轴上的所有变量的评分相加，再分别除以各指标轴上的采用变量的数量。从而得出FS、CA、IS、ES指标的各自平均分数。

（4）将FS、CA、IS、ES指标的平均值标在各自数轴上。

（5）将X轴上的IS指标值与CA指标值相加，结果标在X轴上，将Y轴上的FS指标值和ES指标值相加，结果标在Y轴上，标出交叉点（x，y）。

（6）自SPACE矩阵上的原点到点（x，y）画一条向量。该向量表明了农业银行在上市问题上的正确战略选择是进取型、竞争型、防御型，还是保守型。

2. 评价

根据该农业银行年报以及金融年鉴（2004）所公布的数据，我们确立了以下SPACE矩阵指标，采用波士顿咨询集团（BCG）对SPACE银行业评价的指标分制评分标准，有以下结果：

FS的平均值为：（1+1+1+3+2）/5=1.6

IS的平均值为：（4+2+4+2）/4=3

ES的平均值为：（-4-4-3-4）/4=-3.

CA的平均值为：（-3-2--2-1-1）/5=-1.8

向量坐标值 x 为：3+（−1.8）=1.2

向量坐标值 y 为：1.6+（−3.75）=−2.15

交叉点（x，y）为（1.2，−2.15），如图 10-9。

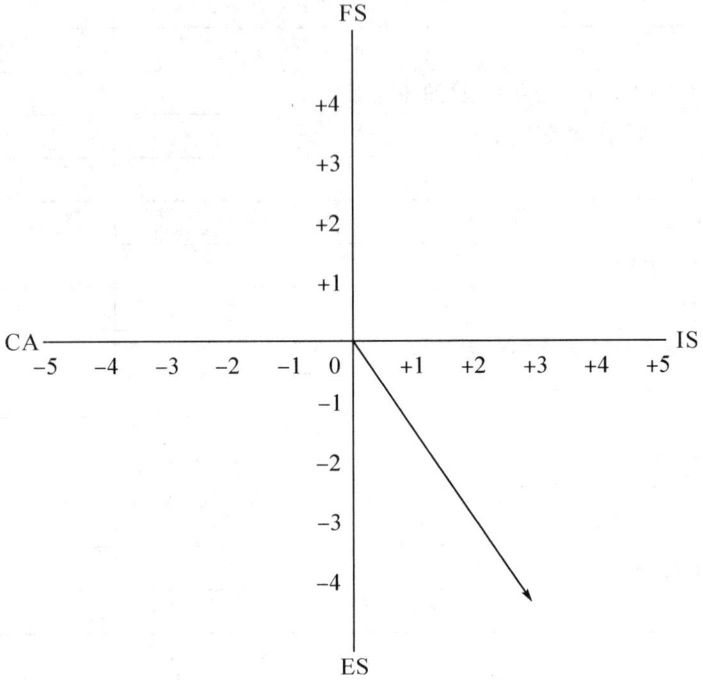

图 10-9　该农行的 SPACE 分析矩阵

由图可知，该农业银行应采用竞争型战略。

10.6　战略评价的方法

通过以上所讲的战略选择方法选出的战略方案，可以用一套较完整的体系或标准其进行评价，战略评价的方法可以采用定性和定量的评价方法。当然，它同时也可以是一种战略分析和选择的方法，在几个备选战略中，评价分值最高的战略即被选中。

10.6.1　战略的定性评价方法

通过战略的选择方法可知，一个企业根据外部环境的机会、威胁和自身条件的优势、劣势，可能会有多种可供选择的战略方案。然而现实的复杂性使得企业在制定战略时要考虑众多因素，这其中有很大一部分是无法量化的，因此，战略评价主要是采用定性评价法。

定性评价法的主要步骤为：

（1）根据检验标准，拟定若干具体问题；

（2）回答上述的这些问题以考察战略符合标准的程度；

（3）评价优劣并决定其取舍。

然而，实际中的困难是即使问题问得再多，也不可能包罗无遗，而且也不是对每个战略都适合回答所有这些问题。如何对问题进行取舍，完全凭着战略决策者对影响战略的各种因素进行权衡和把握，这是战略定性评价方法的缺点。

10.6.2 战略的定量评价方法

在有些情况下也可以对战略方案进行定量化的评价，从而选择出最有效的战略。美国一位学者提出了定量战略计划矩阵法（QSPM 矩阵）。

QSPM 矩阵是对备选方案的战略行动的相对吸引力做出评价，从定量的角度来评判其战略备选方案的优劣程度。

建立 QSPM 矩阵的步骤：

（1）在 QSPM 矩阵的左栏上根据先前分析过的 EFE 矩阵和 IFE 矩阵中得到关键外部机会与威胁和内部优势与劣势，并给出相应的权重；

（2）将得出的匹配的战略备选方案填到矩阵顶部的横行中；

（3）确定每一组备选方案的吸引力分数（AS），根据所考察的关键因素与备选战略的关系给出评分。评分值在 1～5 之间，根据机会、威胁、优势和弱势来分别确定，具体定义见表 10-8 所示。

表 10-8 吸引力分数说明

分数	机会	威胁	优势	劣势
5 分	充分抓住机会	很好应对威胁	充分利用优势	很好的弥补劣势
4 分	较好把握机会	较好应对威胁	较好利用优势	较好的弥补劣势
3 分	把握机会程度一般	应对威胁能力一般	利用优势程度一般	弥补劣势程度一般
2 分	不能较好把握机会	不能较好应对威胁	不能较好利用优势	不能较好弥补劣势
1 分	完全没有抓住机会	完全不能应对威胁	完全不能利用优势	完全不能弥补劣势

（4）计算吸引力总分（TAS）。吸引力总分表示各备选战略的相对吸引力，吸引力总分越高，战略的吸引力越大。

吸引力总分是关键因素的权重与吸引力评分的乘积。即

TAS＝权重×AS

（5）计算吸引力总分和。它是通过将 QSPM 矩阵中各个备选战略的 TAS 总分相加而得。分数越高，表明战略越具有吸引力。

值得注意的是，由于 QSPM 矩阵是对备选方案进行对比评价，因此 AS 评分应该横向进行，即对某一因素在各个备选方案间进行比较。

案例分析 4：

现以成都某房地产企业为例，来具体说明 QSPM 矩阵的应用，如表 10-9 所示。

表 10-9　　某房地产公司 QSPM 矩阵表

关键因素		权重	市场开发		市场渗透		产品研发		品牌战略		战略联盟		前向一体化		相关多元化		差异化战略	
			AS	TAS	AS	TAS	AS	TAS	AS	TAS	AS	TAS	AS	TAS	AS	TAS	AS	TAS
机会	成都经济发展增加房产需求	0.11	4	0.44	4	0.44	4	0.44	4	0.44	4	0.44	4	0.44	4	0.44	4	0.44
	“十一五”规划的实施	0.13	3	0.39	4	0.52	4	0.52	4.5	0.585	5	0.65	4	0.52	4	0.52	3.5	0.455
	住房消费信贷业务迅猛发展	0.12	3	0.36	4	0.48	4	0.48	4	0.48	4	0.48	3.5	0.42	3.5	0.42	4	0.48
	商品房存在大量需求缺口	0.11	4	0.44	3	0.33	4.5	0.495	4	0.44	3.5	0.385	2.5	0.275	3	0.33	4	0.44
	国外资金提供多种融资渠道	0.08	2	0.16	4	0.32	3.5	0.28	3	0.24	4	0.32	4	0.32	3.5	0.28	3	0.24
威胁	房地产业市场竞争加剧	0.09	3	0.27	2	0.18	3.5	0.315	3	0.27	4	0.36	3	0.27	4	0.36	4	0.36
	消费者品味要求进一步提高	0.07	4	0.28	3	0.21	3	0.21	3.5	0.245	4	0.28	4	0.28	3	0.21	4	0.28
	银行的贷款条件变高	0.13	3	0.39	3.5	0.455	4	0.52	3	0.39	5	0.65	4	0.52	3	0.39	3	0.39
	外来开发商进入	0.07	3	0.21	3	0.21	2.5	0.175	3	0.21	4.5	0.315	3.5	0.245	3.5	0.245	4	0.28
	汇率提高增加建筑成本	0.07	3	0.27	2.5	0.225	3.5	0.315	3	0.27	4	0.36	3	0.27	4	0.36	4	0.36
	总计	1.0																
优势	灵活的反应机制	0.1	5	0.5	4.5	0.45	3	0.3	4	0.4	4	0.4	4	0.4	4	0.4	3.5	0.35
	较强的资源整合能力	0.15	4	0.6	4.5	0.675	3.5	0.525	4	0.6	4	0.6	4	0.6	4	0.6	4	0.6
	准确地把握客户心理	0.08	4	0.32	4	0.32	4.5	0.36	4	0.32	3	0.28	3.5	0.28	3.5	0.28	4	0.32
	较好的盈利能力	0.11	4	0.44	4	0.44	3	0.33	3.5	0.385	3	0.44	4	0.44	4	0.44	3.5	0.385
	人才众多	0.09	4	0.36	4	0.36	3.5	0.315	4	0.36	3.5	0.27	3	0.27	4	0.36	3.5	0.315
劣势	规模较小，融资困难	0.2	3	0.6	3	0.6	2.5	0.5	3	0.6	4	0.8	4	0.8	3.5	0.7	4	0.8
	研究开发投入经费不足	0.07	2	0.14	4	0.28	3	0.21	3.5	0.245	4	0.28	3	0.21	3.5	0.245	4	0.28
	内部管理制度很不完善	0.07	2	0.14	3.5	0.245	3	0.21	4	0.28	3	0.21	4	0.28	4	0.28	3	0.21
	管理的提升停留在口号阶段	0.06	3	0.18	3.5	0.21	3	0.18	3.5	0.21	3	0.18	3	0.18	3.5	0.21	4	0.24
	内部凝聚力不高	0.07	3	0.21	2.5	0.175	3	0.21	3	0.21	3.5	0.245	3.5	0.245	3	0.21	3.5	0.245
	总计	1.0		6.7		7.125		6.89		7.18		7.84		7.265		7.28		7.47

本章小结

1. 波士顿矩阵分析法是由波士顿咨询集团首创的一种规划企业产品组合的方法。波士顿矩阵分为四个象限：问号类产品、明星类产品、现金牛类产品和瘦狗类产品，通用矩阵是对波士顿矩阵的改进，它不但扩大了纵横两个坐标的选取范围，而且由原来的 2×2 矩阵演变为 3×3 矩阵，从而提高了分析企业产品组合和资金配置的可行性。企业可以结合自身类型、产品和经营业务特点来选择合适的分析评估工具。

2. 逐步推移法是从现在的战略逐步推移，在预定目标得到满足时，决策者就可做出自己的战略选择。

3. SWOT 分析法是一种把企业外部环境和内部资源相结合的综合性分析工具。它从注重内部优势和劣势、外部环境的机会与威胁四个方面加以系统运筹，进而制订切实可行的战略实施方案。

4. 除 SWOT 矩阵、BCG 矩阵和逐步推移法外，SPACE 矩阵和战略评价模型也是为企业选择适合自己的战略而提供的有效工具。

11 战略实施

学习目标:

1. 掌握战略实施的有关概念;
2. 了解组织结构的类型及与战略实施的匹配;
3. 了解公司治理对战略实施的影响;
4. 探索企业文化与战略实施的关系。

案例导读

案例 1 三星的战略实施

几年前三星还是索尼的追随者，但几年后，三星电子已经成为行业的领军人物。1999 年在三星 30 周年庆典之际，三星提出了“数字三星”的概念，宣布在未来要成为数字融合革命的一个领导者的战略计划。这一战略的目标是将消费电子、信息、电信产品、电视机、PC 机等在线和离线的世界融合起来。为此，三星在战略实施上作了很多努力：①公司进行了超强度的机构改革，裁撤了那些不稳定的企业，员工由 47000 人削减到 38000 人；②设计了自上而下的市场营销策略，为配合数码高附加价值这一新定位和品牌形象，三星选择欧洲和美国市场作为一级市场，以一整套的营销策略配合公司新的战略；③对员工进行培训，为新雇员设计了长达近 400 页的电子课程，帮助员工了解营销背景知识、市场战略和品牌原则；④公司设计了一套新的数码科技的商业执行原则：要能够抢先观察市场变化，比竞争对手先动手研发，压制竞争对手，抢先占领市场。

案例 2 星巴克咖啡的战略实施

2001 年史密斯担任公司 CEO 时提出了“第三空间”的战略定位，即不想回家，不想去办公室，那么来星巴克吧。为了实现这一战略定位，史密斯做了以下工作：加速全球化扩展，在美国、加拿大开设了 300 家店，在奥地利、瑞士等咖啡店相对饱和的国家开设分店。为顾客营造“第三空间”的环境和气氛，增加软椅和壁炉等设备，提高了食物和其他产品的比例。2001 年 11 月引入了一种预付卡，开始提供金融服务，顾客只要提前向卡内存入 5~500 美元后，就可以通过高速因特网连接，在 1000 多个连锁店内刷卡消费。2002 年 8 月底，与惠普等公司合作开展了无线上网服务，顾客利用笔记本和掌上电脑可以在店内检查电子邮件、上网冲浪，观看网上视频节目和下载文件等。2004 年 3 月 16 日推出了店内音乐服务活动，顾客一边喝咖啡，一边可以戴耳机利用惠普的平板计算机选择自己喜欢的音乐。每周走进星巴克的顾客有3000万人，2003年公司的营业额上升了24%，达到41亿美元。

资料来源：谭白英，熊莎莎. 企业战略管理［M］. 武汉：武汉大学出版社，2014.

没有战略，企业必死无疑，但这并不是说，制定战略后，企业就可以高枕无忧了，战略实施是一个比战略制定更重要的过程，如果没有实施，战略只是企业家美好的空想，没有实施，战略只是苍白无魂的教条。战略不是用来欣赏的“花瓶”，它是用来实施的理念、方向和目标。而且在战略实施的过程中，要不断调整企业内部的组织结构、企业文化和资源配置，来适应企业战略的发展。

11.1　战略实施概述

11.1.1　战略实施的概念及根本任务

战略实施是为实现企业战略目标而对战略规划的执行，企业在明确了自己的战略目标后，就必须专注于如何将其落实为实际的行动并确保它的实现。在战略管理中，战略实施是战略制定的后续工作，即企业选定了战略以后，必须将战略的构想转化成战略的行动。也就是说，战略实施是将选择好的战略方案转化成战略行动的过程。如果战略方案无法实施，那么战略制定对企业来说就没有什么价值。有效的战略实施不仅可以保证一个合适的战略达到预期目标，而且还可以减少一个不合适的战略对企业造成的损害。

企业战略管理的根本任务不仅在于制订适宜、优秀的方案，更要重视将其转化为企业的经营效益。企业的战略思想只有通过转化为实际行动才能发挥作用，体现战略的价值所在。如果企业投入大量的时间、人力和资源用于战略的制定和选择，而忽视战略实施的条件、方法、成本和收益，这样做的结果只能是事倍功半，大量浪费资源。

11.1.2　战略实施的阶段

战略实施是一个动态的管理过程。所谓“动态”，是指在战略实施的过程中，通常要经历以下几个阶段：

（1）战略发动阶段

此阶段要调动起大多数员工实现新战略的积极性和主动性，要对企业管理人员和员工进行培训，给他们灌输新思想、新观念，使大多数人都能接受新战略。

（2）战略计划阶段

此阶段需要经总体战略分解为几个具体的战略实施阶段，每个战略实施阶段都有阶段性的目标，相应的也有每个阶段的政策措施、部门策略及相对应的方针等。企业战略管理者要对各分阶段目标进行统筹规划并进行全面安排。

（3）战略运作阶段

企业战略的实施运作主要与各级领导人员的素质和价值观、企业组织机构、文化、资源结构与分配、信息沟通、控制及激励制度等因素有关。

（4）战略的控制与评估阶段

战略是在变化的环境中实践的，企业只有加强对战略执行过程的控制与评价，才能适应环境的变化，完成战略任务。这一阶段主要包括建立控制系统、监控绩效和评估偏差以及纠正偏差三个方面。

11.1.3　战略实施的特性

（1）战略实施需要具备严格性

企业战略管理者必须明确，无论企业所处的经营环境和竞争对手的战略发生什么样的变化，企业的战略意图和宗旨陈述中所表达的战略承诺和价值取向是不能轻易改变的，这些承诺和原则对企业战略管理者在战略实施过程中所作出的经营决策具有严格的约束和宏观指导意义。

在开始实施新的企业战略之前，企业战略管理者，甚至企业内部的所有管理者，都应该明确战略意图、宗旨陈述、经营目标和企业战略之间的关系。在战略实施的过程中，企业一般不应随内外部环境的变化和竞争对手战略的变化而改变自身的战略承诺，如战略意图、宗旨等。尽管决策要科学，行动要迅速，但是决策科学和创新的要求不应该成为企业高层管理者在战略实施中轻易改变企业战略承诺的理由。例如，不能因为多数竞争对手在产品中添加了有害或者过量的“三聚氰胺”，企业的战略管理者就可以在战略实施中随意就作出“跟进”的决策，这不仅违背了企业经营目的、经营方式、社会责任和商业伦理等构成的制度约束，还直接伤害了包括顾客、股东、政府等利益相关团体的利益。再如，因为行业竞争激烈，经营越来越困难，一个企业的战略决策者能否在战略实施的过程中就随意作出改变行业或者经营方式的决策呢？显然不行，除非向董事会或者股东大会提出并获得批准后方可更改企业的战略意图和宗旨。一般而言，增加企业经营范围、商业模式和竞争定位更改的难度，有利于建立竞争优势。如果中集集团在遇到连续多年的亏损后就随意更改主营业务的范围，那么它就不会成为集装箱行业的“世界级企业”了。

在战略实施过程中，企业战略决策者决策和行为的严格性就在于承诺是不可以随意更改的，但兑现承诺的方式是可以动态调整的。要想艺术地处理好这种目的和方式的关系，企业战略管理者必须对企业战略意图和宗旨具有深刻的理解和执拗的坚持。因此，在战略实施之前，企业战略管理者应该在企业内部针对如何理解企业的战略意图和宗旨进行大规模的培训，以确保在战略实施的过程中能够有效地处理好以下三者之间的关系：承诺坚定、决策科学和行动迅速而富于创新。

（2）战略实施需要具备应变性

企业战略实施是一个动态决策的过程，可以用“流动的河水”来比喻战略管理的过程。如图 11-1 所示，在已经确定河水基本流向和宽窄的河床中，当遇到障碍（A 点）时，很难确定 A 点之后河水流动的具体路径。与此类似，在动态环境下，企业战略管理者只能事先制定企业的战略意图、宗旨、定位和相对比较宽泛的目标，至于战略实施过程中的一些应变和博弈性的决策，例如，A 点之后河水流动的具体路径，则被留给了实施过程中的战略管理者。实施过程中的管理者需要在理解企业事前决定的战略意图、宗旨、定位和相对比较宽泛的目标的基础上，结合“当时和当地”（A 点）的具体情况动态地作出决策。

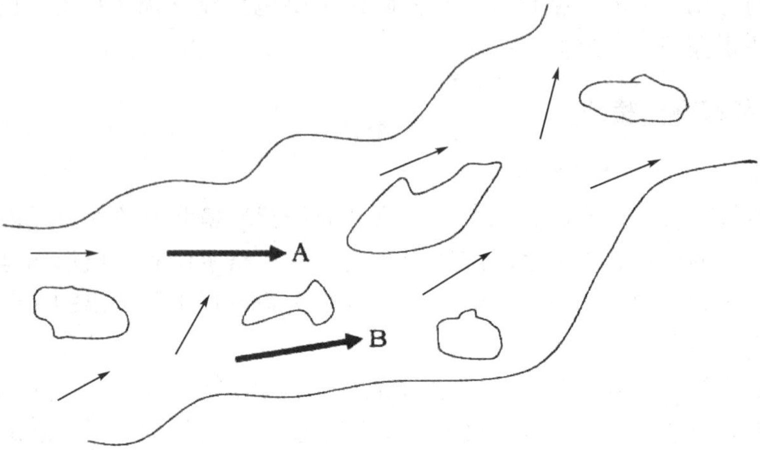

图 11-1　战略管理的动态模式示意图

在相对静态的条件下，企业战略管理者可以准确地预测企业外部和内部环境的变化，也可以在进行战略决策的时候预先决定企业所有的战略目标和行为，包括计划、行动方案、行动程序、预算，甚至是应急计划。但是，在动态的条件下，企业战略管理者很难准确预测企业外部和内部经营环境的变化，自然也很难预先决定企业所有战略目标与行为，尤其是具体的目标和行为。随着环境从相对静态朝相对动态逐渐转变，企业战略管理者越来越不可能预先决定所有的战略行为，因而不得不逐步增加一些事中反应性的行为以应对内外环境和对手的突然变化。从这个意义上来说，战略的实施并不等于战略的实现，其中还包括实施过程中的创造性适应和改变。在新的环境条件下，企业战略管理者在战略制定阶段应该决定什么？应该将哪些具体决策留给实施过程中的战略管理者？在什么情况下应该严格实施事前决定的战略，什么情况下应该给予实施中的战略管理者以多大程度的应变和创新的空间？这是企业战略管理者在战略实施过程中遇到的一个挑战，即图中 A 点上的战略管理者有多大的空间作出应变和创新。

在动态环境下，企业战略管理者在战略实施过程中的决策越来越难以采用理性方法，而必须借助于主管的价值判断。这种情况下，企业战略管理者应该追求战略决策的速度与创新，因为速度与创新已经成为越来越重要的优势来源，即企业战略管理者在战略实施过程中必须重视“应变性”。

（3）战略实施需要具备恰当性

动态环境下，评价企业战略实施有效与否的标准并不是企业是否一成不变地执行了事先制定的战略，而是企业是否能灵活有效地实施战略，使企业适应环境、赢得竞争。在环境发生剧烈变化时，企业可能需要进行战略调整甚至是转型，但是在大多数情况下，环境的改变是连续的、微小的，并不需要重新审视企业的战略。因此，企业需要清楚了解环境变化的程度．并作出针对性的战略或战术调整，即强凋了战略实施的“恰当性”。

在图 11-1 中，当企业处于 B 点时，只需要作出少许的调整，即可避开岩石，而不需要剧烈的深层次的组织变革；而当企业处于 A 点时，则必须要进行战略层面的调整或转型了。企业的战略管理者必须具备卓越的管理艺术，在环境发生变化时准确地作出判断，究竟企业是处于“河流”中的 A 点还是 B 点或者其他位置，以决定企业下一期的战略实施。因为，如果环境的变化程度并不需要企业作出战略层面的调整，如处于 B 点，而战略管理者却错误地放大了危机，就会导致组织资源的浪费以及适应新战略的时间损耗，甚至可能会由于新战略无法匹配当前环境而导致失败。反之，如果企业处于 A 点，却无法及时且准确地进行转向，就会一头撞向“岩石”。当今市场环境的动态性要远强于以往任何时代，在这种背景下，企业战略管理者应该采取什么方法保证战略实施过程中的决策能够快速而准确呢？或者说，采取什么机制能够保证决策的速度和恰当性的平衡呢？这是企业战略管理者在战略实施过程中遇到的又一个挑战。

面对环境和竞争动态化给企业战略实施所带来的挑战，企业战略管理者，不仅包括企业的董事会或者高层管理团队，而且也包括企业的中层管理者，都需要认真理解和明确企业战略对实施的具体要求，灵活运用静态和动态条件下战略实施的方法，并且将战略实施的重点放在保证企业战略管理者动态决策的有效性，以及优化行为恰当性的保证机制上。

11.1.4 战略实施的基本原则

在战略实施过程中，常常会遇到很多问题。由于环境的不确定性和企业员工能力等原因，使得管理者在战略制定时没有考虑到或不可能完全考虑到现实问题。据一项调查显示，美国财富 500 强中的 93 家公司中，过半数以上的公司在战略实施过程中常常遇到以下问题：

（1）战略实施过程比预定过程要慢；

（2）可能出现没有预料到的大问题；

（3）行动协调无效；

（4）竞争对手的举动和突发的危机，使注意力偏离战略目标；

（5）参与活动的员工能力不足；

（6）对基层员工培训不够、指导不力；

（7）难以预见和不能控制环境因素的影响；

（8）对部门经理领导和指导不足；

（10）对关键战略实施任务和行动的描述不清晰；

（11）信息系统对行动监测不力。

由于这些问题会给战略实施带来巨大的阻力，阻碍了战略计划的有效执行，所以我们在战略实施过程中有必要遵循一些基本原则，以便尽可能减少这些阻力的出现。

这些原则主要有：

（1）统一性原则

统一性原则就是统一指挥和统一领导。企业高层管理者通常是战略的制定者，他们对战略有着深刻的理解和认识且掌握着大量的信息。当战略实施中出现问题时，他们会从企业整体利益出发去解决问题，避免各个部门因片面的追求本部门的利益而给企业整体利益带来损害。另外，统一性原则使上下级的行动保持协调一致，有效地应对由于环境不确定性所带来的问题。此外，统一性原则使各个部门责任更加明确，保证战略计划有效地执行。

（2）应变性原则

任何企业战略都是在一定的环境下制定出来的，那么原拟定的环境就是战略制定和执行的前提条件。同时，环境又是不断发生变化的。在战略实施过程中，实际的环境条件可能与原来假设的条件产生一定的偏差，战略实施试图解决因环境偏差所产生的问题。当企业内外环境发生重大变化而导致原定战略无法实现时，就需要对原定的战略进行重大调整并作出相应的变化，这就是战略实施的应变性原则。在作战略调整之前要判别这些环境因素是否影响战略的实现。如果环境发生了变化，这些变化的环境因素对战略影响不大，此时修改原战略会造成员工的人心浮动和企业资源的浪费。因为在战略执行过程中需要企业投入大量资源。但如果环境发生重大改变，这些变化的环境因素直接影响到企业战略的实现，此时如不能及时地对战略进行相应的调整，则导致企业经营亏损，因而无法实现原定的战略目标。关键在于分析和识别影响战略的关键性因素，列举影响战略所有的环境因素，并按其重要性确定关键性影响因素。当关键的环境因素发生变化时，要对这些关键的环境因素对战略影响做出评估与分析，根据影响的大小对原战略作出相应的调整，只有这样才能保证企业战略目标得到有效的实现。

（3）有效沟通性原则

所谓有效的沟通，是指信息发出方对信息进行有效的编码，通过一定的媒介把信息传递给信息的接收者，使得发出方的信息与接收方信息达到完全一致。沟通是上下级和同级之间联系的桥梁。上级对战略计划的有效传达，在战略实施过程中至关重要。同时，下级对环境变动的因素和战略执行的情况要及时向上级反馈。

11.2 组织结构与战略实施

11.2.1 战略与组织结构的关系

战略与组织结构是相互联系和彼此影响的。战略与组织结构匹配度越高，则战略实施的效率就越高并且更加有效。组织结构既服务于战略并制约着战略的实施。

（1）组织结构服从于战略

战略的变化必然要求组织结构做出相应的变化。钱德勒（A. D. Chandler）在研究美国杜邦、通用汽车和标准石油等公司的战略与组织结构的演变过程中，发现组织结构随着战略变化而变化。他认为，新的战略实施会给企业管理带来一些新问题，如导致组织绩效水平的下降。要提高组织绩效，就必须建立新的相适应的组织结构，促使战略目标实现，如图 11-2 所示。

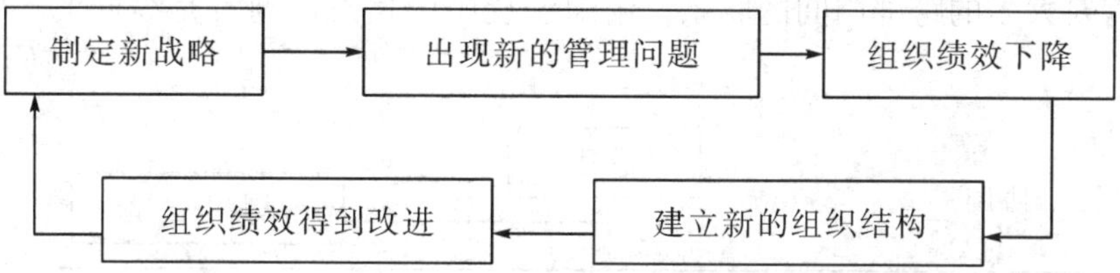

图 11-2　组织机构服务于战略

（2）组织结构制约着战略

学术界普遍认为战略的变化将导致结构的变化，结构的重新设计又能促使战略的有效。有些学者则认为组织结构不仅随着战略的变化而变化，同时也会影响战略。在实践中，组织结构的变化会受到组织内外部环境的制约，并不是无限的随着战略的变化而变化。在战略随环境变化的同时，组织结构也对战略起到一定的制约作用。

（3）组织结构服务于战略调整的必要性

企业是一个开放系统，它存在于不断变化的环境中。组织结构是企业内部任务分工协调的规范化形式，具有相对稳定性和惯性。组织结构的变革通常需要一个过程，一旦形成，具有相对稳定性。战略可以直接随着环境的变化而作出调整，与组织结构相比，它对环境的变化较为敏感。当企业外部环境变化时，战略首先做出反应，随后在必要时对组织结构作出相应的调整。

①战略的先导性。企业战略的变化先于组织结构的变化。企业管理者一旦意识到环境给企业带来新的机遇时，他们会在战略上作出反应。新的战略需要一个新的组织结构与之匹配，至少在一定程度上调整原有的组织结构。反之，如果组织结构不作出或延缓作出相应的变化，都会影响新战略的整体效能。

②组织结构的延后性和惯性。组织结构的变化通常慢于战略的变化速度。人们通常习惯于原有沟通方式和岗位职责，对待新的组织结构，适应需要一个过程。同时，实施组织结构变革可能会损害到一部分人的地位、权力、安全感和利益，所以在实施过程中会遇到很大的阻力。

从战略的先导性与组织结构的延后性和惯性可以得出，当影响战略的关键环境因素发生变化时，企业首先要从战略上作出调整。在新战略下，组织结构变革不能操之过急，要正视组织变革延后性和惯性，但同时也要增强变革的动力，减少变革的阻力，来推动变革早些完成。

11. 2. 2　组织结构的基本类型

常见的组织结构类型主要有以下几种：

（1）层次型组织结构

层次型组织结构通常包括职能型、事业部型和项目型，是目前最常见的企业组织结构。

①职能型组织结构

职能型组织结构起源于斯密的劳动分工理论，盛行于泰勒的科学管理，该类型组织结构不需要太多的跨部门间的联系，组织系统中的信息流通常是纵向的，如图 11-3 所示。

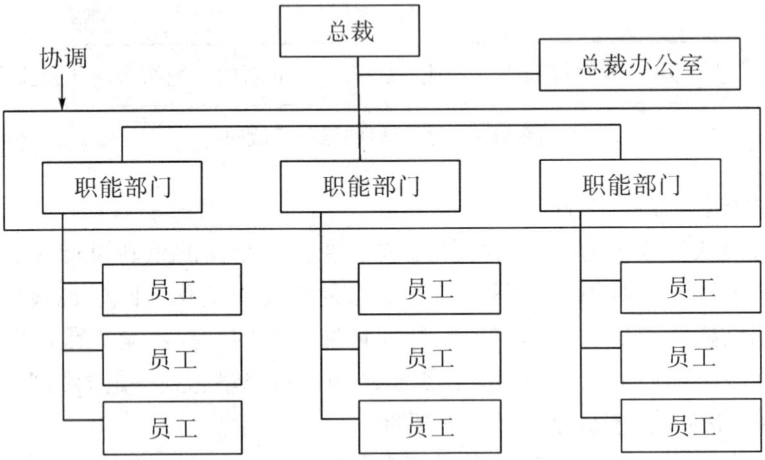

图 11-3　职能型组织结构

②事业部型组织结构

事业部型组织结构是第二种层次型组织结构，当企业发展到一定规模时，面临多元化的需求，产品的种类也会相应地增多。在面临多元化的选择中，事业部型是比较适合的企业组织方式，如图 11-4 所示。

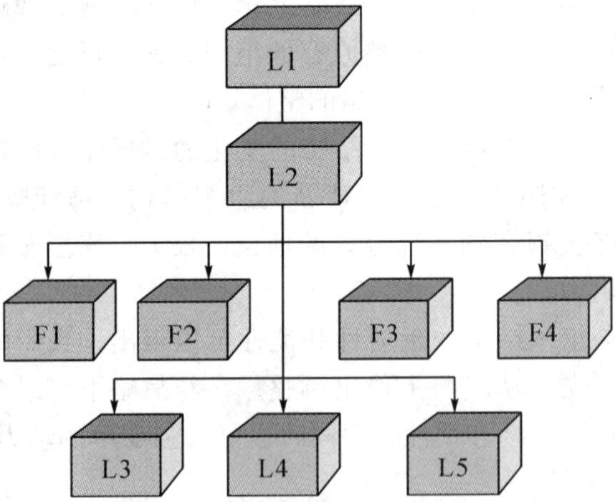

图 11-4　事业部型组织结构

专栏 11-1

事业部型组织的扩展

1. 超事业部制组织结构

20 世纪 70 年代中期，企业出现了事业部制的变种：超事业部制。其原因在于随着大企业的迅速扩张，事业部越来越多。以通用电气公司（GE）而言，自 20 世纪 50 年代初期共分 20 个事业部，到 1967 年便膨胀到 50 多个，这使得组织的协调成本加大。于是从 1971 年开始，通用电气在最高领导和事业部之间设立了 5 个“超事业部”（执行部），统辖协调所属事业部活动。

2. 区域式组织结构

区域式组织结构是根据组织的用户所在的不同地区来对组织的结构进行整合，在结构中，每个地理单位包括所有的职能，以便在该地区生产和销售产品。跨国公司常在世界不同的国家或地区设立自主经营的分部。当区域环境的高度差异性，技术非例行性，而区域又需要较全的功能支撑时，这种结构是最有效的。

3. 项目型组织结构

在现代经济社会中，企业面对的是更加复杂多变的产品结构。于是有些企业干脆把事业部改成项目部，如图 11-5 所示。项目部比事业部更具环境适应能力。基于项目的一次性的特点，只要项目完成，项目部即告解散，或重新组合成新的项目。

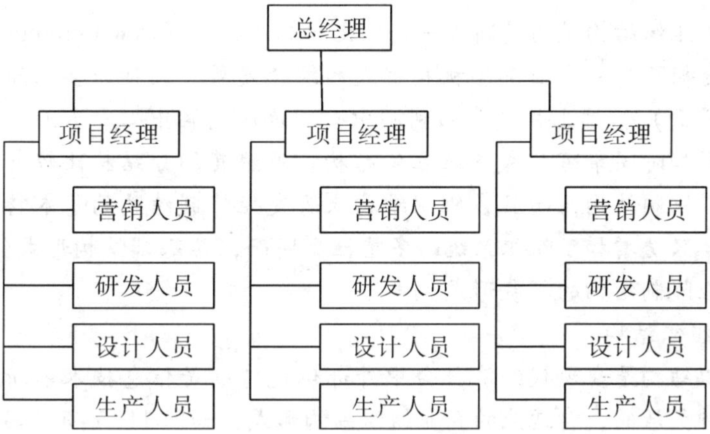

图 11-5 项目型组织结构

4. 矩阵型组织结构

面对企业规模的扩大、产品类型的增多和信息技术的发展，又要保持一定的内部效率，矩阵型的组织结构是不错的选择，它往往能达到前面几种组织结构无法实现的效果。矩阵型组织结合了职能型组织和项目型组织的优点，克服了两者的缺点。它在职能式组织的垂直层次结构上，叠加了项目式组织的水平结构，如图 11-6 所示。

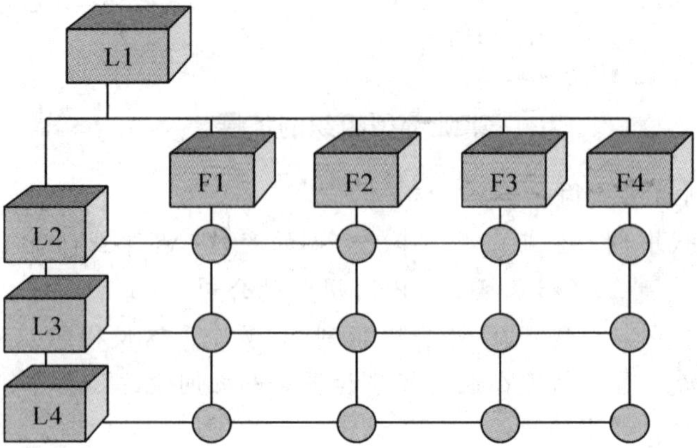

图 11-6 矩阵型组织结构

专栏 11-2

矩阵型组织的扩展

1. 强矩阵型与弱矩阵型

强矩阵型组织结构是指把主要权力集中在产品经理手中；而弱矩阵型组织结构则是将主要权力集中在职能经理手中。

2. 多维立体型组织结构

多维立体型组织结构是由美国道—科宁化学工业公司（Dow Corning）于 1967 年首先建立的。它是矩阵型和事业部型机构形式的综合发展，又称为多维组织。在矩阵制结构（即二维平面）基础上构建产品利润中心、地区利润中心和专业成本中心的三维立体结构，若再加时间维可构成四维立体结构。虽然其细分结构比较复杂，但每个结构层面仍然是二维制结构，而且多维制结构未改变矩阵制结构的基本特征，多重领导和各部门配合，只是增加了组织系统的多重性。因而，其基础结构形式仍然是矩阵制，或者说它只是矩阵制结构的扩展形式。

3. 网络型组织结构

网络型组织结构是在现代经济社会中外部环境特别是信息技术不断发展的条件下出现的，是一种灵活的、自适应的企业组织结构形式，如图 11-7 所示。由于信息技术的出现，一方面信息传递的快捷使得企业的高层管理者可以直接与企业的职员对话，另一方面信息技术带来的高效率专业服务可以把原来的一部分职能部门合并到一起。这样，企业就可以由较少的模块或单元（Agent）构成，每个单元不但可以与企业内部的其他单元很方便地沟通，而且还可以直接接触到充分的外部环境信息。

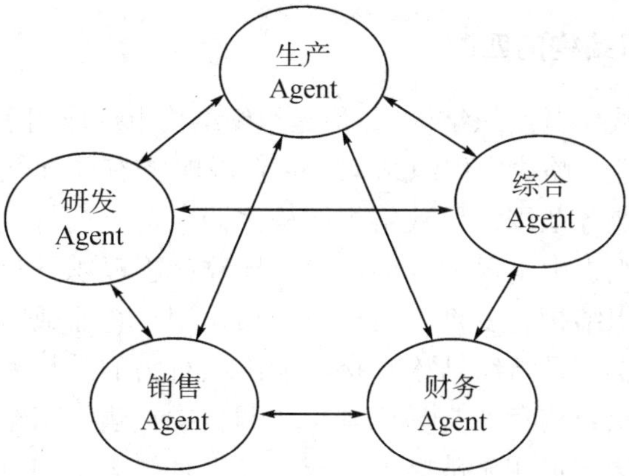

图 11-7 网络型组织结构

4. 流程型组织结构

流程型组织是为了提高对顾客需求的反应速度与效率，降低对顾客的产品或服务供应成本建立的以业务流程为中心的组织，如图 11-8 所示。

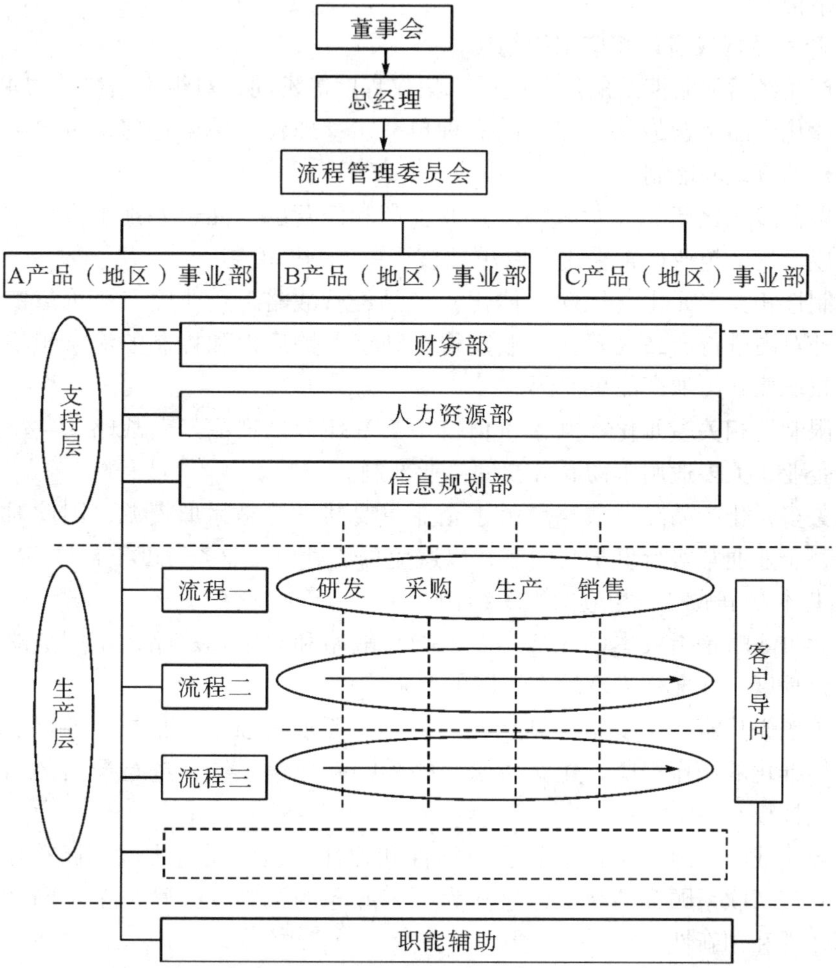

图 11-8 流程型组织结构

11.2.3 战略与组织结构的匹配

虽然“公司战略决定其组织结构”，但是组织结构也反作用于企业战略，两者相互影响、相互制约。企业战略决定组织结构，企业战略具有前导性，而组织结构具有滞后性。企业战略影响业务范围，导致组织结构不同。企业战略重点的改变又会引起组织中各部门与职务在组织中重要程度的改变，导致各管理职务及部门之间关系的相应调整，最后影响到组织结构的变动。组织结构反作用于企业战略，组织结构对企业战略的作用主要表现在：一是组织结构直接影响组织行为的效果和效率，从而影响企业战略的实现；二是组织结构存在交易成本，要调整或重建组织结构，就要耗费大量的时间、人力、物力，会增加实施战略的总成本；三是组织结构影响企业信息传递，若组织结构不能将信息及时由底层向高层传递，将影响组织战略的制定和修正。

成功的企业，是制定了明确的发展战略，并以有限的资源组合实现企业目标的企业。有效的企业战略可指导建立组织结构，而合理的组织结构可保障企业战略顺利实施。鉴于企业战略与组织结构的关系，在不同发展阶段和经营环境下，企业应建立不同的组织结构。

（1）产品经营战略与相应组织结构

不同产品经营战略涉及的经营范同、集权程度等不同，对组织结构的需求也不同。

①专业化产品经营战略。因产品品种单一、管理较简单、管理人员较少。企业通常采用集权的直线职能制。

②主副业多元化产品经营战略。企业生产和经营副产品，差别不大，但为了避免给主业形成干扰，企业通常采用附有单独核算单位的职能制。

③限制性相关多元化（纵向一体化）产品经营战略。企业因产业价值链上的各环节同时对外对内进行产品经营，一般实行有利于保持活力和控制的混合组织结构，即主要的集权职能部门加产品事业部。

④非限制性相关多元化（共享价值链中某一环节）产品经营战略。共享价值链某一环节的企业，大多适用于彻底分权的事业部制。

⑤无关多元化产品经营战略。由于企业主要共享的是无形资源，因此对这种产品经营战略，企业通常实行母子公司制，以避免总部对相关业务过度干预。

（2）基本竞争战略与相应的组织结构

基本竞争战略是指成本领先战略、差异化战略和集中化战略，不同战略对集权程度、规范化程度、标准化程度均有不同的要求。

①成本领先战略。需要组织结构提高效率，要求高强度的集权，严格实行成本控制，执行标准化的操作程序，建立高效率的采购和分销系统，进行严密的监督，实行有限的员工授权。

②差异化战略。组织结构应具有灵活性和弹性，强调横向协调，拥有强大的研发能力。树立密切联系顾客的观念，建立为顾客服务的机制，鼓励员工不断学习，增强他们的创造性和创新性。

③集中战略。企业只为产业内一个或一组市场细分服务，要求高层指导与下属的

特定战略目标相结合；密切与顾客的关系，衡量为顾客提供服务和维护顾客的成本；强调提高顾客的忠诚度；加大员工与顾客接触的授权奖励。

（3）迈尔斯和斯诺组织战略与组织结构

迈尔斯和斯诺提出了以组织战略、市场环境、组织目标之间的匹配为基础的三种战略类型和相应的组织结构。

①防守型战略。组织目标：保持并扩大产品的市场份额，追求稳定和效益。组织结构特征：致力于改善内部管理，提高经营效率，降低成本，专业化、规范化、集权化的程度较高，相应地组织结构强调管理的规范性和严格的等级制度，以严密的控制、统一的行动提高工作效率，一般会采用以集权的职能式为主的组织结构。

②进攻型战略。组织目标：追求具有快速、灵活的反应能力。组织结构特征：松散型，劳动分工程度、规范程度低；分权化，以事业部式组织结构为主。

③分析型战略。组织目标：追求稳定效益与灵活性相结合。组织结构特征：进行适当的集权控制，对现有的活动实行严格控制；对一些部门采取让其分权或相对独立的方式，通常建立分权与集权、机械性与有机性相结合的混合式或矩阵式组织结构

专栏 11-3

联想集团战略与结构的匹配

联想集团之所以成为在国际市场上竞争力较强的企业，其中战略和组织结构调整作出了很大贡献。联想集团进行过四次大战略和组织结构调整。联想集团成立初期，企业规模小，其目标是开发出一种产品或服务以求生存。为了保持组织的灵活性和快速决策能力，采用了非正规化的简单结构，由总经理直接指挥，权力高度集中。但随着企业规模逐步扩大，高层领导者需要处理的问题日益增多，于是实行了“集中指挥，分工协作”的直线职能制，适应了当时市场需求多样化和进军海外市场的要求。联想集团在 1990 年获得 PC 机生产许可证后，直线职能制难以适应规模、业务和经营区域扩大及多样化、国际化的要求。为了实施“发展战略”，联想集团将经营部门按产品划分为 14 个事业部，建立了多中心事业部制的组织结构，这一转变成为其走向成熟的重要标志。联想集团在 20 世纪 90 年代中后期，为了解决在世界存储器市场剧烈动荡下，北京和香港没有一个统一的指挥中心等问题，进行了一系列组织结构调整，进一步完善了公司总部和事业部的集权、分权体系，建立地区平台，整合后设立了 6 大业务部门，形成了以产品事业部为基础、以地区平台为全国性网络基础的新的“舰队结构”。联想集团在 2004 年服务上没有突破时，调整了企业战略，把技术、服务、国际化作为战略目标，提出先做好两元化，再发展多元化的方针：统一了中央市场部，把 7 个销售大区细分为 18 个分区，实行组织结构扁平化，减少管理层次；将 6 大业务群组调整为 3 大业务群组。调整后的组织结构为：在 CEO 领导下，建立市场系统，运作系统，研发系统，运营系统；信息产品业务群，移动通信业务群，IT 服务业务群，国际业务，其他业务；中央企划系统，中央职能系统，管理平台。

资料来源：姜艳，黄桂萍. 企业战略与组织结构如何匹配［J］. 经营与管理，2010，(9).

（4）企业战略与组织结构的匹配措施

①选择与企业战略相适应的组织结构。企业在选择组织结构前，要对企业战略的特点进行认真的分析，对组织结构类型的优缺点进行比较，结合自身所处的环境、发展阶段、发展战略，选择最合适的组织结构类型。有 200 多年历史的杜邦公司的成功秘诀，就是根据环境变化制定新的经营战略，然后正确选择组织结构以适应变化。

②对各项业务进行认真分析。企业应认真分析各项业务，根据企业战略要求区分核心业务和非核心业务，并将业务分配到组织结构中的相关位置。如将核心业务分配给企业组织的核心单位，以获得必要的资源和组织影响力，促进战略的实施。

③根据企业战略的变化进行组织结构调整。企业生存在一个复杂多变的环境中，需要根据实际需求调整企业战略。企业战略与组织结构是一个动态变化的过程，若将两者孤立起来，企业不可能成功。因此，当企业战略发生变化时，必须进行相应的组织结构调整。

④加强企业文化建设。企业文化是员工共同遵守的价值准则，相当于企业的“魂”。企业战略与组织结构仅仅在“形”上相匹配是不够的，还要加强企业文化建设，以使两者在“神”上相匹配，保障企业在竞争中获得成功。

11.2.4 组织结构的战略创新趋势

组织结构追随战略，战略通过组织结构来实现。环境因素对组织结构起着至关重要的影响。随着经济全球化，企业面临着全球化的竞争。为了适应全球化竞争趋势，组织结构正在呈现出一些新的特点。

（1）扁平化

组织结构扁平化即减少管理层次，扩大管理幅度。传统管理体制中的组织结构趋向于等级森严的金字塔结构。这种结构最大的特点就是层次多，信息传递链长，应变能力差。因此，这种组织结构已不再适应新的竞争形势下企业发展的要求。组织结构扁平化成为当今企业组织结构的发展新趋势。信息技术的发展使组织结构扁平化发展成为可能。信息技术的发展使企业更加有效地获取信息、传递信息和处理信息，为组织结构扁平化提供了物质技术基础和手段。对人性的看法是组织结构扁平化发展的一大动力，传统企业把员工看做缺乏创造性、没有责任心和不具有任何管理能力的劳动者。因此，采取命令—支配型管理方式，很少授权。这种组织结构极大地压抑了组织员工的积极性、主动性和创造性。现代企业主张发挥人的积极性、主动性和创造性，充分授权，激发员工工作热情，培养员工自主工作能力与协调能力，提高企业的市场应变能力。因此，组织结构扁平化成为趋势。

专栏 11-4

组织结构的创新与发展

为了适应经济环境和竞争环境的变化，企业组织结构呈现出多样性，但其发展方向和趋势是扁平化的。所谓企业组织结构扁平化，是一种通过减少管理层次，压缩职能机构，裁减人员，使组织的决策层和操作层之间的中间管理层级越少越好，以便使组织最大可能地将决策权延至最远的底层，从而提高企业效率的一种紧凑而富有弹性的新型团队组织。它具有敏捷、灵活、快速、高效的优点。

目前国际上有很多公司都大刀阔斧地压缩管理层次，扩大管理幅度，通过组织结构扁平化来提高企业竞争优势。例如，美国的通用电气公司通过“无边界行动”及“零层次管理”，即组织结构的扁平化，使公司从原来的24个管理层次压缩到现在的6个层次，管理人员从2 100人减少到1 000人，雇员人数由41万减少为29.3万，瓦解了自20世纪60年代就根植于通用公司的官僚系统。这样不但节省了大笔开支，还有效地改善了企业的管理功能，企业效益也大大提高，销售额由200亿美元增加到1 004亿美元，利润也大幅度增长。

我国已经有一些企业进行了组织结构扁平化方面的尝试与创新，并且取得了很好的效果。例如，海尔集团根据国际化发展思路及时对组织结构进行了战略调整，对原有的职能结构和事业部进行了重新设计，把原来的职能结构转变成流程网络结构，把垂直业务结构转变成水平业务流程，形成首尾相接、连贯完善的新业务流程，海尔在流程化的基础上，用市场链把各流程有效地咬合起来。海尔的实践结果证明，实行扁平化后企业达到“三个零”，即顾客零距离、资金零占用和质量零缺欠，使海尔的经营进入了更高的层次。

资料来源：康丽，张燕. 企业战略管理［M］. 南京：东南大学出版社，2012.

（2）网络化

组织网络化有广义和狭义之分。广义的组织网络化，是指一些独立的相关企业通过长期契约和股权的形式，为达到共享技术、分摊费用以及满足市场需求等目标，发挥各自专长，基于现代信息技术而联结起来形成的一种合作性企业组织群体。狭义的组织结构网络化是指企业中的多个部门组合成相互合作的网络，各网络结点通过密集的多边联系、互利和交互式的合作来完成共同追求的目标。

随着市场竞争的日益激烈，庞大的规模和臃肿的组织机构极大地阻碍了横向机构之间的协调与沟通。网络化趋向在精简机构和缩小经营范围的基础上，对企业的组织结构进行重新构建，打破原有的层级模式，组建由小型、独立自主的经营单元构成的网络化组织。同时，为了提高市场竞争能力，企业趋向于联合和并购，使组织结构呈现出横向一体化为特征的网络化趋势。

（3）虚拟化

组织结构的虚拟化是在信息技术的基础上，依靠发达的网络技术把供应商、生产商、销售商甚至竞争对手等独立的企业连接成一个临时性网络，其主要目的就是共享技术、联会开发、共摊费用。虚拟化是针对企业的某项虚拟功能而言的，是功能的虚拟化。企业可以借用外力来实现自身某一薄弱的功能，使组织内部资源优势与外部资源优势得到有效整合，避免企业内部某一功能弱化或缺失而影响企业的发展。

（4）柔性化

柔性化是指组织内部积极参与国际变化，对突发变化能不断做出反应以及根据可预期变化的意外结果迅速调整自身的能力。由于全球竞争压力和环境的变化，无论是工商界还是公共组织，都发动了向新组织形式转变的运动。新组织形式一般是一种具有较强的弹性、灵活性、适应性、反应力的组织形态。可以把这种反应敏捷、富有弹性的组织形态称作“柔性化”组织形态。柔性同适应性一样是指连续地做出临时性调整，因此，在复杂、动态的环境下，组织环境的持续优化对企业成长和发展至关重要。

（5）团队性

罗宾斯认为：团队就是由两个或者两个以上相互作用、相互依赖的个体，为了特定目标而按照一定规则结合在一起的组织。近年来团队建设一直是西方企业进行组织变革关注的焦点。每个团队的成员拥有共同的宗旨、绩效目标，并且共同承担责任。高效团队的主要特征：①清晰的目标。高效的团队对所要达到的目标有清楚的了解，并坚信这一目标包含着重大的意义和价值。②相关的技能。高效的团队是由一群有能力的成员组成的，他们具备实现理想目标所必需的技术和能力，而且相互之间有能够良好合作的个性品质，从而出色地完成任务。③相互的信任。成员间相互信任是有效团队的显著特征，也就是说，每个成员对其他人的品行和能力都确信不疑。④一致的承诺。高效的团队成员对团队表现出高度的忠诚和承诺，为了能使群体获得成功，他们愿意去做任何事情。⑤良好的沟通。毋庸置疑，这是高效团队必不可少的特点。群体成员通过畅通的渠道交流信息，包括各种言语和非言语信息。⑥谈判技能。以个体为基础进行工作设计时，员工的角色由工作说明、工作纪律、工作程序及其他一些正式文件明确规定。但对于高效的团队来说，其成员角色具有灵活多变性，总在不断地进行调整。这就需要成员具备充分的谈判技能。⑦恰当的领导。有效的领导者能够让团队跟随自己共同度过最艰难的时期，因为他能为团队指明前途所在。他们向成员阐明变革的可能性，鼓舞团队成员的自信心，帮助他们更充分地了解自己的潜力。

（6）学习性

知识经济迅速崛起，对企业提出了严峻的挑战。企业要想始终保持竞争优势，就必须持续不断地学习和创新。学习型组织最初的构想源于美国麻省理工大学佛瑞斯特教授。所谓学习型组织是一个能熟练地创造、获取和传递知识的组织，同时也要善于修正自身的行为，以适应新的知识和见解。它能为企业的发展注入活力，能为组织内部员工个人成长和发展创造一个很好的学习机制。这个学习机制使个人、团队和整个组织得到共同发展。

11.3 公司治理与战略实施

公司治理是指存在于企业的利益相关团体，尤其是股东和高层管理团队之间的一种结构关系以及由此所决定的制度安排，这种结构关系和制度安排将主要用于控制代理成本，决定和控制一个企业的战略和绩效。合理的公司治理将有利于保证股东对企业予以足够的关心，并且能够通过董事会有效地发挥作用，促使企业高层管理者愿意做出最有利于企业长期发展的战略决策。公司治理可以分为外部治理和内部治理，考虑到企业战略管理者可以发挥作用的范围，本节主要介绍公司治理机制对战略实施过程决策的影响。

在现代企业的发展过程中，所有权和经营权的分离无疑是一个非常重大的历史进步，它给了现代企业无限的发展潜力。但是，所有权和经营权的分离也同时造成了代理问题，这是导致企业战略管理过程中出现战略失误和行为不恰当的最重要的原因。只要企业战略管理者想做不利于股东的事情，他们总是可以想出办法。只要企业战略管理者不想为股东利益最大化而尽力，他们随时可以找到足够的理由。因此合理的公司治理必须注意处理好以下几方面的问题，从公司治理结构的安排上降低企业战略管理者“谋私”“不作为”的可能和所造成的损失。

11.3.1 股权结构

根据《中华人民共和国公司法》，股东代表大会是公司的最高权力机构，并且依照《中华人民共和国公司法》将行使对企业战略选择和经营绩效具有重大影响的若干职权，包括决定公司的经营方针和投资计划；选举和更换非由职工代表担任的董事、监事，决定有关董事、监事的报酬事项；审议批准董事会、监事会或者监事的报告；审议批准公司的年度财务预算方案、决算方案；审议批准公司的利润分配方案和弥补亏损方案；对公司增加或者减少注册资本作出决议；对发行公司债券作出决议；对公司合并、分立、解散、清算或者变更公司形式作出决议；修改公司章程以及公司章程规定的其他职权。

研究表明，股权结构过于集中，例如股权全部集中在一个股东手上，并不是合理的公司治理安排。如果企业各个相关利益团体之间缺乏制衡机制，那么股东个人利益对企业经营的影响就难以得到控制，企业管理者也很难有效发挥职业经理的作用。但是，股权过于分散，例如股权高度分散于几百万个股东手中，也不是合理的公司治理安排。股权的过于分散会导致股东既不会关心企业，又不惧怕风险，此时企业很容易出现“内部人控制”。因此，合理的公司治理安排必须让股东对企业予以足够关心，同时令各个利益团体的利益形成制衡，股东也能够对管理者的战略决策予以足够的监督和参与。考虑到证券市场的有关规定，越来越多的企业希望引入机构投资者，在保证公司股权适度集中的同时，有效地利用专业投资机构的知识和能力。

11.3.2 董事会

董事会是公司股东大会选举产生、代表股东大会行使权利的公司经营决策和管理机构。董事会的主要职责是：负责召集股东会；执行股东大会决议并向股东大会报告工作；决定公司的生产经营计划和投资方案；决定公司内部管理机构的设置；批准公司的基本管理制度；听取总经理的工作报告并做出决议；制订公司年度财务预算、决算方案和利润分配方案、弥补亏损方案；对公司增加或减少注册资本、分立、合并、终止和清算等重大事项提出方案；聘任或解聘公司总经理、副总经理、财务部门负责人，并决定其奖惩等。

一个企业董事会能否有效运作将在很大程度上决定企业战略决策的有效性和效率。

因此，世界各个国家，尤其是中国上市公司，一直致力于：①增加董事会成员的构成和知识背景，使之不仅能够代表各个相关团体的利益，又能够汇集企业战略决策所需要的知识和经验；②增加董事会成员的知情权，使董事会成员了解企业情况，企业有责任向董事提供所要求的信息，同时董事必须主动了解有关的信息；③加强对董事会，尤其是外部董事参与企业决策活动的监督和记录。只有成员结构合理、内外信息对称以及成员愿意尽职尽责，董事会才更有可能保证企业在战略实施过程中的决策正确和行为恰当。

在企业战略决策中，董事会与高层管理者的关系也是一个非常重要的公司治理问题。如前所述，虽然董事会与高层管理者在企业战略决策中的分工有所不同，但是，高层管理者的作用“略大”可能是更为合理的治理安排。首先，董事会不应消极地参与企业的战略决策，但是又不能够过于积极地地参与企业的战略决策，董事会的主要职责首先应该是形成企业的战略意图与宗旨；其次，是要将合适的人安置到企业高层管理者的位置上，并且通过合适的激励和监督去保证他们能够和愿意提出正确的计划和方案；最后，还需要具备相应的信息和知识去判断企业高层管理者所提出的计划和方案是否正确。

11.3.3 高层管理者的激励机制

所有权和经营权的分离客观上形成了股东和管理者之间的委托代理关系和委托代理问题。例如，股东一般偏好相对集中经营，而管理者则相对偏好多元化经营，这种偏好差异的存在就是各自立场和利益不同所导致的典型的委托代理问题。如果这个问题解决不好，管理者在战略实施过程中就会无心甚至有意出现一些决策失误和行为不当的情况。例如，过分多元化不仅会导致股东收益下降，更重要的还会威胁股东财产的安全。在越来越动态的条件下，股东很难监督企业管理者决策的正确性和行为的恰当性。这是因为：首先，高层经理所做的战略决策通常非常复杂并且没有规律性，仅仅通过对高层经理的直接监控并不能有效地判断他们决策的质量。其次，高层经理的决策对公司财务状况的影响要在一定时期后才能表现出来，从而造成很难评估现有决策对公司未来业绩的影响。实际上公司战略决策对公司长期业绩的影响要大于其对公司短期业绩的影响。最后，高层经理的决策及行动和公司的实际表现之间的关系还受到许多不确定因素的影响。不可预见的经济、社会或法律的变动，会造成对决策效果评估的难度加大。

在解决股东与管理者的代理问题上，股东们采取的还是以激励为主、惩罚为辅的方法。首先，董事会要确定企业高层管理者的工资和办公条件等方面的待遇。这种待遇主要是与其占据的“位置”有关，包括位置的价值和相应的工作及生活待遇。其目的是希望企业高层管理者基于对“位置”的珍重，而善待股东和其他利益团体的利益。其次，董事会要考虑给予企业高层管理者一定的奖金，这种激励是与企业的短期（一般是年度）绩效的超预期增长挂钩。当然，这种激励不应该构成管理者收入的主要部分，因为其容易导致企业管理者在战略决策中的短期行为。最后，董事会还应考虑给予企业高层管理者一些长期激励，如股权、期权激励等，目的是让高层管理者在决策过程中多考虑企业和股东的长期利益。除此之外，股东可能还会提供给企业高层管理者很高的退休金或者退休以后的其他社会或者福利方面的待遇，其目的同样是希望将管理者个人的长久幸福与企业、股东的长期利益挂钩，不要因为个人利益而做不利于员工的事情。

高层管理者的激励问题不仅适应于企业高层管理者，同样也适用于企业的中层管理者，例如产品事业部或者区域事业部的管理者。如果企业进入的行业或者区域是自己不熟悉的或者难以控制的，那么企业董事会同样应该考虑给予他们一定的长期激励，因为他们需要在董事会所不了解的行业或者市场上进行管理，需要大胆而富于创新地做出很多重要的战略决策。如果不能够让他们与股东的利益挂钩，那么他们就很难具备做出这些重大决策的长期考虑和创新精神。

11.4 企业文化与战略实施

加强企业文化建设，保证企业文化同企业宗旨、理念、目标统一，是企业战略实施成功的一个重要环节。通过企业文化的导向、激励和凝聚作用把员工统一到企业的战略目标上是战略实施的保证，因此企业文化应适应并服务于新制定的战略。但由于企业文化的刚性较大，且具有一定的持续性，当新战略要求企业文化与之相匹配时，企业原有文化的变革会非常慢，旧的企业文化常常会对新的战略实施构成阻力。我国一些企业在战略实施过程中，常常忽视企业文化建设，这会影响战略实施的效果。

11.4.1 企业文化的含义

企业文化是企业内部的一种共享价值观体系，是企业全体职工在长期的生产经营活动中培育形成并共同遵循的最高目标、价值标准、基本信念及行为规范，它在很大程度上决定着员工的行为。

麦肯锡（McKinsey）公司提出的“7S”模型认为，企业为了保证战略的成功实施，必须整合七个方面的因素，其中包括战略（Strategy）、结构（Structure）、制度（System）、共同价值观（Shard Value）、作风（Style）、人员（Staff）和技能（Skill）。企业成员共同的价值观处于中心地位，表明它所具有的导向、约束、凝聚、激励及辐射作用，可以激发全体员工的热情，统一企业成员的意志与欲望，齐心协力地为实现企业的战略目标而努力，如图 11-9 所示。

企业文化是一种管理文化、经济文化及微观组织文化，包括以下四个方面的内容：

（1）企业的最终目的或宗旨

企业是一个经济实体，必须获取利润，尽管盈利是企业生存和发展的基础和必要条件，但不能把盈利作为企业的最终目的或宗旨。企业经营实践证明，单纯把盈利作为最终追求，往往适得其反。世界上比较优秀的企业，大都以为社会、顾客、职工服务等作为最高目标或宗旨。例如，奇瑞汽车公司的宗旨为：自主创新，世界一流，造福人类；用户第一，品质至上，效益优先；目标管理，规范流程，持续改进；以人为

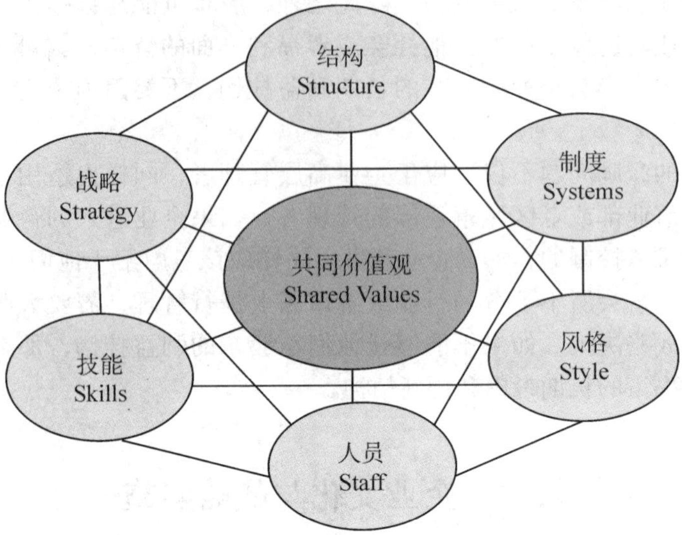

图 11-9 麦肯锡的“7S”模型

本，诚信合作，勤俭廉洁。

（2）共同的价值观

所谓价值观，就是指人们评价事物重要性和优先次序的一套标准。企业文化中所讲的价值观是指企业中人们共同的价值观。共同的价值观是企业文化的核心和基石，它为企业全体员工提供了共同的思想意识、信仰和日常行为准则，这是企业取得成功的必要条件。因此，优秀的企业都十分注意塑造和调整其价值观，使之适应不断变化的经营环境。例如，联想公司的核心价值观为：成就客户——致力于客户满意与成功；创业创新——追求速度与效率，专注于对客户和公司有影响的创新；精准求实——基于事实的决策与业务管理；诚信正直——建立信任与负责任的人际关系。

（3）作风和传统习惯

作风和传统习惯是为了达到企业最高目标和价值观念服务的。企业文化从本质上是讲员工在共同的联合劳动中产生的一种共识和群体意识，这种群体意识与企业长期形成的传统和作风关系极大。例如，海尔的名牌战略和多元化战略都是与其“迅速反应，马上行动”的作风分不开的；树立全球化战略目标后，海尔又提出了“人单合一，速决速胜”的新的工作作风。

（4）行为规范和规章制度

如果企业文化中的最高目标和宗旨、共同的价值观、作风和传统习惯是“软件”，那么行为规范和规章制度就是企业文化的“硬件”，在企业文化中“硬件”要配合“软件”，使企业文化在企业内部得以贯彻。例如，沃尔玛规定主管必须参与商店拜访、与顾客交谈、询问员工的建议。

11.4.2 企业文化与战略的关系

在企业战略管理中，企业文化与企业战略的关系主要表现在以下三个方面：

（1）优秀的企业文化是企业战略获得成功的重要条件

优秀的企业文化能够突出企业的特色，形成企业成员共同的价值观念，而且企业文化具有鲜明的个性，有利于企业制定出与众不同的、克敌制胜的战略。

（2）企业文化是战略实施的重要手段

企业战略制定以后，需要全体成员积极有效地贯彻实施，正视企业文化的导向、约束、凝聚、激励及辐射等作用，激发员工的热情，统一企业成员的意志及欲望，为实现企业的目标而努力奋斗。

（3）企业文化与企业战略必须相互适应和相互协调

企业战略制定以后需要与之相配合的企业文化的支持，如果企业原有的文化与新的战略存在很大的一致性，那么新战略实施就很顺利。如果原有的企业文化与新制定的战略有冲突，则新战略的实施就会遇到困难，这时需要变革企业文化使之适应新战略的需要。但是，一个企业的文化一旦形成以后，要对企业文化进行变革难度很大，也就是说企业文化具有较大的刚性，而且它还具有一定的持续性，在企业发展过程中会逐渐得以强化。因此，从战略实施的角度来看，企业文化要为实施企业战略服务，又会制约企业战略的实施。当企业制定了新的战略要求企业文化与之相配合时，企业的原有文化变革速度非常慢，很难马上对新战略做出反应，这时企业原有的文化就有可能成为实施新战略的阻力。因此，在战略管理的过程中，企业内部新旧文化的更替和协调是保证战略顺利实施的重要条件。

11.4.3 企业文化与战略的匹配

为了建立与战略相匹配的企业文化，首先需要明确现有的企业文化是否与战略相匹配，企业文化中哪些方面能够支持战略的实施，哪些不能支持战略的实施，并且要对那些需要改变的文化进行公开说明，并采取行动进行改变。对于不符合战略需要的企业文化进行改变并不是一蹴而就的事情，需要采取一系列的行动。例如，采取标杆管理和最佳方法，设立一流的业务目标，不断改进业务流程和经营绩效；吸引符合企业文化的新人，取代传统的管理者，这是改变文化的一种快捷的方式；改变组织结构，改变奖惩制度，加强员工培训，重新配置资源，缩小或扩大企业规模，这些行动都能够对企业文化产生重要的影响。

由上述企业文化与战略的关系可以看出，要想成功实施企业战略，一定要有与之相匹配的企业文化。企业在进行战略实施时，企业的各种组织要素（如结构、技能、生产、运作等）会发生变化，这些变化与目前企业文化之间的一致性或低或高。以纵轴表示各种组织要素的变化程度，横轴表示组织要素发生的变化与目前企业文化相一致的程度，这样组成四个象限的矩阵，处于不同象限的企业文化与战略匹配呈现出四种不同的模式，如图 11-10 所示。

第一象限以企业使命为基础，指企业实施一个新战略，组织要素会发生很大的变化，但这些变化与企业目前的文化有潜在的一致性。这种企业由于有企业文化的大力支持，实行新战略没有太大困难，一般处于较有前途的地位。

企业在进行重大变革时，必须考虑以企业使命为基础。主要体现在：高层管理人

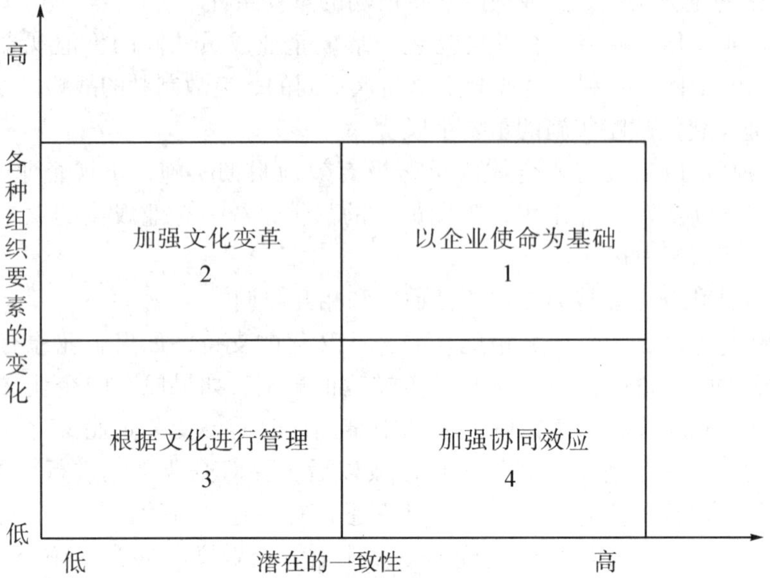

图 11-10 企业文化与战略的匹配关系

员在处理战略与企业文化关系的过程中，一定要注意到企业的任务可以发生变化，但战略的变化不能从根本上改变企业的基本性质和地位，因为仍然与企业原有文化保持着不可分割的联系；企业可以发挥企业现有人员的作用，因为这些人员保持着企业原有的价值观念和行为准则，这样可以保证企业在原有文化一致的条件下实施变革；在必须调整企业奖惩制度时，要注意与目前企业的奖励措施相连接；企业高层管理者要着重考虑与企业原有文化相适应的变革，不要破坏企业已经形成的行为准则。

第二象限需要加强文化变革，表示企业实施一个新的战略时，组织要素发生了很大的变化，而且这些变化与企业现有文化很不一致。在这种情况下，企业的高层管理层要下定决心进行变革，并向全体员工讲明变革企业文化的意义。为了形成新的企业文化，下定决心进行变革，并向全体员工讲明变革企业文化的意义。为了形成新的企业文化，企业要招聘一批具有新的企业文化意识的人员或在企业内部提拔一批与新企业文化相符的人员；企业要奖励具有新企业文化意识的分部或个人，以促进企业文化的转变；企业要让全体职工明确新企业文化所需要的行为，要求企业职工按照变革的要求进行工作。

第三象限需要根据文化进行管理，是指企业实施新战略时，组织要素变化不太大，但这些要素的变化却与企业现有文化不太协调。在这种情况下，企业的高层管理者需要在不影响企业总体文化一致的前提下，对某种经营业务实施不同的文化管理，但同时要注意加强全局性协调。因此，企业要对于企业文化密切相关的因素进行变革时，根据文化的不同要求进行分别管理是一个重要手段。

第四象限是加强协同效应，表示企业实施一个新战略时，组织要素变化不大，而且这种变化与企业原有变化一致。在这种情况下，高层管理者可以利用目前的有利条件，巩固和加强企业自己的企业文化，并且利用企业文化相对稳定及持续性的特点，充分发挥企业文化对战略实施的促进作用，加强两者之间的协同效应。

需要注意的是，原有企业文化持续时间越久，则企业文化变革就越困难；企业规模越大、越复杂，则企业文化的变革就越困难；原有企业文化越深入人心，则企业文化变革就越困难。但不管改变企业文化的难度如何，如果实施的战略与原有的文化不相匹配，就必须要考虑决策。企业高层高层管理应该认识到，急剧地、全面地改变企业文化在多数情况下难以办到，但逐步地调整也不是不可能。当然，这是一个耗费时间和精力的过程。因此有人认为改变企业文化的最方便的办法是更换人员，甚至是更换企业高层管理者，即当企业的确有必要实行新的战略，而渐进式改变企业文化的措施又不能立即取得预期的效果，这时企业只能做重大的人事变动，更换领导人员，聘用新的工作人员，并对他们灌输新的价值观念。对企业职工要加强教育和培训，抓住每一个机会不断使职工理解实施新战略的必要性及重大意义，最终使新战略与职工的价值观念达成一致，从而实现企业文化的变革。

本章小结

1. 战略实施，即战略执行，是为实现企业战略目标而对战略规划的实施与执行。企业在明晰了自己的战略目标后，就必须专注于如何将其落实转化为实际的行为并确保实现。成功的战略制度并不能保证成功的战略实施，实际做有一件事情（战略实施）总是比决定做这件事情（战略制定）要困难的多。

2. 组织结构既是企业战略实施的工具又是企业总战略的子战略，其设置与变革必须服从于企业总体战略。适应企业战略的组织结构是战略实施保障，不适应战略的组织结构则是战略实施的障碍。

3. 公司治理对战略实施的影响，回答了在管理权和经营权相分离的现代企业中，企业战略管理如何在既定的公司治理制度框架内运作、战略决策机制如何运行等问题。

4. 企业文化是企业特有的文化形象，是在长期经营管理实践中形成并为成员共享的稳定独特的指导思想、发展战略、文化观念、道德规范、经营精神和风格。企业文化引导企业战略定位，是企业战略实施的关键支撑。企业文化与企业战略是相互影响、相互促进、相互约束的关系。

思考题

1. 如何理解战略实施的应变性原则？
2. 企业组织结构对战略实施有什么影响？
3. 如何建立企业文化与战略的匹配关系？
4. 怎样才能使组织结构与企业战略相适应？
5. 为什么说建立优秀的企业文化应该成为企业的一个战略？

12 战略控制与战略变革

学习目标：

1. 了解战略控制的含义和类型；
2. 掌握战略控制的过程及战略控制工具的应用；
3. 了解战略变革的基本含义和类型；
4. 掌握战略变革的过程及战略变革应注意的问题。

案例导读

沃尔玛的战略控制系统

总部设在阿肯色本顿维尔的沃尔玛公司是世界上最大的零售商，2004 年销售额为 800 亿美元。它的成功基于创始人山姆·沃顿实施商业模式的方法。沃顿要求所有的经理在工作中采取亲力亲为的风格并且充分献身于沃尔玛的主要目标，他将之定义为全面顾客满意。为了激励员工，沃顿创立了一个复杂的控制系统和向各级员工公布员工和企业绩效的文化。

首先，沃顿设计了一项财务控制系统，逐日向经理们提供商场经营绩效的反馈。通过复杂的全公司范围内的卫星系统，本顿维尔总部的公司经理可以评估每家商场和商场内每个部门的绩效。有关商场利润和商品周转率的信息每天都会提供给商场经理，然后再由商场经理发布给 62.5 万名员工（称为合伙人）。通过信息分享，沃尔玛鼓励所有的合伙人学习零售业务的基本要素，从而可以在工作中加以改进。

如果商场表现不佳，经理们和合伙人们就会进行检查，找出改进的方法。沃尔玛的高层经理定期走访有问题的商场，提供专业意见。高级管理人员每个月都会用公司的飞机巡视各地的沃尔玛商场，从而把握公司的脉搏。沃尔玛公司的高层管理者还习惯于在周末开会讨论本周的财务成果和未来的影响。

其次，沃顿坚持在绩效和奖励之间建立联系。每个经理的个人绩效表现为能否完成具体的目标，绩效决定了经理的工资上涨和晋升机会（升迁到更大的商场或公司总部，沃尔玛的传统是从内部提升经理）。根据公司的绩效和股票价格，高级经理获得大额的期权. 即使普通合伙人也能获得股票。一位 20 世纪 70 年代与沃顿一起创业的合伙人到现在应当可以积累价值 25 万美元的股票（来自多年的股票升值）。

再次，沃顿创建了一套复杂的控制系统来规范员工的行为，包括各项管理规定和预算制度。每家商场的业务活动都是一样的，所有的员工接受相同的培训，了解自己应当怎样对待顾客。通过这些方法，沃尔玛实现了运营的标准化，从而获得了很大的成本节省，与此同时经理们也可以很容易地实现整个商场的变革。

最后，沃顿不满足于产出和行为控制以及用货币奖励来激励员工。为了吸引员工参与企业运营并且鼓励他们用自己的行为提供高品质的客户服务，他还为公司创建了强大的文化价值和行为规范。合伙人必须遵循的规范包括“10 英尺态度”，这是沃顿在走访商场时提出来的，意思是“保证在距离顾客 10 英尺（1 英尺 = 0.305 米）时应注视顾客的眼睛，对他表示欢迎并且询问是否需要帮助”；“日落原则”，是指员工应当在接受顾客请求的当天就给予满足，以及沃尔玛欢呼（来一个 w，来一个 A，等等），这些都适用于所有的沃尔玛商场。

沃尔玛创建的强烈的顾客导向价值观通过商场员工口耳相传的故事体现了公司村顾客的关注。有一个故事说一名叫希拉（Sheila）的员工不顾危险在轿车轮下救出小男孩；菲利斯（Phyllis）的故事则讲述他是如何为在商场内发作心脏病的顾客实施心肺复苏术；还有一个关于安妮塔（Annette）的故事，她将给自己的孩子留的“超级战队”玩具卖给了一位顾客以满足那位顾客孩子的生日愿望。强烈的沃尔玛文化帮助公司控制和激励员工，也帮助合伙人实现公司要求的严格的产出和财务绩效。

资料来源：C. 希尔，G. 琼斯，周长辉. 战略管理（中国版）[M]. 北京：中国市场出版社，2007.

在企业的战略实施过程中，战略的相对稳定性和内外环境的多变性之间的矛盾，使得战略的实施结果与预期的战略目标之间会产生某种差异，企业若不及时采取纠正措施，战略目标往往很难达成。为了实现预期的目标，企业必须加强对战略实施的控制，必要时要进行战略变革。

12.1 战略控制

战略决策付诸行动之后，如何保证决策的顺利落实就成为战略成败的关键。有两种不确定因素使得企业必须对战略决策的落实过程进行控制。一是企业内部的组织活动中存在着不确定性。当有些管理人员错误地理解了决策的内容，或是工作中出现问题时，工作进度可能与预期的目标相偏离。二是外部环境可能发生意想不到的变化，战略的实施可能偏离了预定的方向和轨道，或者企业的战略可能不再利于企业的发展。这时企业或许有必要对某些战略决策的内容进行调整。

12.1.1 战略控制的含义

所谓战略控制是指监督战略实施过程，及时纠正偏差，确保战略有效实施，使战略实施结果基本上符合预期计划的管理过程。

企业战略实施的控制是企业战略管理的重要环节，控制能力和效率的高低决定了战略行为能力的高低。控制能力强、效率高，则企业高层管理人员可以做出较为大胆的、风险较大的战略决策。而且战略实施的控制和评价可为战略决策提供重要的反馈，帮助战略决策者明确哪些是符合实际的、正确的，有助于提高战略决策的适应性和水平。同时，战略实施的控制可以促进企业文化等企业基础建设，为战略决策奠定良好的基础。

12.1.2 战略控制的类型

战略控制着眼于企业发展与内外环境条件的适应性，通常有避免型控制、事前控制、事中控制和事后控制四种类型。

（1）避免型控制

避免型控制是指采用适当的手段消除不适当行为产生的条件和机会，从而达到不需要控制就能避免不适当行为发生的目的。如通过与外部组织共担风险减少控制；或通过自动化使工作的稳定性得以保持，按照企业的预期目标正确地工作。

（2）事前控制

事前控制又称前馈控制、跟踪型控制。它是指在战略行动成果尚未实现之前，对战略行动的结果趋势进行预测，并将预测结果与预期结果进行比较和评价，如果发现可能出现战略偏差，则提前采取预防性的纠偏措施，使战略实施始终沿着正确的轨道推进，从而保证战略目标的实现。要进行事前控制，管理者必须对预测因素进行分析与研究。一般有三种类型的预测因素：①投入因素，即战略实施投入因素的种类、数量和质量，将影响产出的结果；②早期成果因素，即依据早期的成果，可以预见未来的结果；③外部环境和内部条件的变化，对战略实施的制约因素。事前控制对战略实施中的趋势进行预测，对其后续行动起调节作用，能防患于未然，是一种卓有成效的战略控制方法。

（3）事中控制

事中控制又称开关型控制或行与不行的控制。它是指在战略实施控制中，要对战略进行检查，对照既定的标准判断是否适宜；如果发现不符合标准的行动就随时采取措施进行纠偏。这种方式类似于开关的通与止的控制，因而称为开关型控制。这种方式一般适用于实施过程标准化、规范化的战略项目。

事中控制方法的具体操作有多种形式：①直接领导，管理者对战略活动进行直接指挥和指导，发现差错及时纠正，使其行为符合既定标准；②自我调节，执行者通过非正式、平等的沟通，按照既定标准自行调节自己的行为，以便和协作者有效配合；③共同愿景，组织成员对目标、战略宗旨认识一致，在战略行动中表现出一定的方向性、使命感，从而达到和谐一致、实现目标。

（4）事后控制

事后控制又称反馈型控制。它是指在战略结果形成后，将战略行动的结果与预期结果进行比较与评价，然后根据战略偏差情况及其具体原因，对后续战略行动进行调整修正。事后控制方法在战略控制推进中控制监测的是结果，纠正的是资源分配和人的战略行动：根据行动的结果，总结经验教训来指导未来的行动，将战略推进保持在正确的轨道上。事后控制方法的具体操作主要有两种方式。

①联系行为。即对员工的战略行动的评价与控制直接同他们的工作行为联系起来。员工较易接受，并能明确战略行动的努力方向，使个人行为导向和企经营战略导向接

轨；同时，通过行动评价的反馈可以修正战略实施行动，使之更加符合战略的要求；通过行动评价，实行合理的分配，从而强化员工的战略意识。

②目标导向。即让员工参与战略行动目标的制定和工作业绩的评价，既可看到个人行为对实现企业战略目标的作用和意义，又可从工作业绩的评价中看到成绩与不足，从中得到肯定和鼓励，为战略推进增添动力。

12.1.3 战略控制的原则

（1）渐进性原则

虽然人们可以经常在平时的点滴想法中发现一些十分精炼的正规战略分析内容，但真正的战略却是在公司内部的一系列决策和一系列外部事件逐步得到发展，最高层管理班子中主要成员有了对行动的新的共同的看法之后，才会逐渐形成。在管理规范的企业中，管理人员积极有效地把这一系列行动和事件逐步概括成思想中的战略目标。另外，管理部门基本上无法控制的一些外部或内部的事件常常会影响公司未来战略姿态的决策。从某种程度上来说，突发事件是完全不可知的。再说，一旦外部事件发生，公司也许就不可能有足够的时间、资源或信息来对所有可能的选择方案及其后果进行充分的正规的战略分析。

认识到以上这些之后，高级经理们经常有意识地采用渐进的方法来进行战略控制。他们使早期的决策处于大体上形成和带有试验性质的状态，可以在以后随时复审，在有些情况下，公司和外界都无法理解变通办法的全部意义。大家都希望对设想进行检验，并希望有机会获悉和适应其他人的反应。为了改善战略控制过程，其逻辑要求而且实践也证明：通常最好是谨慎地、有意识地以渐进的方法加以处理，以便尽可能推迟做出战略决策，使其与新出现的必要信息相吻合。

（2）互动性原则

现代企业面临的环境控制因素的多样性和相互依赖，决定了企业必须与外界信息来源进行高度适应性的互相交流。

对企业战略来说，最起码的先决条件是要有一些明确的目标，以便确定主要的行动范围。在这一问题上做到统一指挥，留有足够的时限以使战略有效。要使公众形成对自己有利的观点和政治行动需要很长的时间，而这需要积极地、源源不断地投入智力和资源。战略控制要求保持高质量的工作效果、态度、服务和形象等有助于提高战略可靠性的因素。由于许多复杂因素的影响，必须进行适当的检验、反馈和动态发展，注重信息收集、分析、检验，以便唤起人们的意识，扩大集体的意见，形成联合和其他一些与权力和行为有关的行动。

（3）系统性原则

有效的战略一般是从一系列的制定战略的子系统中产生的。子系统指的是主要为实现某一重要的战略目标而相互作用的一组活动或决策。每一子系统均有自己的、与其他子系统不相关的时间和信息要求，但它又在某些重要方面依赖于其他子系统。通常情况下，每一子系统牵涉的人员和班子各不相同，但这些不同的班子一般并不组成分立的单位去单独实现战略目标。相反，许多高级经理们通常都是这类班子的兼职人员。他们每人都要制定出一个子系统的战略，并在制定的过程中，请不同的辅助小组参加。子系统各自有组织的针对全公司的某个具体问题（如产品系列的布局、技术革新、产品的多种经营、收购企业、出售产业、与政府及外界的联络、重大改组或国际化经营等）做出科学具体的战略决策，且逻辑形式十分完善规范，是企业总体战略科学完善的关键。不过每个战略子系统在时间要求和内部进度上，往往很少能够满足同时进行的其他战略子系统的需要，而且各子系统都有它自己的认知性限度和过程限度，因此必须采取有目的的、有效率的、有效果的管理技巧把各子系统整合起来。

（4）层次性原则

战略控制系统中有三个基本的控制层次，即宏观层面上的控制、业务层面的控制和作业层面的控制。宏观层面上的控制是以企业高层领导为主体，它关注的是与外部环境有关的因素和企业内部的绩效。业务层面的控制指企业的主要下属单位，包括战略经营单位和职能部门两个层次，他们关注的是企业下属单位在实现构成企业战略的各部分策略及中期计划目标的工作绩效，检查是否达到了企业战略为他们规定的目标，业务控制由企业总经理和下属单位的负责人进行。作业层面的控制是对具体负责作业的工作人员的日常活动的控制，他们关注的是员工履行规定的职责和完成作业性目标的绩效，作业控制由各级层主管人员进行。应当指出，这不同层面的控制还有四个基本区别：

①执行的主体不同，宏观层面主要有高层管理者执行，业务及作业层面主要由中层管理者执行。

②宏观层面控制具有开放性，业务及作业层面控制具有封闭性。宏观层面既要考虑外部环境因素，又要考虑企业内部因素，而业务及作业层面主要考虑企业内部因素。

③宏观层面的目标比较定性，不确定，不具体；业务及作业层面的目标比较定量、确定、具体。

④宏观层面主要解决企业的效能问题，业务及作业层面主要解决企业的效率问题。

在进行战略控制时，必须按照层次原则有条不紊的进行。

12.1.4 战略控制的过程

战略控制过程可以分为五个步骤，即确定目标，制定战略评价标准，衡量战略实施效果，评价战略实效差异，采取纠正措施（如图 12-1 所示）。

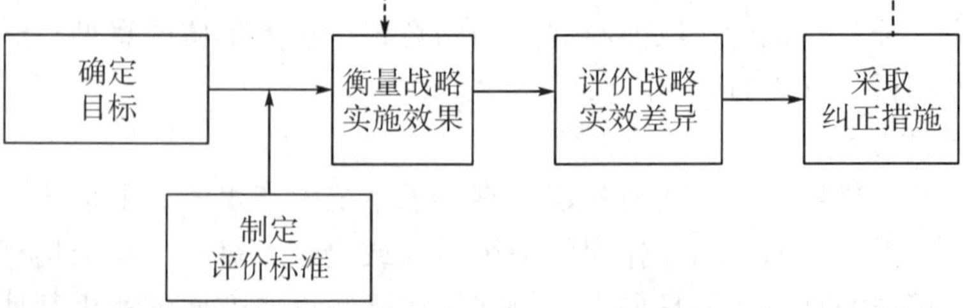

图 12-1　战略控制过程

（1）确定目标。即明确行业的战略总目标及具体的阶段目标，并将其分解到下层，以便协调和检查。

（2）制定战略评价标准。范围应包括各级公司及部门，衡量标准包括定性的和定量的。战略标准是进行战略控制的首要条件。评价标准可采用定量和定性相结合的方式。无论是定量还是定性指标，都必须与企业的发展过程做纵向比较，还必须与行业内平均水平及业绩优异者进行横向比较。

（3）衡量战略实施效果。标准是衡量战略绩效的工具，衡量绩效的关键是及时获取有关工作成果的真实信息。工作成果是战略在执行过程中实际达到目标水平的综合反映。通过信息系统把各种战略目标执行的信号汇集起来，这些信号必须与战略目标相对应。要获取实际的准确成果，必须建立管理信息系统，并采用科学的控制方法和控制系统。建立报告和联系等控制系统，这是战略控制的中枢神经，是收集信息并发布指令所必须的、对行业战略的实施必不可少的。具体可通过口头汇报、书面汇报、直接观察等方式取得信息，以此衡量实际战略业绩。

（4）评价战略实效差异。评价战略实施绩效是将实际的成果与预定的目标或标准进行比较。即对收集到的信息资料与既定的行业衡量标准和战略目标进行比较和评价，找出成效与标准之间差距及产生原因。通过比较就会出现三种情况：第一种是超过目标和标准，即出现正偏差，在没有做特定的要求的情况下，出现正偏差是一种好的结果；第二种是正好相等，没有偏差，这也是好的结果；第三种是实际成果低于目标，出现负偏差，这是不好的结果，应该及时采取措施纠偏。

（5）采取纠正措施。通过对结果的审查，如达不到预定的目标与要求，则应采取相应的措施进行纠正。纠正的方法包括：加大战略实施的投入力度，调整组织结构和人事，强化企业文化建设，协调与外部的关系。如果上述手段收效甚微，则要重新审查战略本身是否适合，是否需要进行战略调整。

12.2 战略控制的工具——平衡计分卡

通过对战略控制的学习可知，绩效的测量与评价是战略控制的基础。但如何从战略角度对组织绩效做全面评估，一直是困扰管理者的难题。平衡计分卡的出现为企业的战略决策者提供了一个极佳的工具。

平衡计分卡（The Balanced Card，BSC）是20世纪90年代初由哈佛商学院的罗伯特·卡普兰（Robert Kaplan）和诺朗诺顿研究所所长（Nolan Norton Institute）、美国复兴全球战略集团创始人兼总裁戴维·诺顿（David Norton）提出的一种绩效评价体系。平衡计分卡被《哈佛商业评论》评为75年来最具影响力的管理工具之一，它打破了传统的单一使用财务指标衡量业绩的方法。

平衡计分卡认为，传统的财务会计模式只能衡量过去发生的事情，却无法评估组织前瞻性的投资。正是基于这样的认识，平衡计分卡方法认为，组织应从四个角度审视自身业绩：学习与成长、内部流程、顾客、财务，如图12-2所示。

在平衡计分卡的评估体系中，财务绩效只是其中的一个部分，顾客、流程、学习与成长这些重要的战略要素在此得到了充分重视。平衡计分卡的核心思想就是通过财务、客户、内部流程及学习与成长四个方面的指标之间相互驱动的因果关系展现组织的战略轨迹，实现绩效考核—绩效改进及战略实施—战略修正的战略目标过程。

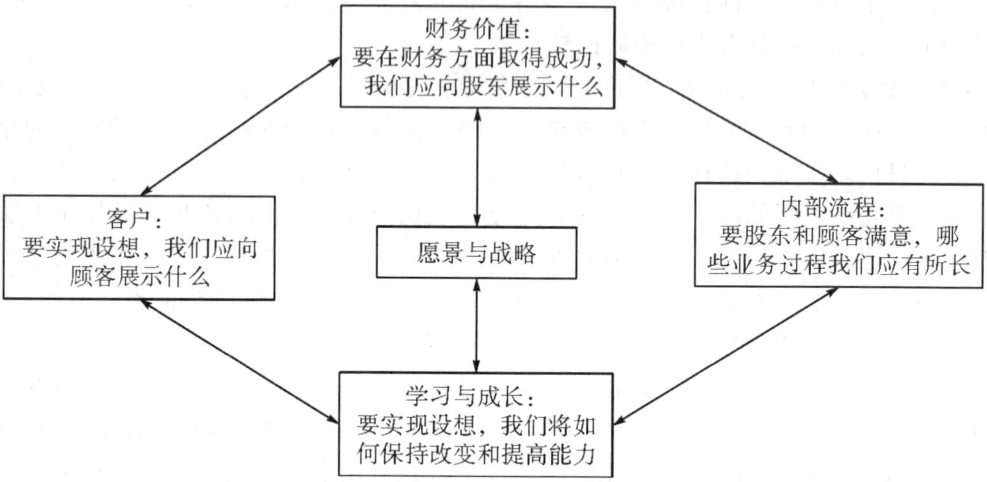

图 12-2　平衡记分卡模型

可以看出，平衡计分卡之所以称之为“平衡”计分卡，是因为平衡计分卡反映了财务、非财务衡量方法之间的平衡，长期目标与短期目标之间的平衡，外部和内部的平衡，结果和过程的平衡，管理业绩和经营业绩的平衡等多个方面的平衡关系。在实践中，平衡计分卡的操作流程如下：

（1）以组织的共同愿景与战略为内核，运用综合与平衡的哲学思想，依据组织结构，将公司的愿景与战略转化为下属各责任部门（如各事业部）在财务、顾客、内部流程、学习与成长四个方面的具体目标（即成功的因素），并设置相应的四张计分卡。

（2）依据各责任部门分别在财务、顾客、流程、学习与成长四个方面设计对应的绩效评价指标体系，这些指标不仅与公司的战略目标高度相关，同时兼顾和平衡公司长期和短期目标、内部与外部利益，综合反映战略管理绩效的财务与非财务信息。

（3）由各主管部门与责任部门共同商定各项指标的具体评分规则。一般是将各项指标的预算值与实际值进行比较，对应不同范围的差异率，设定不同的评分值。以综合评分的形式，定期考核各责任部门在财务、顾客、内部流程、学习与成长四个方面的目标执行情况，及时反馈，适时调整战略偏差，或修正原定目标和评价指标、确保公司战略得以顺利与正确地实行。借着对四项指标的衡量，组织得以用明确和严谨的手法来诠释战略。这种方法，不仅保留传统上衡量过去的财务指标，还兼顾了对促成财务目标的其他绩效指标的衡量；在支持组织追求业绩之余，也监督组织的行为，兼顾学习与成长，使组织得以把产出（Outcome）和绩效驱动因素（Performance Driver）串联起来。此外，该方法还能有效地把组织的使命和策略转变为一套前后连贯的绩效评价系统，把复杂而笼统的概念转化为精确的目标，不仅促进了战略的实施，也为战略控制奠定了基础。

12.3 战略变革

12.3.1 战略变革的含义

战略变革是企业为取得或保持持续的竞争优势，在企业内部及其外部环境的匹配方式正在或将要发生变化时，围绕企业的经营范围、核心资源与经营网络等战略内涵的重新定义，而改变企业的战略思维以及战略方法的过程。可见，战略变革是企业为了实现持续成长，应对外部环境的变化所做出的形式、性质和状态上的转变。这种变革包含两层含义：企业战略内容方面的变革，包括企业的经营范围，资源配置，竞争优势以及这些因素之间的协同作用的变化；企业应对外部环境的变化以及企业应对战略内容发生变化所做出的变革。这种变革可能体现为企业业务的变化，也可体现为企业组织层面的变化，甚至是两者的综合变化。

12.3.2 战略变革的类型

（1）按企业变革的性质划分

①战略方向转型——产业转移

这种转型模式是企业进入全新的产业或关联度较低的行业开展经营，亦称“产业转移”，其典型是微波炉之王格兰仕（从经营羽绒服转向经营微波炉）、哥俩好集团（从经营采石业转向经营精细化工业）。

②经营模式转型——商业模式创新

所谓商业模式就是企业创造价值，赚取利润的方式。如从外销转向内销，从贴牌生产转向创自主品牌，从制造型转向服务型，从低端向高端升级，从粗放经营向精细管理升级，调整产品结构，研发新技术、新专利、开发新产品，拓宽或收缩经营业务，从单一业务经营转向整合整个产业链，从公司化转向集团化，拓宽或改变经营区域等。

（2）按企业变革的态势划分

①扩张发展型：如扩大企业规模，兼并、重组，从专业化到多元化、从公司化到集团化、从本土化化到全球化等。

②收缩撤退型：如缩小企业规模，精简、出售，从多元化到专业化、从集团化到公司化、从全球化到本土化等。

12.3.3 战略变革的过程

企业战略变革是一项循环往复周而复始的系统工程，从开端、发生、到反馈整个过程形成了一个完整的企业战略变革，是一个有明确目的性和配套政策的过程。在大量的实践经验基础上，我们将战略变革的过程划分为：准备、实施、跟踪与改进三个阶段。

（1）变革前的准备

准备阶段是企业战略变革过程的最初阶段。组织通过对内外部环境现状的分析、评价和研究，发现对组织有利和不利的因素，分析目前组织存在的问题，确定是否作出战略调整。企业战略变革作为战略发展的重要途径，总是伴随着各种不确定性和风险，任何企业的战略变革都不可避免地会带来各种各样的阻力。如何克服变革的抵制或阻力，充分发挥促进因素的影响力，最终成功实施战略变革，是企业战略变革前准备阶段要解决的十分现实和重要的问题。在变革前的准备阶段，工作重点应放在加强沟通上。通过会议、讨论等方式，将新使命的陈述和变革的原因传达给组织的每个员工，帮助组织员工认识到变革的紧迫性，减少变革的心理障碍，促使全体员工积极参与到变革中，为变革打下坚实的基础。

（2）变革的实施

企业要依据内外部条件的变化，结合自身的发展状况，开始推行一系列变革的方法与措施。在战略变革实施阶段中，组织要分析研究组织的生产、工作技术、管理技术、战略与运作技术等方面的变革是否适应企业内、外部的资源和环境的变动。变革通常是由组织最高管理层由上至下推行的，拥有对组织的控制权，承担了变革过程中的管理责任，是实施变革的有效力量。作为组织变革的推动者应具备一定的前瞻性战略眼光，在问题处于潜伏期时，主动推行变革，促进企业更好、更快的发展。实施战略变革过程当中，还应注意处理好行政管理方面的问题，考察评价组织和管理过程是否协调、企业政策和运作机制整合情况如何，员工参与变革的积极性怎样等。

变革时期，也是新旧体制交接时期。在这个时期，旧的框架格局和运行秩序被打破，新体系和新机制还有待建设和适应，此时组织应特别关注组织成员的心理状态，鼓励全员积极参与到管理中，不断改善人际关系，提高实际沟通的质量，战略变革获得成功是离不开组织成员的认同与支持的。上述几个层面的问题，缺失任何一个都难以保证变革的成果。

（3）跟踪与改进

战略变革是一个众多变量进行转换和不断磨合的过程，企业的新战略是否适应新的内外部条件，企业运营的实际状况如何，还需要管理者对变革的结果进行总结和评价。评价指标有企业的财务资源、实物资源、技术资源、人力资源以及商誉等。对于取得理想效果的变革措施，组织应当给予有关部门或者个人以奖励，这样才能坚定变革的理想和信心，使企业永远充满活力。对于没有取得理想效果的变革措施，要认真总结和分析，坚决放弃与企业远景规划不相适应的系统、结构和政策。

企业战略变革对企业的发展而言是重要而又复杂的，它不是一成不变的，是随着企业内外部环境的变化适时而动的，是一个连续不断反复进行的过程。从长远来看，跟踪与改进阶段的实质就是将变革精神和追求卓越的思路不断融入到企业文化中，确保企业可持续发展。

12.3.4 战略变革应注意的问题

战略变革已经成为一个企业实现其持续发展的一个必不可少的工具，为企业提供了在竞争性市场上有效竞争的武器。虽然战略变革对企业如此重要，企业也愿意花大力气进行变革，但成功的企业却极少。究其原因，是因为企业进行战略变革还存在许多问题。下面介绍企业在进进战略变革时应注意的几点：

（1）企业高级管理层的强力支持

战略变革必须得到来自高级管理层的支持。变革的推动者必须是高级管理者，领导者对变革的持续高度关注是变革成功的前提条件。变革需要一个强有力的领导同盟，这一同盟的核心由企业的高层管理人员、咨询人员和重要的客户组成。并且，高层领导必须具备“领导者”的能力——发现变革的支持者并建立一个坚定的团队，来协助自己推进改革。再由这些支持者向整个企业辐射，来影响所有员工支持改革。这样，有了变革的团队去整合企业各方面的力量和资源，企业变革的成功几率会大大增加。

领导者必须明确表明对维持现状的不满。领导者对改革意愿的明确表述是员工判断企业改革实施决心大小的标准。领导者改革意愿的强弱决定了企业和员工配合的程度和主动性发挥的程度。除非企业领导明确表示了改革的决心和对现状的不满，否则员工不会轻易跟随；除非形势逼迫和推动，情性使得员工不愿意主动要求改变现状。另外，领导者还要确定组织面临的挑战。组织面临的挑战就是改革的方向。领导者的主要责任就是保持清醒，及时发现来自组织内外部的挑战，并清晰地表达出来，唤起全体员工的警觉。

（2）核心理念的稳定性

要明确企业的使命和核心价值观。绝大多数的人都不喜欢整天生活在不确定性之中。在变革时，让参与者明白什么东西不变是非常重要的。对于一个企业来说，长期目标、短期目标、经营策略、组织结构、企业领导等都是可能频繁发生变化的，但企业的使命和核心价值观是不应频繁变化的。当重大变革来临时，它们会起到维护组织的作用。

核心价值是某个组织最基本、最恒久的信念。核心价值无须外在理由支撑，是一套指导原则；对于组织内部人士而言，核心价值具有实际的价值和重要性。核心志向不仅仅是描述公司的生产成果或目标顾客，它还能捕捉公司的灵魂。也许企业可以实现某个目标或完成某项策略，但不能真正实现志向，虽然志向本身通常不改变，但它会启发变革。志向永远无法真正实现，这一事实意味着企业组织也永远无法停止激励变革与进步。

（3）建立足够的紧迫感

大多数成功变革在一开始时企业领导者总是认真审视公司的竞争态势、市场地位、技术趋势以及财务表现。成功变革的注意力主要集个在：某项重要专利到期所可能出现的营收下降，某个核心产业利润连续五年下滑的趋势；或某个人人都漠视的新兴市场。然后，他们找寻方法，广泛而戏剧性地传播这些信息，尤其会强调这是个危机（或潜在危机），是个潜在的难逢的机会。这是必需的第一步，因为变革的发动要依赖于集体的合作。如果欠缺动机，众人就不会共襄盛举，改革也难有进展。

（4）不能过早宣布胜利

经过多年的辛勤耕耘之后，经理人看到第一次明显的绩效改善时，也许忍不住要宣布胜利。庆祝有所收获当然是件好事，然而，宣布打赢这场战争却可能导致大灾难。除非改革已经深深渗入公司的文化（其过程可能历时 5~10 年），否则新的做法仍然很脆弱，随时有倒退的可能。

切记不要轻易地宣告胜利，因为变革的反对者特别善于识别和利用一切阻碍变革的机会。他们会趁此机说，革命已经成功，我们不需再努力。有些疲惫的变革战士也就相信他们，不愿将变革进行到底。这时企业员工变革的热情就会逐渐消失，老传统便又卷土重来。

成功的做法是，企业领导者不急于去宣告胜利，而会借助一连串短程收获所提供的可信度来处理更大的问题。针对一些与变革愿景相矛盾，但从来未曾被提出来解决的制度与结构，成功的企业领导人会一探究竟，谋求解决之道。他们很注意谁应获得提升，谁应被雇佣以及人力资源如何被开发这些问题。他们将一些比最初的变革计划范围更大的方案也囊括进来。他们深深地认识到，这场战略大变革绝不是一朝之功，而是至少要花费几年时间。

（5）变革应以成果为导向，而非以活动为中心

以活动为中心通常打着“全面品质”或“持续改善”的旗号进行，提倡某种管理哲学或风格，如提倡部门合作、对中层管理者赋予权力、员工参与等，有些则把焦点放在绩效评价上。公司引进这些活动基于一个错误的假设，假如实施足够而正确的改善活动，实际绩效改善就一定会发生。而这种逻辑的基础就是，相信一旦经理人把竞争当作标杆来衡量公司绩效，评估顾客期望，并训练员工解决问题的技巧，销售额就会增加，库存就会减少，品质也会提升。公司的专家和顾问就会告诉管理层，不需要把焦点放在改善成果上，因为成果终究会自己呈现出来。但是以活动为中心的变革存在重大缺陷：一是没有针对性的特定成果；二是规模过大，导致难以给出对某项改革措施与绩效之间关联度的认定；三是评价结果不真实；四是偏执于正统做法，缺乏实证精神。

以活动为中心的变革和以成果为导向的变革，其最终目标都是要让组织的绩效发生根本性的变化。以活动为中心的变革将焦点放在全面文化变革、大规模的训练计划以及大量流程创新上；而以成果为导向的变革则不然，它首先要找出最迫切需要改革的绩效改善事项，然后设定渐进式目标，迅速予以达成。管理阶层把渐进式计划当作试验厂，用以测试以成果为导向的新管理、评价、组织方法，从而逐渐创造经验基础，在这个基础上建立全公司的绩效改善。一般来说，变革能得到彻底贯彻的情况并不多见，在具体实施过程中会遇到这样那样的问题，因此，要寻求变革与稳定的最佳平衡点，既要避免出现大的震荡，又要确保变革的效果。

本章小结

1. 所谓战略控制是指监督战略实施过程，及时纠正偏差，确保战略有效实施，使战略实施结果基本上符合预期计划的管理过程。战略控制着眼于企业发展与内外环境

条件的适应性，通常有避免型控制、事前控制、事中控制和事后控制四种类型。战略控制的的原则有渐进性原则、互动性原则、系统性原则、层次性原则。战略控制的过程一般分为确定目标、制定战略评价标准、衡量战略实施效果、评价战略实效差异、采取纠正措施五个步骤。

2. 平衡计分卡是战略控制的有力工具。平衡计分卡认为，组织应从四个角度审视自身业绩：学习与成长、内部流程、顾客、财务。

3. 战略变革是企业为取得或保持持续的竞争优势，在企业内部及其外部环境的匹配方式正在或将要发生变化时，围绕企业的经营范围、核心资源与经营网络等战略内涵的重新定义，而改变企业的战略思维以及战略方法的过程。通常将战略变革的过程划分为准备、实施、跟踪与改进三个阶段。

思考题

1. 什么叫战略控制？
2. 战略控制有哪几种类型？
3. 战略控制的一般过程是什么？
4. 平衡记分卡的作用有哪些？
5. 什么事战略变革？
6. 战略变革的类型有哪些？
7. 战略变革的过程分为哪几个阶段？
8. 战略变革过程中应注意哪些问题？

参考文献

1. 周三多，邹统钎. 战略管理思想史［M］. 上海：复旦大学出版社，2003.

2. 李福海，揭筱纹，张黎明. 战略管理学［M］. 成都：四川大学出版社，2004.

3. 揭筱纹，杨斌，宋宝莉. 战略管理——概论、案例与分析［M］. 北京：清华大学出版社，2009.

4. 揭筱纹，张黎明. 创业战略管理［M］. 北京：清华大学出版社，2006.

5. 方欣. 企业战略管理［M］. 北京：科学出版社，2010.

6. 文理. 企业战略管理：原理·实例·分析. 合肥：中国科学技术大学出版社，2009.

7. 黄旭. 战略管理——思维与要径［M］. 北京：机械工业出版社，2011.

8. 陈忠卫. 战略管理［M］. 大连：东北财经大学出版社，2011.

9. 顾天辉，杨立峰，张文昌. 企业战略管理［M］. 北京：科学出版社，2004.

10. 王方华，吕巍. 企业战略管理［M］. 上海：复旦大学出版社，2001.

11. 王德忠. 企业战略管理［M］. 成都：西南财经大学出版社，2002.

12. 希尔，琼斯，周长辉. 战略管理［M］.（中国版）. 7版. 北京：中国市场出版社，2007.

13. 徐飞，黄丹. 企业战略管理［M］. 2版. 北京：北京大学出版社，2014.

14. 托马斯·卡明斯. 组织发展与变革精要［M］. 李剑锋，等，译. 北京：清华大学出版社，2003.

15. 张秀玉. 企业战略管理［M］. 北京：北京大学出版社，2002.

16.（英）理查德·林奇. 公司战略［M］. 钟含春，陈涛，译. 北京：清华大学出版社，2014.

17. 乔治·S·戴伊，动态竞争战略［M］. 孟立慧，顾勇，龙炼，译. 上海：上海交通大学出版社，2003.

18. 金占明. 战略管理——超竞争环境下的选择［M］. 北京：清华大学出版社，2002.

19. 董大海. 战略管理［M］. 大连. 大连理工大学出版社，2000.

20. 弗雷德·载维. 战略管理［M］. 李克宁，译. 北京：经济科学出版社，1998.

21. 迈克尔·波特. 竞争优势［M］. 陈小悦，译. 北京：华夏出版社，1997.

22. 迈克尔·波特. 竞争战略［M］. 陈小悦，译. 北京：华夏出版社，1997.

23. 迈克尔·波特. 国家竞争优势［M］. 李明轩，邱如美，译. 北京：华夏出版社，2002.

24. 明茨伯格，等. 战略历程——纵览战略管理学派［M］. 刘瑞红，徐佳宾，郭武文，译. 北京：机械工业出版社，2002.

25. 王璞. 战略管理咨询实务［M］. 北京：机械工业出版社，2003.

26. 王革非. 战略管理方法［M］. 北京：经济管理出版社，2002.

27. 周三多. 归核化战略［M］. 上海：复旦大学出版社，2002.

28. 商界杂志社. 中国企业赢利模式［M］. 成都：四川人民出版社，2002.

29. 弗雷德. R. 戴维. 战略管理［M］. 李克宁，译. 7 版. 北京：经济科学出版社，2000.

30. 李剑锋，王珺之. 战略管理十大误区［M］. 北京：中国经济出版社，2004.

31. 顾桥，马麟. 企业战略管理［M］. 北京：北京大学出版社，2014.

32. 李玉刚. 战略管理［M］. 北京：科学出版社，2009.